中国语言生活绿皮书（北京版）　　YW BJ01

北京语言生活状况报告
（2016）

主　编　王立军
副主编　贺宏志　张维佳

商務印書館
创于1897
The Commercial Press
2016年·北京

顾　问　李宇明
主　任　李　奕
副主任　贺宏志　王立军
审　订　郭　熙　周庆生　周洪波　周建设

主　编　王立军
副主编　贺宏志　张维佳
编　者　(以姓氏笔画为序)
王　冲　王思方　王梓霖　王　巍
戈兆一　石绍浪　冯　蒸　安晶晶
许小颖　孙婉琳　李秋逸　李　艳
汪龙麟　张　婕　张文丽　杨建国
范　鑫　庞　璐　荣　欣　聂阳欣
桑　丹　梅茹瑜

首善之区，必有首善之举

——序《北京语言生活状况报告（2016）》

《中国语言生活状况报告》（俗称“语言生活绿皮书”）自2005年至今，已连续出版11年，并被译为英文、韩文，在国内外产生了不小影响。在这十余年的编纂工作中，围绕“语言生活绿皮书”开展了一系列活动，如《全球华语词典》《全球华语大词典》的编纂、字词盘点、流行语新词语搜集发布、《语言战略研究》期刊创立等，逐渐形成了一个有自己学术追求、有自己学术风格的群体，人称“语言生活派”。

语言生活派的理念是“就语言生活为语言生活而研究语言和语言生活”。“就语言生活”是指学术的关注点是语言生活，研究的问题和材料来自语言生活；“为语言生活”是指研究的目的是为了语言生活，是为了提升公民和国家的语言能力，构建和谐的语言生活。研究的对象是“语言和语言生活”。“语言生活派”的学术视野，超越了语言结构，超越了语言个人应用，放大到了社会生活。

正是在这样的背景之下，《中国语言生活状况报告》迎来了《北京语言生活状况报告（2016）》的问世。作为我国首部地域版也是首部城市版的语言生活状况报告，《北京语言生活状况报告（2016）》通过特稿篇、专题篇、资源篇、资料篇等篇章，全面展现了北京市的语言文字工作，反映了北京多个领域语言生活的状况，读来很受启发。

2012年，我在《论语言生活的层级》（《语言教学与研究》第5期）一文中，曾经把语言生活分为宏观、中观、微观三个层级。宏观是指国家层面和超国家层面的语言生活，中观是指领域语言生活和地域语言生活，微观是指个人语言生活和家庭、乡村、农场、工厂、矿山、商店、医院、车站、法庭、连队、机关、学校、科研院所、广播电台、电视台、出版社、报社、杂志社、剧团、影剧院等社会终端组织的语言生活。就中观的地域语言生活来看，是各具特色、桃红柳绿的。各地需要根据国家的语言政策和当地语言生活实际，创造性地做好地域语言文字工作。

北京是中华人民共和国的首都，是有3000余年建城史、近千年建都史的历史文化名城。北京音是普通话的语音标准。北京市和北京话的特殊地位，决定了北京市语言文字工作具有独特的任务，比如：

1. 普通话研究与推广。普通话以北京语音为标准音，以北方方言为基础方言。北京是北方方言的代表性城市，在普通话研究上，北京无疑具有特别的优势；在维护普通话的规范上，北京无疑具有特别的责任；在普通话的推广上，北京无疑具有特别的使命。

2. 北京话的保护与传承。北京话是普通话的基础，北京话也记载着古都文化，特别是元明清时代都城文化的变迁。研究北京话的由来，解释北京话为何与北京东南部方言不同、为何与周边的河北话天津话不同，而为何与承德、赤峰及东北话相近，对于了解普通话的形成历史、了解阿尔泰诸语言与汉语的接触历史、了解北方少数民族与汉民族的交往，都具有重要意义。北京是最大的移民城市，北京话是发展变化最快的方言，同时也是面临危机的方言。建立北京方言有声数据库，建立北京话的历史资源库，并及时开发利用，是北京话保护与传承的重要举措。

3. 北京市的语言服务。北京市公共领域的语言文字使用，展示着北京的语言景观和文化风貌，也是在为外来人书写一份北京的"说明书"。外地或外国人士来京，或观光旅游，或探亲访友，或进修学习，或务工言商，或开会，或比赛，或外交……北京市必须具有运用普通话、汉语方言、少数民族语言、外语等进行语言服务的能力。怎样做好语言服务，提升北京市的语言能力，需要做好北京市全面的语言规划。

我国各省（市、自治区）几乎都有语言文字工作机构，省级语委也是国家"语言维护系统"的重要一支。省级语委的主要任务是，承担国家的一部分语言文字工作任务，管理好服务好本省域的语言生活；此外，如果还能发挥本地政能学力，做一两件有创意的工作，特别是能够引领全国一起做的创意工作，那么全国的语言文字事业就会出现飞跃性的发展。

我与北京市语委的交往已达16年之久，常能受邀参加北京市举办的一些语言文字活动，切身感受到北京的语言文字工作是有思路、有举措、有成效的。语言文字政策法规和规范标准的宣传教育、语言文字规范化的示范创建、语言文字水平的培训测试、语言文字应用的科学研究、北京语言文化数据库和数字博物馆的建设等工作，都在全国发挥了很好的示范引领作用。首善之区，必有首善之举。

北京市语委还富有创意地将语言文字工作融于首都文化建设和经济建设大局，成立了语言文化建设研究中心、语言产业研究中心。特别是在语言产业方面的贡献尤为突出，研编了《语言产业引论》，翻译出版了《欧洲语言产业规模之研究报告》，举办了"第一届中国语言产业论坛"，并正在争取筹办全国首届语言产业博览会。这些富有学术含量的活动，在全国政界、学界都产生了很大反响，且正在引起业界的重视，推动语言产业走向自觉的发展。

《北京语言生活状况报告》又是一项富有创意的工作。它丰富了《中国语言生活状况报告》的内涵，壮大了"语言生活派"的阵容。《北京语言生活状况报告(2016)》提出了许多新概念、新理念，体现了北京市语言文字工作的成果、语言生活研究的成果和"语言生活派"的价值取向。此时此刻，我已经在期待着《北京语言生活状况报告(2017)》的出版了。

李宇明

2016年8月8日

序于北京惧闲聊斋

目　录

第一部分

特　稿　篇

北京市语言文字工作历程
(1986—2007)

1986年1月6日—13日,全国语言文字工作会议在北京召开。这次会议是继1955年10月全国文字改革会议30年之后的第二次全国语言文字工作体系的盛会。万里同志、胡乔木同志代表党中央、国务院分别出席开幕式、闭幕式并发表重要讲话。此前的1985年12月16日,国务院将中国文字改革委员会更名为国家语言文字工作委员会,作为管理全国语言文字工作的国务院职能部门。正是在这一形势背景下,北京市政府于1986年4月16日成立了北京市语言文字工作委员会,由主管教育的副市长兼任北京市语言文字工作委员会主任。到2016年,副市长陈昊苏、陆宇澄、胡昭广、林文漪、赵凤桐、黄卫、洪峰、苟仲文、王宁等同志先后担任市语委主任。市教育行政部门分管领导兼任市语委副主任,负责市语委常务工作。1986—1996年,市语委办公室设在北京市教育局;1996年2月,北京市教育委员会成立,内设语言文字工作处,承担市语委办公室的工作职能。

市语委成立30年来,北京市语言文字工作获得了长足的发展,工作体系和规模逐渐壮大,工作内容和成果逐渐丰富,工作形式和手段逐渐多样化,工作影响力也逐渐增强。按照重要事件的历史节点,北京市语言文字工作的发展进程大致划分为四个阶段。本文概述前三个阶段(1986—2007年),第四个阶段(2008—2016年)专文概述。

一　第一阶段:奠基创业,力促社会用字规范化(1986—1994年)

这一阶段的标志性事件为北京市语言文字工作委员会的成立和《北京市公共场所用字管理暂行规定》(北京市人民政府1994年第2号令)的颁行。

1986年全国语言文字工作会议确定的语言文字工作的主要任务是:加强语言文字的基础研究和应用研究,做好现代汉语规范化工作;大力推广和积极普及普通话；研究和整理现行汉字，制定各项有关标准；研究汉语汉字信息处理的有关问题，参与鉴定有关成果；进一步推行《汉语拼音方案》，研究并解决实际使用中的有关问题；加强社会调查，做好同语言文字有关的社会咨询服务工作。万里同志在讲话中指出：广泛使用电子计算机来处理各种信息，是新技术革命的重要内容，当前大家感兴趣并正在广泛研究的计算机输入方法，就同语言文字工作有密切关系。文化教育建设是现代化建设的基础，而语文建设又是基础的基础。他还强调指出：当前，社会上滥用繁体字，乱造简化字，甚至随便写错别字。这对两个文明建设是很不利的，已经引起了国内外各方人士的关注，纷纷提出批评意见。这种现象应该引起我们的严重关注，并采取切实有效的措施，加以干预和纠正。

北京市语委认真贯彻落实会议精神，重点围绕推广普通话特别是在各级各类学校普及普通话、加强社会用字规范化管理，进行了大量卓有成效的工作。仅从1991—1994年的发文来看，有关这两方面的文件数达30余件。从《大事记》中可以看出，围绕这两方面重点工作，组织开展了一系列活动，产生了广泛而深远的社会影响，为北京市语言文字社会应用的规范化工作打下了一个很好的基础。这些活动如：1986年3月1日—15日，市语委、市团委在首都青少年中开展"让春风吹走首都街头错别字"活动，据不完全统计，共发现37 000多处不规范字；1986年9月至1987年11月，市公安局、市广电局、市机械工业局、市文化局、市园林局、市新华书店、市外企服务总公司等，就加强社会用字规范化标准化、规范出版物上数字用法、检查各种牌匾使用简化字等做了大量工作。市语委联合有关部门多次举办中小学生、师范生语言文字知识竞赛和语言文字知识夏令营活动。市语委联合市政府文教办、市精神文明建设办、市商委、市工商行政管理局、市环卫局、市新闻出版局、市公交总公司等相关部门召开的社会用字规范化现场会、座谈会、观摩会、经验交流会、检查视察和总结表彰会达20余次，命名了一批社会用字规范化优秀区、样板街和先进单位。1990年7月10日—12日，国家语委在北京召开社会用字管理现场会，北京市语委介绍了整顿300条大街社会用字的过程和做法。1993年11月26日，市语委召开社会用字堵源截流工作经验交流会，会议总结的有效措施主要有：工商行政管理和市容管理部门在审批营业执照时同时审批牌匾、广告用字小样；凡需工商行政管理和市容管理部门批准设置的牌匾、广告，设置单位须先经语言文字工作部门进行文字审核等。1993年2月23日—5月30日，市语委办与《北京晚报》群工部联合开辟"规范用字大家谈"专栏。1994年3月25日—6月25日，市语委、市教育局、北京教育报社联合举办全市 40 万名中小学生参加的语言文字知识竞赛，副市长、市语委主任胡昭广寄语知识竞赛："语言文字的规范化是国家现代化的基础。在中小学校开展语言文字规范化宣传教育，培养中小学生语言文字规范化意识，益在当代，功在千秋。"

在总结几年来社会用字规范化管理经验的基础上，1994 年 2 月 28 日，北京市人民政府 1994 年第 2 号令发布《北京市公共场所用字管理暂行规定》，该项政府规章的发布标志着北京市公共场所用字管理工作纳入法制轨道。3 月 24 日，市语委举办了《北京市公共场所用字管理暂行规定》执法培训班。4 月 17 日，为集中解答 2 号令涉及到的焦点问题，市语委办在北京电视台六频道《为您咨询》栏目举办了公共场所用字电视现场咨询。10 月 26 日，市语委在市政府召开全委工作会议，审议通过了《北京市公共场所用字管理暂行规定实施细则》。

二　第二阶段：推普测试，实现宣传教育常态化（1995—2002 年）

这一阶段的标志性事件有开展普通话水平测试特别是大规模的教师普通话水平测试，全国推广普通话宣传周活动，学习、宣传和贯彻《中华人民共和国国家通用语言文字法》。

1997 年 12 月 23 日—27 日，第三次全国语言文字工作会议在京举行。李岚清同志发表了题为《做好语言文字工作，为现代化建设服务》的讲话。讲话指出："就加速科技发展来说，中文信息处理技术是高技术的重点之一，而语言文字的规范化标准化和相应的应用研究水平，则是提高中文信息处理技术的先决条件。就提高劳动者素质来说，主要在于提高思想道德素质和科学文化素质，而语言文字能力又是文化素质中最基本的因素。所以，语言文字工作是社会主义文化建设的重要内容之一，是国家现代化建设事业不可缺少的组成部分。"许嘉璐同志做了题为《开拓语言文字工作新局面，为把社会主义现代化建设事业全面推向 21 世纪服务》的主题报告。报告提出了新时期语言文字工作的主要任务是：坚持普通话的法定地位，大力推广普通话；坚持汉字简化的方向，努力推进全社会用字规范化；加大中文信息处理的宏观管理力度，逐步实现中文信息技术产品的优化统一；继续推行汉语拼音方案，扩大使用范围。报告还指出，李岚清同志的讲话进一步明确了中文信息处理工作是我国语言文字工作的重要组成部分，钱学森同志也认为，电子计算机软件也是语言文字工作。

1995年12月12日国务院令第188号发布了《中华人民共和国教师资格条例》，随后，中华人民共和国教育部令第10号发布了《〈教师资格条例〉实施办法》，规定了教师任职资格的普通话水平要求。

1997年1月6日，国务院第134次总理办公会议决定，每年9月的第三周是全国推广普通话宣传周，第一届推普周自1998年开始。

中华人民共和国第九届全国人民代表大会常务委员会第十八次会议于2000年10月31日通过《中华人民共和国国家通用语言文字法》，中华人民共和国主席第三十七号令予以发布，自2001年1月1日起施行。《中华人民共和国国家通用语言文字法》是为推动国家通用语言文字的规范化、标准化及其健康发展，使国家通用语言文字在社会生活中更好地发挥作用，促进各民族、各地区经济文化交流，根据宪法而制定的法律。这是我国第一部关于语言文字的专门法律。此法确立了普通话和规范汉字的"国家通用语言文字"的法定地位。

北京市语委在这一阶段，围绕贯彻落实第三次全国语言文字工作会议精神、完成教师任职资格要求的普通话水平测试任务、开展全国推广普通话宣传周活动以及学习、宣传、贯彻、落实《中华人民共和国国家通用语言文字法》，进行了大量卓有成效的工作。

从发文来看，涉及普通话水平测试工作的达35件之多。这反映了《教师资格条例》及其《实施细则》颁布后，语言文字工作积极作为，应对教师须持相应的普通话水平等级证书上岗的法规要求。1994年8月，北京市编办批准了市教育局和市文教办的请示，同意北京市语言文字工作委员会成立"北京市普通话培训测试中心"，该中心和市语言文字工作委员会办公室一个机构两块牌子，编制和领导职数均不增加。1995年6月20日，市语委、市高教局、市广电局、市教育局联合印发《关于落实国家三部委〈关于开展普通话水平测试工作的决定〉的通知》，开始有计划、大规模地开展在职教师和师范生的普通话水平培训测试工作。为了确保这一任务的执行，自1995年起到2002年，先后举办七期普通话水平测试员资格考核培训班，培养了740名市级普通话水平测试员。共完成近18万人次的测试任务，参测人员主要是在职教师和在校师范生，占70.6%。

这一阶段开展了五届推普周宣传活动。在大力推广普通话的同时，深入推进社会用字规范化工作。1995年6月12日，市语委召开北京市公共场所用字规范化现场会。国家语委主任许嘉璐出席会议并在讲话中指出："北京市的社会用字管理工作立足点高、工作扎实、经验丰富、效果显著。北京是全国的窗口，北京市公共场所用字面貌代表着国家的文明形象”。1995年7月，市公安局、市旅游局、市文化局、市园林局、市一商局、北京卫戍区政治部相继印发关于加强社会用字规范管理、公共场所用字检查、用字规范化达标的意见、通知。1995年12月25日，纪念文字改革和现代汉语规范化工作40周年大会在京举行。国务院副总理李岚清代表党中央、国务院作了重要讲话。大会对在语言文字社会应用管理工作中做出显著成绩的北京市副市长胡昭广等五个城市的副市长进行了表彰。1996年7月10日—9月20日，市语委开展请市民共查街头不规范字的活动，北京地区主要媒体对活动进行了采访报道。1997年4月18日，长安商场、北京市百货大楼、西单商场等21家商场发出创建“社会用字规范化单位”倡议书，此后，共有433家商场、医院及其他公共服务单位被授予“社会用字规范化单位”奖牌。1997年12月26日，全国语言文字工作会议召开表彰会，北京市有13名个人和包括市语委办在内的11个单位荣获全国先进称号。

1996年4月，市语委办组织力量对《北京日报》《北京晚报》和北京电视台一频道、二频道进行监测，并出具了监测报告(错误数、错误率等)。2001年11月至12月，市语委办再次组织力量对北京人民广播电台7个频道、北京电视台5个频道、北京地区13种报刊的语言文字使用情况进行监测。2002年7月至11月，市语委办又组织力量抽查了《北京日报》《北京晚报》《北京青年报》以及北京电视台191个栏目标题的用字情况并给予反馈和要求整改。为配合全国推广普通话宣传周活动的举办，市语委办开展了面向社会征集语言文字宣传语、推广普通话宣传画，“我与普通话”有奖征文，参与全国普通话广播大赛和公务员普通话朗诵大赛，组织教师普通话朗诵大赛和中学生语言文字公益广告制作竞赛等一系列丰富多彩的活动。1998年9月13日，首届推普周的第一天，市语委与北京人民广播电台联合开办的“大家都说普通话”节目首播，北京电视台播出四集专题片《中华民族的通用语言——普通话》，北京人民广播电台还开辟了“普通话沙龙”栏目。2000年11月20日，市语委印发《关于开展宣传〈中华人民共和国国家通用语言文字法〉活动的通知》。

自1999年起，市语委即着手迎接一类城市语言文字工作评估。1999年11月10日，市语委组织有关部门召开《一类城市语言文字工作评估指导标准》征求意见座谈会。2002年市语委1号文发出《关于全面部署开展语言文字工作评估的通知》，此后接连印发《北京市区县、市属委办局实施〈一类城市语言文字工作评估指导标准〉细则》和《关于对市属委办局语言文字工作进行初评检查的通知》。2002年3月21日，市语委召开市属委办局语言文字工作会议，会议主题是“迎接一类城市语言文字工作评估”。2002年6月20日，市教委、市语委召开“城市语言文字评估工作会议”，向各单位部署迎评工作任务，要求在自查自纠基础上加强整改，做好迎接国家语委评估的各项准备。同年9月5日—10月11日，市语委对八城区实施语言文字工作检查初评，涉及85个部门和单位。同年12月10日—12日，教育部、国家语委对北京市的语言文字工作进行了考查评估。评估组认定：北京市现阶段语言文字的社会应用符合《国家通用语言文字法》的规定和要求，提前实现了“普通话初步普及、汉字的社会应用基本规范”的新世纪初叶工作目标要求，并达到了较高的规范化水平。

三　第三阶段：城评创建，推进语言文字工作法制化（2003—2007年）

这一阶段的标志性事件为北京市在全国率先完成二类城市语言文字工作评估，率先颁布地方性法规，开展语言文字规范化示范校和达标单位的创建工作。

2003年初，市语委办印发《关于开展北京市二类城市（远郊区县）语言文字工作评估的通知》。4月—11月，市语委在全国率先完成了二类城市语言文字工作的评估。评估采用区县初评，全员动员、培训、整改，市评估组抽查的方式，内容包括语言文字应用综合管理、普及普通话情况和社会用字管理情况等方面，涉及10个远郊区县的党政机关、新闻媒体、教育机构和公共服务行业，共检查了100个单位。郊区县全部通过评估检查。

2003年5月30日，北京市第十二届人民代表大会常务委员会第四次会议通过《北京市实施〈中华人民共和国国家通用语言文字法〉若干规定》，自2003年8月1日起施行。6月20日，中共北京市委宣传部、市人大常委会教科文卫体委员会、市教委、市司法局、市语委联合印发《关于学习宣传和贯彻实施〈北京市实施《中华人民共和国国家通用语言文字法》若干规定〉的通知》。这是继《中华人民共和国国家通用语言文字法》颁布后，北京市在全国率先制定的地方性法规，标志着北京市语言文字工作的法制化进程跨越了一大步。

在语言文字规范化创建工作方面，这一阶段开展了语言文字规范化达标单位和示范校的创建工作。2004年6月，经检查评估，16个党政机关的语言文字工作全部达标，成为首批北京市语言文字规范化达标单位，2005年有17个、2006

年有14个、2007年有23个党政机关和公共服务单位相继被认定为北京市语言文字规范化达标单位。2005年3月，市教委、市语委转发《〈教育部、国家语委关于开展语言文字规范化示范校创建活动意见〉的通知》，要求将语言文字规范化纳入学校培养目标、常规管理和基本功训练，渗透到德、智、体、美各项教育及社会实践各项活动中。当年10月—12月，市语委办开展了语言文字规范化示范校评选活动，以学校为单位，分为学校自评申报、区县初评、市语委专家组评审3个阶段，共有115所学校申报，其中的23所中小学被评为首批北京市语言文字规范化示范校，2006年有28所、2007年有31所中小学相继被认定为北京市语言文字规范化示范校。2007年7月，经教育部、国家语委审核，认定北京市12所学校为首批国家级语言文字规范化示范校。

这一时期，为贯彻实施《中华人民共和国国家通用语言文字法》和《北京市实施〈中华人民共和国国家通用语言文字法〉若干规定》，在宣传教育、培训测试和信息化建设方面，也卓有成效地开展了工作。2003年7月14日，“北京市语言文字网”(www.beijing-language.gov.cn)开通，在当年的全国语言文字工作政务信息化评优活动中，荣获二等奖。2004年4月—10月、2005年2月—4月，市语委开展了社会用字调研工作，范围涉及长安街、平安大街、两广路沿线及二、三环道路两侧的社会用字情况。为了更好地开展城市社会用字监管与服务，2005年5月8日，市语委聘用84位同志为首批北京市社会用字监督员，后来发展到100位。他们以区县为单位，负责监督辖区内的社会用字，宣传国家语言文字工作法律法规，同时督促纠正社会上不规范用字现象。2004年8月14日—9月7日，市语委办在北京市语言文字网、北京人民广播电台和《北京广播电视报》连续播出或刊登试题，举办国家通用语言文字法律法规知识竞赛，除北京市民外，还有11个省市的听众和读者，共12 000余人参加了竞赛，发挥了很好的宣传作用。配合全国推广普通话宣传周活动，市语委与市人事局联合举办了三届公务员普通话竞赛，与北京人民广播电台联合举办了三届市民语言文字知识竞赛。在普通话培训测试工作方面，市语委办举办了多期《普通话水平测试大纲》培训班，组织专家研编了测试辅导教材《普通话水平测试指导用书(北京版)》，印发了《北京市普通话水平测试管理工作若干规定》和《普通话水平测试工作规程细则》。2006年和2007年，市语委办还面向外来务工人员开展了免费的普通话培训测试，先后有1500人参加了培训测试并取得普通话水平等级证书，为他们在京工作、学习和生活提供了便利。

(贺宏志，北京市语委办；戈兆一，北京物资学院)

北京市语言文字工作新进展(2008—2016)

2008年,北京成功举办第29届奥林匹克运动会之后,提出“人文北京、科技北京、绿色北京”发展战略,中央提出京津冀协同发展战略。党的十七届六中全会决定中要求“大力推广和规范使用国家通用语言文字,科学保护各民族语言文字”。特别是党的十八大胜利召开和习近平总书记一系列重要讲话精神,对新时期语言文字工作提出了新的要求:“建设优秀传统文化传承体系,弘扬中华优秀传统文化”“讲述好中国故事,传播好中国声音”。适逢一系列重大的历史节点,面对新的机遇与挑战,北京市语言文字工作认真贯彻中央决议精神和首都发展战略,积极落实《国家中长期语言文字事业改革与发展规划纲要(2012—2020)》,布局“一体两翼”发展方略,夯实推广普通话、推行规范汉字、推进语言文字信息化等常规工作,促进语言文字工作与文化建设、经济建设的结合,以科学研究推动语言事业的繁荣和语言产业的发展,着力提升语言文字社会应用的管理、服务能力,实现社会语言生活的和谐,各项工作增量推进。

一　制度建设创新发展

2013年5月21日,《北京市实施〈国家中长期语言文字事业改革与发展规划纲要(2012—2020)〉的意见》发布。经听取多方建议,《实施意见》数易其稿,力求体现北京特色。《实施意见》由指导思想、工作目标、主要任务、保障措施四部分组成,将2012—2020年工作任务细化为50个具体目标,进行任务分解,形成时间表和路线图,具备了较强的可操作性。

2013年6月5日,市语委与市人大教科文卫体委员会办公室、市政府办公厅、市政府法制办、市政府教育督导室、市教委联合会商《北京市实施〈中华人民共和国国家通用语言文字法〉若干规定》颁布十周年执法调研和示范创建检查工作。2014年10月28日,教育部语用司召开《〈国家通用语言文字法〉实施办法》

筹备立法北京地区调研会，来自市和区两级工商行政管理部门、市政市容管理部门、城市管理综合行政执法部门、公园管理部门及部分区县语委办、街道办事处的同志就《〈国家通用语言文字法〉实施办法》的立法提出了意见和建议。

2009年10月，市语委参与全市各区县全面实施素质教育情况督导评估工作，标志着语言文字工作开始尝试纳入教育督导工作体系。《北京市“十二五”时期教育事业改革和发展规划》要求将学校语言文字工作纳入教育督导工作。2013年，教育部督导团办公室、教育部语用司印发《关于开展中小学语言文字工作督导评估的通知》，市语委办召开研讨会，在充分征求意见的基础上，使该《通知》的五项具体要求在素质教育综合督导工作实施办法的修订工作中得以落实。2015年8月13日，国务院教育督导委员会办公室印发《语言文字工作督导评估暂行办法》，市语委、市政府教育督导室决定共同研制《北京市语言文字工作督导评估实施办法》。2015年6月4日，市教委、市语委印发《关于加强高等学校语言文化建设的意见》，指导全市高校语言文字工作的开展。

2013年以来，组织力量开展医院、旅游、学校、商场、公交、银行、邮电等行业领域的语言服务规范制定工作。

与市人事行政部门联合每三年表彰奖励语言文字工作先进集体120个、先进个人200名，健全工作激励机制。表彰奖励工作已开展两届(2010—2012年，2013—2015年)。

二　工作体系不断壮大

市语委不断充实、完善语言文字工作体系。市语委成员部门和单位适时调整、增补，2016年有成员部门和单位50个。相继增补市政府办公厅、卫戍区政治部、市高级法院、市检察院、市外办、市侨办、市城管执法局等为市语委组成部门。

2009年5月，市编办批准成立正处级全额拨款事业单位“北京市语言文字测试中心”，人员编制8名，语言文字测试工作步入跨越式发展阶段，2016年有测试分支机构38个。自1995年起，已举办普通话水平测试员资格考核培训班12期，培养市级测试员1000名，其中国家级普通话水平测试员200余名。

2010年9月，依托首都师范大学成立国内首家语言产业研究机构“北京语言产业研究中心”。2011年5月，依托北京语言大学成立“北京语言文化建设研究中心”。2013年1月，经市社团登记管理部门批准，市语委领导下的以语言产业界为主导的社会团体“北京语言文化建设促进会”正式成立。2013 年 10 月，北京市语言文字工作委员会研究基地“北京语言智能协同研究院”落户首都师范大学。2014 年 4 月，市语委研究基地“语言文化传播研究中心”在北京华文学院揭牌。2015 年 4 月，市语委研究基地又添新成员，与商务印书馆合作成立“北京市阅读能力研究发展中心”。2016 年 3 月，市社团登记管理部门批准市语委领导下的语文教育界和语言文字工作界社会团体“北京语言文字工作协会”筹备成立。至此，“一体两翼”方略下的语言文字工作体系框架日趋完善。

三　宣传教育丰富多彩

宣传教育是语言文字工作的灵魂和主线。市语委办构建了以市语委机关报、语言文化普及读本、知识在线测试系统、宣传教育竞赛活动、业务培训、媒体采访报道、语言文字工作导览图、宣传标牌等为载体的形式多样、内容丰富的全方位宣传教育工作格局。同时，各区语委办积极响应，主动作为，持续有效地开展宣传教育工作。

（一）宣传载体

2008 年 7 月，创办市语委机关报《语文导报—语言文字工作专刊》，截至 2016 年 5 月，累计发刊 95 期。组织专家研编语言文化知识普及读物《北京市民迎奥运语言文字知识百题》《首都市民迎国庆语言文字知识读本》《北京市中小学师生语言文化知识读本》《北京市语言文字工作手册》《国家通用语言文字规范标准手册》《学习资料汇编》《语言文字水平测试宣传册》《北京市语言文字工作导览图》等共计 50 万册，向语言文字工作系统、基层单位和市民群众、学校师生发放。2013 年、2014 年，面向有关行业系统、语言文字规范化示范单位，设计、制作语言文化建设标牌等多种特色宣传品，发放近 10 万件。

以“北京语言文字网”为核心的包括各区语言文字网站（网页）在内的语言文字工作网站群基本建成。组织专家研发了“语言文字法律法规知识和语言文化常识在线测试系统”。“北京语言文化数字博物馆”“通用规范汉字听说读写辅助训练系统”即将上网运行。

2013 年至 2015 年，在教育部语用司支持下，北京市语委办组织专家摄录制作了《中华经典资源库》第一辑、第二辑的北京地方篇目。

(二)教育培训

市语委办、市语言文字测试中心举办了三十余场以区县语言文字工作干部、高校干部教师、市属委办局公务员、骨干测试员和测试管理人员、医疗机构和公园旅游行业工作人员为对象的培训活动。例如:2013年,举办了两期培训班,围绕《国家中长期语言文字事业改革和发展规划纲要》《北京市实施〈国家中长期语言文字事业改革和发展规划纲要〉的意见》及《党政机关公文格式》《汉语拼音正词法基本规则》《中国人名汉语拼音字母拼写规则》《标点符号用法》《出版物上数字用法》国家标准,300余人参加培训学习。2014年11月26日—27日,举办年度培训会,近200人参加,分别以"语言能力与语言规划""汉字文化与国家通用语言文字规范""提高语言素养与提升语言能力""党政机关公文写作条例规范解读""语言文化建设的理论与实践"为题进行授课。2015年3月17日—20日,市语委与市卫生计生委联合主办两期医疗机构语言服务规范培训班,300余人参加,旨在提高医疗行业从业者的语言服务规范意识,加强医疗机构语言文化建设,提高医疗服务水平,构建和谐医患关系。来自市卫生计生委、中医局、医管局、三级医院、二级医院及区县卫生计生委(卫生局),分别就"语言文化与医院文化建设""医院语言服务规范""公文格式与写作"等内容,从口头语言与书面语言两个维度进行讲座。2015年11月24日—27日,市语委与市公园管理中心联合主办两期公园旅游业语言服务规范培训班,300余名学员来自市公园管理中心、各市属公园及区县园林绿化单位、市绿地公园协会会员单位,分别就"语言文化与公园语言文化建设""公园旅游语言服务规范""公文格式与写作"等内容,从口头语言、书面语言、语言环境、语言文化活动等方面进行讲解。2016年1月12日—13日,市语委办举办培训会,各区语委办工作人员以及来自高校、中小学的教师代表160余人参加学习,分别以"语言服务与教师语言服务""公文格式与写作解析""当前社会语言生活热点问题及思考"做专题讲座。《医疗语言服务规范》《旅游语言服务规范》《教师语言服务规范》是贺宏志博士主持的国家语委重点项目"行业语言服务的理论研究与标准制订"的部分成果,培训工作的开展既是成果转化的有效形式,也是语言文字工作深入行业、服务社会、提升辐射力影响力的新开拓。

（三）竞赛活动

结合推普周宣传活动和示范创建工作，举办了北京市教育系统中华经典诵读比赛（2008年）、《北京日报》“可口可乐·原叶杯”北京市民迎国庆语言文字知识竞赛（2009年）、中国教育电视台录播北京市语言文字规范化示范校语言文化知识竞赛（2011年）、北京市语言文字规范化示范校语言文化智力竞赛（2012年）、第二届“中国汉字听写大会”北京选拔赛暨《北京市实施〈中华人民共和国国家通用语言文字法〉若干规定》十周年纪念活动（2014年）、北京市小学成语文化知识才艺竞赛（2014年）、北京市中小学生系列辩论赛（2015年）等大型赛事活动。

在国家语委举办的师生语言文字基本功大赛、“中华诵”经典诵读大赛和规范汉字书写大赛等系列赛事活动中，北京市语委或北京市语委办均获评全国最佳组织单位或优秀组织单位。期间，市语委还承办了国家语委的重大活动。2009年，承办“中华诵·2009经典诵读晚会（端午篇）”，协办国家语委“雅言华章，和谐中华——新中国语言文字工作60年成就展”及承办“雅言传承文明，经典浸润人生”经典诵读活动。2010年，承办第13届全国推广普通话宣传周闭幕式。2011年，承办“中华诵·颂歌献给党”红色经典诵读晚会（北京篇）暨教育部“正气歌”廉洁教育大型情景朗诵主题晚会。2012年，承办第15届全国推广普通话宣传周开幕式。

2015年3月24日，北京市中小学生辩论俱乐部启动仪式在北师大附属实验中学隆重举行。为深入贯彻《北京市中小学语文学科教学改进意见》，推动开放性语文学习活动，切实提升中小学生语言能力特别是口语交际表达能力，市教委、市语委组织相关资源，在全市建立新型的跨区县小学生辩论俱乐部、初中生辩论俱乐部和高中生辩论俱乐部。市委常委苟仲文同志授牌。

2015年6月4日，京津冀语言文字工作协同发展座谈会暨国家语言文字事业“十三五”规划征求意见座谈会在河北省张家口市举行。北京市、天津市、河北省三省市语言文字工作委员会的负责同志在会上签订了《京津冀语言文字事业协同发展战略协议书》。2015年12月12日，为纪念《中华人民共和国国家通用语言文字法》颁布15周年，落实京津冀语言文字事业协同发展战略协议，推动京津冀语言文字工作的交流与合作，北京市语委发起举办了京津冀中小学生诵读演讲辩论赛，在芳草地国际学校双花园校区隆重举行。针对不同学段学生的特点，分别设计了小学生诵读、初中生演讲和高中生辩论的环节，将丰富的情感、正确的价值观同口语表达能力的培养有机结合起来。2015年9月25日，北京市语委办负责同志带队参加了由河北省语委举办的“河北省首届师生规范汉字书写大会暨京津冀师生规范汉字书写作品展览”。2016年6月，北京市语委将发起举办“京津冀中华成语文化与社会主义核心价值观教育(邯郸)研讨会”，并组队参加由河北省语委发起的“京津冀理工类高校魅力汉语大会”。

(四)采访报道

2010年12月，贺宏志博士应邀做客中国教育在线，接受主持人访谈，宣传发展语言产业。2012年1月6日，应北京人民广播电台邀请，与主持人共话北京如何发展语言产业。2013年5月3日，应北京电视台财经频道“数说北京”栏目组之邀，与主持人和媒体评论员一道互动共话“说出来的经济”。2012年11月，中国语言资源有声数据库西城区发音人遴选工作引发中央电视台、《人民日报》、《光明日报》、北京电视台、《北京日报》、北京人民广播电台等数十家平面、有声、网络媒体进行跟踪报道和采访。2012年12月，第一届中国语言产业论坛在京举行，《人民日报》、中国教育电视台、北京电视台、《北京日报》《中国社会科学报》等20余家媒体进行了报道。2013年4月25日，《人民日报》“文教周刊”载文《中国语言产业亟待加速》(陈鹏、贺宏志)，5月24日《经济日报》“理论周刊”载文《给语言产业发展添把力》(贺宏志、陈鹏)。《数据》杂志2013年第6期刊载记者与贺宏志博士访谈录《语言产业，在春天写意》，深度宣传语言产业，呼吁重视发展语言产业。《前线》2014年第5期发表《北京语言产业的现状问题与发展思路》(贺宏志、戈兆一)，同年《北京文化创意》创刊号发表《释放语言产业创新发展潜力》(贺宏志、戈兆一)。

2010年1月，贺宏志博士在市十三届人大三次会议上联合其他10名代表提出《关于发展我市语言产业的议案》，建议市政府组织力量开展语言产业研究，制定语言产业振兴计划和语言产业促进政策，举办中国北京国际语言产业博览会并努力打造成为世界语言文化交流传播、语言产业贸易展示的品牌盛会。2011年1月，市十三届人大四次会议召开，又提交了题为《加强语言文化建设，促进语言产业发展》的建议，指出语言文化建设是文化建设的重要内容，文化的繁荣发展离不开语言文化的繁荣发展，发达的语言文化是世界城市的重要内涵，北京应积极打造“语言文化之都”，“加强语言文化建设，繁荣语言文化事业”是政府的责任。2012年1月，张维佳教授、贺宏志博士在市十三届人大五次会议上提交《建立中华国际语言文化博物馆》的建议，指出作为一种文化资源，语言资源的价值有待开发。北京有着丰富的语言文化项目研究积累、地域语言资源和世界语言资源，呼吁在北京尽快启动中国国际语言文化博物馆建设工程，并提出了相关创意和设想。2014年1月，在市十四届人大二次会议上再次提交《支持、批准举办中国北京国际语言产业博览会》的建议，市文资办认真办复了这一建议。

2010年10月，贺宏志博士应邀出席北京市精神文明建设规划座谈会，就语言文字工作与精神文明建设的关系、将语言文化建设的有关内容纳入精神文明建设规划等问题，提出了意见和建议。2010年12月，国家语委"十二五"科研工作研讨会在京召开，以《实施"一体两翼"战略，促进语言文字工作科学发展》为题做大会交流发言。2011年1月，应天津市语言文字培训测试中心2010年度工作总结会暨"十二五"工作规划研讨会邀请，做题为《发展语言产业，繁荣语言文化》的专题报告。2011年5月，"语言经济及语言服务"学术讨论会在北京语言大学举行，做题为《关于语言产业内涵及其边界的初步思考》的发言。2011年11月，教育部语信司在上海外国语大学召开国家语委"十二五"科研工作座谈会，北京市语委副主任曹秀云做题为《拓宽视野，融入全局，创新发展首都语言文字科研工作》的典型交流发言。2012年9月，全国语言文字标准化工作会议在贵阳召开，贺宏志博士以《依法推进语言文字标准化建设，科学引领社会语言生活》为题向国家语委和各省市与会代表汇报交流了北京市开展语言文字标准化工作的情况。2013年3月25日至29日，国家语委《语言文字事业规划纲要》专题培训班在杭州举办，以《贯彻落实规划纲要，加强首都语言文化建设，助力实现中国梦》为题，向全体学员交流了北京市语委贯彻落实《规划纲要》并制定《实施意见》的理念、思路、内涵和具体任务。2013年4月8日，应邀出席教育部语言文字战线"中国梦"主题教育活动座谈会，结合北京市2012—2020年语言文字工作构想，做了交流发言。2013年7月23日，国家语委科研规划2013年度重大科研项目选题会在教育部召开，就立项开展行业领域语言服务标准研究和语言产业经济贡献度研究提出了建议。2013年8月6日，教育部语用所"党的群众路线教育实践活动领导小组"根据活动实施方案的安排，应邀做题为《党的群众路线与语言文化建设》的辅导报告。2013年9月12日，应北京语言大学党委宣传部邀请，向有关专业师生做题为《语言话题十谈》的学术报告。2014年4月29日，应邀为北京华文学院教师做题为"语言话题漫谈"的学术报告。2014年10月31日，"语言战略与国家安全高层论坛”在北京外国语大学举行，应邀结合北京市的工作探索，做题为“语言文化建设的理论与实践”的发言。2014年12月30日，浙江省区域推进语言文字规范化试点工作现场会在绍兴诸暨店口镇召开，应邀做题为《语言文字工作与社区语言文化建设》专题讲座。2015年9月29日，教育部语信司召开推进“一带一路”建设语言战略研究行动专家研讨会，应邀就发展我国语言会展业、举办语言产业国际博览会服务“一带一路”建设发表了意见。2015年12月30日，市高级人民法院召开“北京法院优秀裁判文书百佳奖表彰会”，对100篇优秀裁判文书进行表彰。市人大代表、市语委办主任贺宏志博士应邀担任评委，出席表彰会并对获奖文书从语言文字规范化角度进行了点评。

（五）合作交流

积极开展援藏、援疆工作。先后两次派出专家赴拉萨帮助举办普通话水平测试员资格考核培训班，接待两批新疆自治区民语委来京考察交流。2012年以来，先后为和田地区语委、自治区民语委援助工作经费10万元，赠送价值25万元的语文工具书、课外读物和语言文化系列图书。2014年3月28日，新疆自治区民族语言文字工作委员会(翻译局)给北京市语委发来感谢信。2014年11月13日至22日，北京市语委援助西藏自治区语委干部培训班在京举办，来自西藏7个地市和5所高校的30名语言文字工作领导干部、教师和工作人员参加了培训，就“语言文字的规范化标准化信息化建设”“依法管理和服务语言文字社会应用”“普通话与民族地区推普”“西藏语言规划”“科学保护各民族语言文字”“汉字文化与国家通用语言文字规范”“主体多样的语言规划构想”“提高语言素养与提升语言能力”“语言文化建设的理论与实践”等议题，解析我国语言文字工作的方针政策和新形势、新任务。培训期间，组织学员实地考察了天津市语言文字培训测试中心、北京师范大学语言文字测试分中心。组织学员赴内蒙古自治区呼和浩特市专题考察“民族教育和双语教学”开展情况。

2012年至2015年，积极开展群众路线主题教育实践活动，落实“三进两促”工作要求，市语委办党支部联合致公党西城区委第15支部与密云县东邵渠中心小学开展“1+1”支部共建活动。四年来，累计为该校师生赠送价值近4万元的语言文化工具书和课外读本，并捐献致公鸿屹助教助学金3.6万元。2014年至2016年，市语委办向朝阳区境内的国际学校和北京联合大学国际教育学院帅生赠阅商务印书馆出版的*THE WORLD OF CHINESE*(《汉语世界》)双月刊，帮助在京学习的国际师生学习汉语，传播中华文化。2014 年至 2015 年，根据市委教育工委、市教委、市教育督导室《关于建立教育机关领导干部联系中小学校制度的意见》及实施方案，市语委办联系大兴区、东城区 6 所中小学，为师生们送去近 2000 册语言文化工具书和课外读本。

四　示范创建深入推进

市语委积极实施语言文字规范化示范街道、乡镇创建工作。2011 年至 2013 年，通过连续 3 年的创建工作，认定了 100 个北京市语言文字规范化示范街道、示范乡镇，占全市街道、乡镇的 30%，实现了既定的工作目标。

2011 年 6 月 12 日至 24 日，市语委组织检查评估工作组集中开展了首批北京市语言文字规范化示范街道、示范乡镇的创建检查工作。工作组实地检查评估了 16 个街道乡镇机关，包括商场、银行、邮局等在内的共 31 个公共服务单位，以及 16 条大街的语言文化环境。同时还抽查了 16 所国家级规范汉字书写教育特色校申报单位。2012 年 5 月 23 日至 6 月 21 日，市语委集中开展了第二批语言文字规范化示范街道、示范乡镇和第六批语言文字规范化示范校的创建检查工作。通过听汇报、座谈、知识测验、查阅档案、实地考查等方式，对受检单位语言文化环境进行评估检查并提出评价意见。市语委主任、副市长洪峰出席了 2012 年平谷区示范创建工作汇报会并讲话，教育部语用司司长姚喜双现场指导了创建工作。北京电视台采访报道了昌平区、石景山区、平谷区的检查评估工作。2011 年、2012 年认定了 50 个街道、乡镇为第一批、第二批北京市语言文字规范化示范街道、示范乡镇，认定了 47 个单位为第七批、第八批北京市语言文字规范化达标单位，认定了第一批北京市规范汉字书写教育特色校 45 所和第六批北京市语言文字规范化示范校 30 所。2013 年，认定了第三批北京市语言文字规范化示范街道、示范乡镇 50 个、第七批北京市语言文字规范化示范校 40 所。2014 年，市语委办赴延庆、昌平、大兴、丰台、通州、朝阳等 6 区开展语言文字规范化示范创建工作调研，认定第八批北京市语言文字规范化示范校 30 所。2015 年，赴平谷、密云、怀柔、顺义、房山、门头沟等 6 区开展语言文字规范化示范创建工作调研，认定第九批北京市中小学语言文字规范化示范校 61 所。至此，我市已有市级语言文字规范化示范校 300 所，占全市各级各类学校总数的大约 10%。

五　测试工作积极拓展

2009年5月,北京市语言文字测试中心成立。此后,测试工作机构、测试工作力量、测试工作格局、测试工作规模不断壮大,测试科研工作成果显著,测试信息化基本实现。

2009年以来,共举办4期市级普通话水平测试员资格考核培训班,200余人取得市级测试员资格证书。共举办8期北京市普通话水平测试员骨干培训班,全市骨干测试员人数达400余人。每年度都举办测试管理人员继续教育培训班。

2009—2014年,我市连续六年开展汉字应用水平测试试点工作,考生职业构成由单一的学生群体发展为学生、教师、媒体工作人员、公务员等多个群体。市语委办为每一位参试人员免费提供应试指导书。考点数由4个增至29个,累计测试45 500余人。目前,工作重心转向汉字应用水平测试数据整理及样本分析。

2010年12月,我市在北京联合大学进行了针对母语非汉语人群、华人华裔研发的汉语口语水平测试(HKC)的尝试性测试。来自韩国、秘鲁、俄罗斯等12个国家和地区的32名留学生参试。2011年12月,我市举行首场汉语能力测试试点,公务员、专业技术人员、媒体从业人员、大学师生、中学师生共200人参加测试。此外,2010年,我市部分中等、高等职业院校还参与了国家职业汉语能力测试。至此,我市语言文字水平测试工作由单一的普通话水平测试发展成为以普通话水平测试为主体,汉字应用水平测试、汉语能力测试、汉语口语水平测试等为补充的覆盖听说读写全方位的工作格局。

2010—2012年,我市积极推进计算机辅助普通话水平测试工作,先后组织测试员、测试管理人员赴湖南、天津、安徽、广西考察学习。至2012年底,全市测试分支机构全部实现计算机辅助测试。

测试科研工作从无到有。2011年、2012年,由市语言文字测试中心组编、市语委办审定的《北京市语言文字培训测试文集》《北京市语言文字工作论丛》两部研究论文集先后出版。2012年12月,2014年10月,在第五届、第六届全国普通话培训测试学术研讨会上,共有9篇论文获奖,市语言文字测试中心连续获颁"优秀论文组织奖",均创历届最好成绩。

测试辅导教材建设与时俱进。2010年市语言文字测试中心第一届专家委员会完成《普通话水平测试应试指南》修订工作,新增计算机辅助普通话水平测试内容，于2011年1月启用。鉴于计算机辅助测试的全面展开，2013年改版工作将辅导教材定位为“机测专用教材”，《新编普通话水平测试应试指南》于2014年1月投入使用，改编工作由市语言文字测试中心第二届专家委员会完成。2011年12月，市语言文字测试中心组编、市语委办审定的《汉字应用水平测试应试指南》出版发行。

普通话水平测试量稳步增长。截至2016年第一季度，全市累计65万人次参加了普通话水平测试并获得相应的等级证书。经市领导批准，自2011年7月1日起，对本市高校在校学生实行免费普通话水平测试，免费发放证书。测试工作经费由市财政安排专项。另外，目前全市已有半数区启动了公务员全员普通话培训测试工作。

2010年7月，市语言文字测试中心完成普通话培训测试15周年专题调研、迎查工作，国家语委测试中心调研检查组在反馈意见中对北京市语言文字培训测试工作的发展给与了充分肯定和高度评价。2014年12月11日，北京市语言文字测试中心发起的十二省市语言文字培训测试学术研讨会成功举办，交流了工作经验，检阅了研究成果。

六　科学研究成果丰硕

2008年3月24日，市语委专家委员会第一届第一次会议举行，由14位专家组成市语委专家委员会，标志着北京市语委语言文字应用科研组织工作开始启动。2011年5月11日，由13位专家组成的市语委第二届专家委员会成立。

2011年，北京语言产业研究中心主任陈鹏教授、北京语言文化建设研究中心主任张维佳教授分别申报的“语言产业的界定及其在新兴产业结构中的地位分析”“中国城镇化进程中的语言文字问题及对策研究”课题均列入国家语委“十二五”科研规划2011年度立项名单。同年，由对外经贸大学杨言洪教授承担的市语委委托项目“国际大都市语言文字社会应用监管机制研究”通过结题验收，张维佳教授承担的市语委委托项目“北京语言文化建设现状与政策研究”开题并已结项。

2013年，分别由首都师范大学周建设教授、北京师范大学刘利教授、东城区语委、北京华文学院郭熙教授、北京语言产业研究中心陈鹏教授主持的市语委委托项目“北京高校语言文化建设研究”“语言教育规划研究”“语言文字工作体系研究”“海外华人普通话培训测试研究”“行业领域语言文化建设研究”和“北京语言产业现状及发展政策研究”通过结题验收。同年，经北京市语委办推荐，“语言产业经济贡献度研究”(陈鹏主持)和“行业语言服务的理论研究及标准制订”(贺宏志主持)分别获得国家语委重大委托项目、重点委托项目的立项资助。“行业语言服务的理论研究及标准制订”项目成果于 2016 年 1 月 20 日通过了国家语委专家组验收鉴定。

2014 年，中国劳动关系学院高传智副教授、首都师范大学李艳副教授分别承担的国家语委项目“我国语言康复业发展现状与对策研究”“社区语言文化建设的理论与实践研究”均通过中期检查。由北京师范大学王立军教授主持的市语委委托项目“北京语言生活状况报告”，其成果将于 2016 年作为《中国语言生活状况报告》的首部城市版由商务印书馆出版。

2015 年，北京华文学院张德瑞教授、北京师范大学刁晏斌教授分别承担市语委委托项目“汉语文化传播的理论与实践研究”“师范院校语言能力建设及提高师范生语言素养对策研究”。北京印刷学院副研究员王巍申报的《语言会展业的界定及发展策略研究》获国家语委立项资助。

2016 年，首都医科大学吴云副研究员、北京景山学校语文特级教师周群分别承担市语委委托项目“中华成语文化与社会主义核心价值观教育研究”“中小学生阅读与口语能力培养及评测体系研究”。

2011 年 5 月 27 日，在教育部语信司支持下，中国语言资源有声数据库北京库建设工作启动。北京库建设宗旨着重体现北京话作为普通话标准音和基础方言的作用，体现北京地域文化特色。调查整理阶段分为“北京语言资源有声数据库”和“北京语言文化资源信息库”两个项目实施，分别由曹志耘教授和张维佳教授担任项目首席专家。2012 年初，制定了中国语言资源有声数据库北京库、北京语言文化资源信息库建设方案和工作规范。北京语言文化资源信息库建设按八个分项目实施。2014 年 7 月 29 日，“中国语言资源有声数据库北京库”通过国家语委的项目验收，成为继江苏库之后全国第二个完成建库工作的省级语言资源有声数据库。

2014 年，市语委办积极协调市文化文物部门、地方史志编纂部门联合实施北京语言文化资源普查工作。2015 年 8 月，作为北京语言文化资源普查的阶段性成果，市语委办整理了《北京市语言类非物质文化遗产名录》。

2012 年初，我国第一部语言产业研究专著《语言产业导论》(贺宏志主编，陈鹏副主编）由首都师范大学出版社出版，《语言文字应用》2012年第3期编发“语言产业研究”专栏论文，推介北京语言产业研究中心研究成果，《中国图书评论》刊发书评。2013年，我国第一套《语言产业研究丛书》（总顾问李宇明，总主编贺宏志）由语文出版社出版，第一批书目有《语言产业引论》和《欧洲语言产业规模之研究报告》，《语言服务概论》《语言会展业研究》《语言康复业研究》《语言产业经济贡献度分析》将陆续推出。

2012年12月1日，北京语言产业研究中心主办第一届中国语言产业论坛。来自全国各地有关高等院校、学术机构的专家学者、相关领域企业界代表100余人参加论坛，教育部李卫红副部长、北京市洪峰副市长出席并讲话。论坛以“繁荣语言事业、发展语言产业、建设语言强国”为主题，与会代表就语言服务与语言消费、语言信息产业与语言信息技术、汉语言产业与汉语言发展、语言产业的概念界定及发展战略、汉语经济发展中的问题与对策、中文字体产权保护与未来发展、语言出版业现状与思考、语联网等话题各抒己见。

2013年11月30日，由北京语言文化建设研究中心主办的第一届语言文化建设学术论坛在北京语言大学举行。来自全国各地有关高校、语言文字工作部门及研究机构的50余位专家学者参加论坛。20多位专家分别从新时期语言文字事业发展的新视点、语言文字管理服务理念、语言文化建设内涵、公民语言教育、语言文字培训测试、汉字认知与书法教育、语言能力培养、汉语国际传播、行业语言服务、少数民族文字互联网发展、中文字库与汉字文化传承、汉英语言接触中的文化传输、法律语言、语言资源监测等语言文化建设命题进行了深入研讨。《语言文字应用》2014年第3期编发“语言文化建设研究”专栏论文，推介北京语言文化建设研究中心研究成果。2013年7月，《北京高校语言文化建设研究》（贺宏志、周建设主编）由首都师范大学出版社出版。《语言文化建设导论》《社区语言文化建设研究》《语言文字工作实务读本》即将正式出版。

2015年，在北京语言文化资源普查工作及其成果的基础上，市语委科研团队组编《北京市民语言文化阅读书系》16册（贺宏志总主编），由商务印书馆出版。首册书目《奇妙的成语世界——成语文化读本》（袁钟瑞、杨学军主编）荣登2015年第四期“中版好书榜”。该书系将于2017年出齐，成套发行。

七　信息化工作成效显著

2009年,改版后的"北京语言文字网"参加国家语委举办的全国语言文字工作网站评比活动,获得第三名,研发的"语言文字法律法规知识和语言文化常识在线测试系统"为全国语言文字工作领域首创。2012年底,我市各区县全部开通语言文字网站(网页)。2013年,"北京语言文字网"完成第二次升级改版,"语言文字法律法规知识和语言文化常识在线测试系统"试题库扩容至6000余题。2016年,"北京语言文字网"将完成第三次升级改版。

2013年6月,国务院发出关于公布《通用规范汉字表》的通知。2014年,市语委办组织研发"面向基础教育和社会公众的通用规范汉字听说读写辅助训练系统",2015年完成了第一期研发并通过专家组验收鉴定。2016年将完成第二期研发工作,并全部上传"北京语言文字网",成为全社会共享的网络学习资源。

在北京语言文化资源信息库建设和北京语言文化资源普查工作基础上,由张维佳教授主持的市语委重大项目"北京语言文化资源数据库及数字博物馆建设"将于2016年全面完成,建成"北京语言文化数字博物馆"并上传"北京语言文字网"。

北京市语言文字测试中心网站建设逐步完善,普通话水平测试已全面实现计算机辅助测试,测试管理的信息化水平不断提高。市语委领导下的社会团体北京语言文化建设促进会、北京语言文字工作协会都建有自己的网站。

八　"十三五"愿景展望

"十三五"时期是北京市深入贯彻"四个全面"战略布局,落实首都城市定位,推进京津冀协同发展,建设国际一流和谐宜居之都的关键时期。语言文字事业的发展将为北京市国民经济和社会发展提供语言文化的有力支撑。北京已进入以经济增长中高速、结构优化、创新驱动为主要特征的"新常态"发展阶段,这对语言文字工作提出了新要求,也为语言文字法制化和规范化、标准化建设赋予了新的时代内涵。中央实施"一带一路"建设和京津冀协同发展战略,筹办2022年北京冬奥会,加快建设以北京为核心的世界级城市群等,都对语言文字工作治理体系和治理能力的现代化提出了新任务。随着"互联网+"时代的到来,互联网正在以前所未有的速度改变着人类社会的存在方式，语言文字工作要抓住发展机遇，推动与信息技术的全面深度融合。

“十三五”时期北京市语言文字工作的指导思想是：全面贯彻党的十八大及各次全会精神，按照“五位一体”总体布局和“四个全面”战略布局，聚焦“四个中心”首都城市定位，牢固树立创新、协调、绿色、开放、共享的发展理念，以提高学生和市民语言能力为核心，以提高语言服务水平和完善语言服务供给为重点，全面加强语言文化建设，积极开发利用北京语言资源，促进保护语言文化的多样性和语言类非物质文化遗产，建设规范、文明、高雅的语言文化环境，构建和谐的社会语言生态，为北京建设社会主义先进文化之都做出更大的贡献。

“十三五”时期北京市语言文字工作的总体目标是：到 2020 年，在全市范围内高水平普及国家通用语言文字的社会应用，达到较高的规范化和标准化水平；语言文字法制建设更加健全，语言文字社会应用的监管与服务体系更趋完善；市民的语言文化活动丰富多彩，语言能力持续提升；语言环境优化美化，社会语言生活和谐发展；语言文字应用研究和学科建设继续加强，北京语言文化数字博物馆、规范汉字听说读写辅助训练系统充分发挥作用；语言事业和语言产业繁荣发展，语言文字工作的社会影响力和对于经济社会发展的贡献度显著提升，整体工作居全国前列。

大力推广和规范使用国家通用语言文字，科学保护包括方言在内的各民族语言文字，传承弘扬包括语言文化在内的中华优秀传统文化，是新时期国家语言文字工作的主要任务。结合北京的实际，规划四个方面的重点工作如下：

（一）加强语言能力建设

充分发挥学校的基础阵地作用和语文课的主渠道作用，将语言文字工作纳入学校日常管理、纳入教师专业发展和绩效考核、纳入学生培养目标和技能训练、纳入校园文化建设之中，渗透到教育教学、社会实践的各个环节。结合《北京市中小学语文学科教学改进意见》和《北京市中小学开放性语文学习活动计划》，推动学校结合语文课程改革、语文教材改革、语文考试评价制度改革，进一步加强普通话口语、规范汉字书写与使用、语言文字规范标准、中华经典诗文等的教育教学，着力提升师生的语文综合素养和语言文字应用能力，树立中华语言情怀，传承弘扬中华优秀传统文化。

创新推进北京市中小学生辩论俱乐部建设，支持三个分部开展跨区、跨校、跨学龄段的系列辩论、演讲和诵读活动。加大师生口语交际能力的训练与培养力度，与北京电视台联合开展中小学生辩论大赛活动，培养学生自主学习、自主评价和自我管理能力，关注学生语言能力的实际获得。落实京津冀语言文字事业协同发展战略协议，组织三地各级各类学校联动的系列语言文化交流活动。

总结推广中小学语言文字规范化示范校建设经验，推进高等学校语言文字规范化示范创建工作。精心设计开展全国推广普通话宣传周活动，创新宣传教育的方式与载体。健全语言文字测评工作体系，启动辩论、演讲、诵读、书写水平的测评试点，积极参与视障、听障人员语言文字培训测试试点工作。加强语言文化和语言文字工作继续教育，轮训幼儿园园长、中小学校长、大中小学中华经典诵读和书法教育骨干教师、语言文字工作专兼职干部和督导人员，不断提高队伍的业务水平、政策水平和依法行政能力。结合全民终身教育体系和学习型城市建设，将语言文字教育培训纳入市民终身教育体系，依托社区教育机构开辟“市民语言文化大讲堂”。

(二) 加强语言资源建设

语言资源是重要的文化资源、经济资源和战略资源。语言文字工作部门与文化、文物、地方史志、旅游等相关部门协同，推进语言资源的挖掘、整理、开发与利用。增强语言经济意识，探索确立语言经济与产业统计口径，积极推动本市语言产业的发展。在国家语委的支持下，会同有关部门和机构推动“中国北京国际语言产业博览会”的举办，为中外语言文化的交流和语言产业的发展打造高端平台，填补世界大华语区同类会展的空白。

推进北京语言产业研究中心、北京语言文化建设研究中心、语言智能协同创新中心、汉语文化传播研究中心、北京市阅读能力研究发展中心等市语委研究基地的建设，依托相关高校和出版机构，实现应用语言学交叉学科、创新成果、人才队伍“三位一体”的全面丰收。不断充实丰富《语言产业研究丛书》《语言文化建设研究丛书》《北京市民语言文化阅读书系》。鼓励研发地方课程、校本课程、社区教育课程以及组织开展校园文艺活动、社区文艺活动，保护传承以老北京话为代表的北京地域特色语言文化。

积极运用互联网思维和互联网手段，实现互联网与语言文字工作的深度融合。建设具有北京特色的多种语料库，定期发布《北京语言生活状况报告》。不断充实完善面向基础教育和社会公众的规范汉字听说读写辅助训练系统、语言文字法规标准知识和语言文化常识在线测试系统、北京语言文化资源数据库及数字博物馆。提供基于互联网的语言学习、语言服务平台，不断推进语言文字政务信息化建设。

(三) 加强行业、领域语言文化建设

语言文字的规范应用涉及各行各业各领域，语言文字事业是全社会的事业。党政机关、各级各类学校、窗口服务行业、各类媒体是语言文字工作的重点领域，公务员、教师学生、服务行业从业人员、媒体从业人员是语言文字工作的重点群体。要着力做好市语委重大项目“行业语言文化建设的理论研究与标准制订”和国家语委重点项目“行业语言服务的理论研究与规范制订”的成果转化。从口语交际、书面语文、语言环境设计、语言文化活动、员工语言能力、语言制度建设等方面研制各行业各领域的语言文化建设标准或语言服务规范。

适应不断增长和日益多元的社会语言需求，多层次、全方位地设计并实施语言服务项目，努力构建语言文字公共服务体系，提升语言服务能力。广泛开展针对社会不同人群的语言文化知识与能力培训，满足市民对于语言文化学习及其能力水平认定的个性化、多样化需求。总结全市医疗机构、公园旅游部门语言文化建设培训工作的经验，向基层单位深入推广。逐步开展商业场所、公共交通、邮政通信、金融单位等行业领域的语言文化建设培训工作。对公务员、教师、媒体从业人员的语言服务培训，予以重点推进。关注特殊人群语言需求，增强盲文、手语服务能力，促进语言康复业的发展。

重视社区语言文化建设。巩固语言文字规范化示范街道、示范乡镇创建成果，总结朝阳、西城、东城、通州等区开展社区群众语言文化活动的经验，完成“社区语言文化建设的理论与实践”项目，转化研究成果，指导实际工作，关注市民在语言文化知识和能力两方面的实际获得。推动“语言文化主题校园”“语言文化主题公园”“语言文化主题街区”的示范建设。

(四) 加强语言文字工作治理体系建设

依法实施语言文字社会应用的监管与服务。深入贯彻落实国家语言文字法律法规，大力宣传普及国家语言文字规范标准。联合市教育督导部门，共同研究制定《北京市学校语言文字工作专项督导办法》，并适时开展督导评估工作。将媒体中的语言文字应用，公共场所的广告语、标识牌、警示牌、宣传语以及网站等

各类涉及语言文字应用的内容作为教育教学资源，探索将语言文字纠错纳入学生社会实践活动。

完善管理体制。加强各级语委对语言文字事业的统筹管理，建立和完善"政府主导、语委统筹、部门支持、社会参与"的管理体制。各级语言文字工作部门要切实履行统筹协调职能，充分发挥语委各成员单位的作用，争取各方面支持，分工协作，齐抓共管。进一步将语言文字规范化工作要求纳入文化建设规划、精神文明创建、普法宣传教育、机关行文规范、新闻出版编校、广播影视制作、工商行政监管和城市市容管理。

创新工作机制。会同立法机关，针对区域、行业、领域和人群，相关部门适时联合开展语言文字工作视察或执法调研、执法检查工作。加强政策引导，政府及其有关部门通过购买语言服务或委托开展语言文化公益活动，扶植语言文化类社会团体和志愿者队伍的成长。加大投入，设立专项，确保语言文字工作经费逐步增长。健全激励机制，根据有关规定，会同市人事行政部门，坚持每三年表彰奖励一次全市语言文字工作先进个人和先进单位。

（贺宏志、安晶晶，北京市语委办）

北京市语言文化资源调查报告

语言是人类用于交际和思维的最为重要的符号体系。一方面语言本身是文化的有机组成部分，每一种语言都是在特定的文化土壤中孕育成长，它的产生和发展演变与人类思维、社会发展、交际需要、自然生态等息息相关；另一方面，语言又是人类文化发展传承最重要的工具，是人类社会文化成果、文化建构及相关信息的主要载体。从文化的视角来审视语言，我们可以将与语言有关的文化称作“语言文化”，即人们运用语言这一特定的符号系统形式（或手段）所进行的精神活动过程，及其所建构、传承、发展的精神产品和成果。

任何一种民族的语言文化都是在特定地理环境下，经过漫长岁月缓慢形成的。它与居民的日常生活息息相关，在民族生存和发展中扮演着重要的角色。这种“文化物种”的产生和发展过程并不亚于自然物种，都是人类智慧的宝贵财富。“世界80%的文化是通过口语和文字流传下来的”，要树立“语言资源观”，语言是语言的资源、文化的资源、经济的资源。（李宇明 2010）

及时挖掘、搜集、保存各种形式的语言文化资源，有助于保护现代化进程中日益濒危的非物质文化遗产，能为社会文化建设和文化教育提供丰富的资源，进而提高语言服务社会的能力。

一　调查概述

（一）北京是当代中国政治、文化中心，有3000年的建城史和800年的建都史，具有丰富的语言文化资源。新中国成立后，北京音被确定为普通话的标准音，北京话同时是普通话最重要的基础方言。所以，不管是从数量上，还是重要性上，北京口传语言文化都具有不可替代的研究价值和社会价值。

北京口传语言文化比较全面的调查始于2004年国家非物质文化遗产保护工程。迄今，北京市先后公布了三批市级非物质文化遗产名录。第一批包括民间音乐、传统戏剧、民俗等9类，含智化寺音乐、通州运河船工号子、顺义曾庄大鼓、昆曲、京剧、大兴诗赋闲、相声、京韵大鼓、平谷调等 48 项；第二批包括民间文学、传统戏剧、曲艺等 10 类 105 项，其中有不少口传文化入选，如北京童谣、八大处传说、北京评剧、北京评书、北京琴书、老北京叫卖等；第三批包括 9 类 59 项，如前门的传说、京都北韵禅乐、数来宝、太平歌词、花市元宵灯会等。但非遗保护工程并不是单独针对口传文化的，所以还有些具有地方特色的口传文化被遗漏了。另外，很多入选的口传文化音像资料往往是介绍性的，不具备研究性。为此，北京市语言文字工作委员会会同北京市文化局、北京市文物局、北京市地方志编纂委员会办公室联合组织了此次北京市语言文化资源调查，目标有两个：一是查漏补缺，在公布的非遗名录之外，北京还有哪些语言类非物质文化遗产？包括口传的和文字的；二是记录保存，建立数据库，并在此基础上建成北京语言文化数字博物馆，展示北京地区语言文化资源的全貌。

（二）此次调查是在北京市语委办具体组织下，依托北京语言文化建设研究中心及其研究团队进行的。调查过程简述如下：

1. 2011 年 5 月 19 日，教育部语言文字信息管理司下发了《关于在北京市开展中国语言资源有声数据库建设工作的通知》（教语信司函〔2011〕20 号），要求北京市语委根据国家语委统一规范，按照“政府主导、学者承担、社会参与”的工作模式，制定科学、可行的方案，并在人力、经费等方面予以支持。

2. 2011 年 5 月 27 日，中国语言资源有声数据库建设北京启动仪式和北京语言文化建设研究中心成立揭牌仪式在北京语言大学举行。教育部副部长、国家语委主任李卫红，北京市副市长、市语委主任洪峰出席仪式，为中心成立揭牌并致辞。李卫红在致辞中希望承担这项任务的有关单位和专家团队认真学习借鉴先行试点省市的工作经验，整合各方面资源和力量，发挥各方面的作用和创造性。李卫红指出，北京语言文化建设研究中心的成立，是北京市加强语言文字应用研究的一件大事，希望积极开展语言文化基础研究、应用研究和对策研究，为北京市和国家语言文字事业做出贡献。洪峰在致辞中希望参与中国语言资源有声数据库北京库和北京语言文化资源信息库工作的有关高校和研究机构、各区县和有关部门增强保护语言资源的责任感和使命感，积极配合，给力支持，并表示市政府将为顺利开展这项工作创造良好的条件。

3. 2012 年 5 月 17 日，北京语言文化建设研究中心主任张维佳教授主持的“北京语言文化资源信息库建设与研究”项目论证通过专家评审。项目包括 8 个子项目：北京口传文化资源信息库建设与研究、北京地名文化资源信息库建设与研究、北京皇家园林楹联匾额资源信息库建设与研究、北京皇家名园·清代御制“三山五园”诗集信息库建设与研究、北京话研究历史文献资源信息库建设与研究、北京话土语图解词典资源信息库建设与研究、北京话/普通话吟诵资源信息库建设与研究、北京外语使用情况信息库建设与研究。

4. 2014年3月20日，北京市语委、北京市文化局、北京市文物局、北京市地方志编纂委员会办公室联合下发《关于开展北京市语言文化资源普查工作的通知》(京语〔2014〕2号)。规定此次普查的重点是北京口传文化资源、北京皇家园林庙宇和名人故居楹联匾额碑帖资源。

5. 2014年4月23日，北京语言文化资源普查丰台区试调查准备会在丰台区教委举行。来自市语委、北京语言大学、北京师范大学、市文化局、市文物局、市方志办、丰台区语委、区文委、区方志办的16位领导和专家出席，研讨普查工作的开展。

6. 2014年4月24日，北京语言文化资源普查昌平区试调查准备会在昌平区教委举行。来自市语委、北京语言大学、北京师范大学、市文化局、市文物局、市方志办、《前线》杂志社、昌平区语委、区文委、区方志办的16位领导和专家出席，研讨普查工作的开展。

7. 2014年8月4日，北京市语言文化资源普查全面开展动员会召开，市和各区县语委、文委、方志办的60多位同志出席。丰台区语委、昌平区语委介绍了前期调查工作情况，北师大王立军教授解读了普查规范，市语委办贺宏志主任总结了前期试调查经验和存在的问题，对普查进度、普查方式、普查范围、调查人遴选、调查表填写等提出了具体要求。

调查工作于2014年8月初开始，11月底完成。调查以填写问卷的方式进行，结合采用人类学与民俗学田野调查方法。问卷内容包括“所在地区有哪些口传文化样式(京剧、相声除外)，有哪些口传文化遗产传人，有哪些口传文化样式的爱好者，有哪些与北京口传文化有关的文本、音频或视频资料，举办过哪些与北京口传文化有关的活动(如民间故事会、与口传文化相关的庙会节会等)，所在地区有哪些(皇家园林庙宇、名人故居)楹联匾额碑帖资源，1949年前对北京口传文化的研究情况，1949年后对北京口传文化的研究情况，1949年前对楹联匾额碑帖的研究情况，1949年后对楹联匾额碑帖的研究情况”。参与此次调查的工作人员共102名，分别来自市文化局、市文物局、市方志办，各区县语委、文委、方志办。共发放问卷530份，收回问卷530份。调查收回的问卷由北京语言大学北京语言文化建设研究中心专人汇总统计整理。

二　资源状况

此次调查按照地方戏曲、曲艺、民间传说和故事、与劳动及生活相关的口传文化、与商业相关的口传文化、与宗教相关的口传文化、民间庙会节会、口传文化研究情况、楹联碑刻及其研究情况等九个方面进行。资料的整理，综合此次调查问卷的结果和《北京市非物质文化遗产普查项目汇编》(共 18 卷)的相关内容。下面予以择要简介。

(一) 地方戏曲

1. 燕歌戏

燕歌戏是北京的汉族戏曲剧种之一。燕歌戏历史悠久，也俗称“秧歌”或“燕乐”，主要流行在京西地区。其表演内容丰富多彩，表演形式雅俗兼备。在清代、民国时期，京西燕歌戏团不仅在北京演出，还经常受邀到河北省临近的一些村镇“卖台”演出。据《清史》记载，乾隆帝庆祝 60 大寿时，门头沟柏峪村燕歌戏团曾获邀进宫演出。

旧时，门头沟柏峪村的燕歌戏演出从正月初三一直唱到二月初二。1949 年后，京西燕歌戏演出一度中断。1982 年，柏峪村重新恢复演出。柏峪燕歌戏已入选北京市非物质文化遗产名录。在春节期间，现在昌平部分乡镇也有燕歌戏演出活动。

2. 山梆子戏

山梆子戏起源于清代道光年间的汉族戏曲剧种，距今已有二百多年的历史，主要分布于京郊山区。其中门头沟西斋堂山梆子戏(入选北京市非物质文化遗产名录)、房山芦子水山梆子戏历史上都极负盛名。

山梆子戏的唱腔和板式依据“山陕梆子”的韵调，同时融汇了当地小调、民歌，道白用地方话(板腔体)。音乐特点主要是主韵循环体、主曲变腔体，音乐伴奏分文武场。传统剧目丰富，近 200 种。山梆子戏山里人爱听，具有广泛的群众基础和鲜明的地方特色。旧时，逢年过节、婚丧嫁娶和庙会都要请山梆子剧团唱戏。现在，门头沟、房山、昌平、延庆等京郊地区，年节期间仍有山梆子戏演出活动。

3. 苇子水秧歌戏

苇子水秧歌戏，起源于明代嘉庆年间，是流行于门头沟苇子水村周边的汉族戏曲剧种之一。伴奏以打击乐为主，整场戏只用锣鼓，不用丝竹。主要唱腔有摔锣腔、大秧歌调等，现存主要剧目有《赵云截江》《张飞赶船》等。苇子水秧歌戏已入选北京市非物质文化遗产名录。

4. 蹦蹦戏

蹦蹦戏作为一种汉族民间艺术，主要流行于门头沟、大兴和通州，其唱腔原始，化妆粗犷，乡土特色浓郁。板式明了流畅，套路简洁。伴奏分文武场，文场有板胡、笛子等，武场有单皮、云板等。内容以山村习俗、轶闻趣事为多，现存曲目有《老少刘公案》《夜宿花亭》《蜜蜂记》等。

门头沟淤白村戏班成立于民国20年(1931)，一直传承至今。目前，淤白村和周边乡镇，蹦蹦戏仍是当地居民重要的节日娱乐。淤白村蹦蹦戏已收入北京市非物质文化遗产名录。

5. 诗赋弦

诗赋弦是汉族戏曲剧种之一，主要流行于北京大兴及河北固安、涿州等地。大兴诗赋弦已收入北京市非物质文化遗产名录。

诗赋弦起源于汉族民间鼓子词。清光绪初年，直隶省宛平县贾万全和朱广达，为抵制社会盛行之“五毒”(吃、喝、嫖、赌、抽)，在家乡(今大兴区榆垡镇朱家务村)首创“诗赋弦同乐会”。创立之初，一般根据小说、鼓书段子、民间故事，编排一些生活小戏，农闲时，组织年轻农民用清音坐唱形式表演。后来增加了音乐伴奏，武场以大鼓、大镲为主，文场以三弦、板胡、曲笛为主。到光绪十九年(1893)，增加了服装、道具，初具戏曲雏形，同时，角色在“三小”(小生、小旦、小丑)基础上，又增老生、花脸，伴奏乐器增加了四胡和笙。宣统元年(1909)，固安县庄谷兴晚年还乡，兴办诗赋弦戏会。他将自己所能之曲牌汇入诗赋弦之中，同时又增加了十几出戏，极大地推动了诗赋弦的发展。此后房山、固安、涿州等地开始流行诗赋弦。民国初年，是诗赋弦兴旺时期，贾万全曾带领西胡林和官庄两个村的戏班赴天津演出。现在，诗赋弦在南郊仍有广泛的群众基础，每逢春节，大兴仍有演出活动。

6. 石景山太平歌

太平歌流传在老古城村一带，当地人又叫古城大秧歌，是石景山区农村特有的一个戏曲剧种。旧时，太平歌的演出，由太平歌会组织。太平歌会是老古城村

“秉心圣会”成员之一，产生于清雍正年间。“石景山古城村秉心圣会”作为民俗项目已入选北京市非物质文化遗产名录。

太平歌的曲目和唱段有一百多首，内容丰富，语言通俗，描述真切，主要反映伦理道德，劝人为善，或描绘山水景色，抒发生活情趣。每年正月初一至十五日，古城村都会组织太平歌演出。

（二）曲艺

1. 单弦

单弦源于北京满族子弟中流行的“八角鼓”，是一种用弦子和八角鼓伴奏的说唱。始于清乾隆、嘉庆年间。光绪六年（1880），司瑞轩自编曲词，自弹自唱于茶馆，自此单弦作为一个独立曲种传开。

经过将近一百年的发展，单弦由单曲体的岔曲演变成枣核儿、腰截、牌子曲三种曲体样式，清末衍生成说唱结合的单弦牌子曲。牌子曲的曲牌，依功能特点可分为抒情、叙事两种。表演时按照不同内容的表达需要，选用曲牌。单弦牌子曲的曲牌约有九十多个，常用的约三十个。单弦有两种主要演出方式：一种为自弹自唱；还有一种为一人站唱，以八角鼓敲击节拍，另一人操三弦伴奏。单弦表演过程中还融入了昆曲、京剧中的一些动作。清末民初，出现了不少著名单弦名家，形成荣、常、谢、谭四大流派。传统曲目有《胭脂》《挑帘裁衣》《金山寺》《杜十娘》《穷大奶奶逛万寿寺》《合钵》等。

1949年后，单弦艺术得到进一步发展，以杜澎为代表的著名演员创作了大量反映现实生活的单弦曲词，如《城乡乐》《四枝枪》《好夫妻》等。同时，在表演形式上增加男女对唱、单弦牌子曲联唱、表演唱等。60年代以后，单弦一度衰落。20世纪80年代以来，单弦票友的活动再度兴盛。2006年，单弦被列入首批北京市非物质文化遗产名录；2008年，入选国家级非物质文化遗产名录。

2. 岔曲

岔曲是一种起源于满族八旗子弟的单弦艺术。据说，因创始者名叫宝晓岔，故名岔曲。始于乾隆时期，主要流行于北京地区。

岔曲是单弦的主要曲调。岔曲的表演方式有三种：一人自击八角鼓演唱，一人操三弦伴奏（也可无伴奏）；二人都操八角鼓演唱；还有集体演唱的“群曲”形式。其基本唱腔结构是一段六句或八句，故又称“六八句”。分曲头、曲尾两部分，中间有一个大过门。

初期，由于故事性不强，岔曲多在文人间传唱。据说，当年乾隆皇帝听说好多臣子都在唱岔曲，便叫人来给自己唱，并鼓励八旗子弟编唱岔曲。一时间，岔曲成为一种高雅艺术。嘉庆道光以后，京城百姓几乎无人不识岔曲。岔曲现已收入北京市非物质文化遗产名录，“单弦牌子曲（含岔曲）”收入国家级非物质文化遗产名录。

3. 京韵大鼓

清咸丰年间，艺人金德贵将原流行于京津及周边地区的有板没眼的木板大鼓，发展成一板一眼的板式。木板大鼓传入北京、天津后，刘宝全以北京的语音声调来吐字发音，吸收石韵书、马头调和京剧的一些唱法，创制了新腔。1946年，北京成立曲艺公会，遂正式称之为“京韵大鼓”。

木板大鼓发展成京韵大鼓后，伴奏乐器在原来的基础上，加上了三弦、四胡等。运用北京音系的四声说京白、唱京韵。借鉴京剧表演程式，运用眼神、面部表情、抬手举足的刀枪架式，形成一套表演身段。京韵大鼓唱说兼顾，讲究语气韵味，唱腔属于板腔体。20世纪20年代是京韵大鼓发展的鼎盛时期，形成了以刘宝全、白云鹏、张小轩为代表的三大流派，传统曲目有《单刀会》《战长沙》等。1949年后，出现了一批杰出的演员和很受听众欢迎的一批作品，如骆玉笙的《珠峰红旗》《光荣的航行》小岚云的《逼上梁山》，阎秋霞的《愚公移山》等。京韵大鼓收入首批北京市非物质文化遗产名录，并已收入国家级非物质文化遗产名录。目前，在北京城区及石景山等地仍有演出活动。

4. 京东大鼓

京东大鼓始于清乾隆中叶，流行于京东三河、宝坻、香河一带，创始人是李文通。在流传过程中先后被称为“小口木板大鼓、大鼓、乐亭调、乐亭大鼓”等，1935年，被定名为“京东大鼓”。

京东大鼓在原木板大鼓基础上，吸收了京东广为流行的汉族民歌小调“靠山调”和京东乡音。演出方式为演唱者左手挟铜板，右手击鼓，伴奏乐器主要是三弦，后又加入扬琴。唱腔为板腔体，常用板式有头板、二板、快板和锁板。唱词的基本格式为七字句，句首常加三字头，句中常嵌字、词及短语，句尾常加“哪”“啊”等虚词。李文通先后收徒张百奎、曹占奎、李振奎、崔登奎和邓殿奎，世称“五奎”。20世纪30年代，刘文斌等对唱腔进行了大胆改革，引入民歌“庙门开”的旋律，融合落腔调与平谷调的音乐，完善了“十三咳”的唱腔，创作出与原型大不相同的新曲调，从而形成现在京东大鼓的基本唱腔。

20世纪60年代至70年代，京东大鼓演出达到了一个高峰，影响进一步扩大。2006年，京东大鼓由天津市申报入选国家级非物质文化遗产名录。目前，在城区及京郊密云、平谷、怀柔、延庆等地仍有京东大鼓演出活动。在平谷区，它被当地人称作平谷调、平谷调大鼓或平谷大鼓（收入首批北京市非物质文化遗产名录）。

5. 单琴大鼓

单琴大鼓是一种汉族民间艺术，主要流行范围为京津及周边地区。

20世纪30年代，翟青山与魏德祥融合了西河大鼓与乐亭大鼓的唱腔，把伴奏由三弦改为扬琴，从而形成一新种唱腔，命名为“单琴大鼓”。主要剧目有《乔太学》《三世调缘》《刘二娃拴娃》等，很受观众欢迎。新中国成立后，翟青山在电台播演新书《新儿女英雄传》，轰动一时。现在，单琴大鼓在北京尚有一批传承人，他们还经常登台演出。

6. 西河大鼓

西河大鼓是北方的鼓书暨鼓曲形式，流行于河北、河南、山东、北京、天津、内蒙古、东北地区。在流传过程中曾有过“大鼓书、梅花调、西河调、河间大鼓、弦子鼓”等名称，20世纪20年代在天津被定名为“西河大鼓”。

西河大鼓滥觞于清代咸丰、同治年间，首创艺人为马三峰。他师承河间木板大鼓艺人白玉福。在多年的艺术实践中，他不仅巩固完善了木板大鼓与弦子书结合、鼓板弦乐并用的伴奏体制，又将小三弦改为大三弦，以增加音量。又将皮黄、梆子、老调以及冀中民歌、俚曲的音乐融入大鼓的唱腔，创立了双高、反腔、紧五句、一马三涧等新曲调，从而奠定了西河大鼓的基本模型。西河大鼓表演时，演员左手持两片钢板，右手以鼓槌子击扁鼓，鼓板配合击打，为演唱击节，另有乐手弹三弦为演唱伴奏。有说有唱，说唱相间。一人说唱，称“单口”；二人合演，称“对口”。西河大鼓在发展过程中，形成了北口、南口、小北口等三个支系。

2006年，西河大鼓由河北省申报入选国家级非物质文化遗产名录。我市平谷、延庆、石景山区现有一批爱好者，还经常为市民演出。

7. 五音大鼓

五音大鼓是一种古老的汉族民间艺术曲种，发源于清道光年间的河北省安次县（今河北省廊坊市），后在京津地区流传。清末，这一鼓曲出现两个分支：一支走进北京城，成为市民欣赏的舞台艺术，演变为单琴大鼓；另一支则继续在京津冀农村广为流传，因其伴奏乐器有鼓板、三弦、四胡、扬琴、瓦琴等五种，故被称作“五音大鼓”。

五音大鼓表演形式是一人持鼓板站立击节说唱，另四人分别操持三弦、四胡、扬琴、瓦琴伴奏。传统剧目有《杨家将》《岳飞传》《刘公案》《湘子上寿》《武家坡》等，现代的有《王老汉征婚》《长子营新貌》等。

在北京，五音大鼓现主要分布在密云、大兴，蔡家洼（密云）和再城营（大兴）等地仍有五音大鼓的演出活动。密云蔡家洼五音大鼓已收入北京市非物质文化遗产名录。

8. 北京琴书

北京琴书是一种汉族曲种，形成于20世纪40年代，主要流行于京津冀地区。北京琴书的原身是单琴大鼓，不同的是演唱用北京话，伴奏乐器除了扬琴外，还有四胡。1949年后，这种新的曲种被定名为“北京琴书”。

北京琴书的板式是一板三眼，有快、慢、架、散多种，曲调接近平谷调。表演时一人站唱，以左手敲击铁片，右手执鼓槌击扁鼓，另有琴师用扬琴和四胡伴奏。主要艺术特色是“说似唱、唱似说”，唱腔中夹用说白，多用北京土言土语。长篇曲目有《七国演义》《回龙传》等，短篇曲目有《杨八姐游春》《鞭打芦花》等，新曲目有《考神婆》《一锅粥》等。北京琴书已列入北京市非物质文化遗产名录，一批琴书演员仍活跃在北京的舞台上。

9. 北京评书

评书又称评词，历史悠久，可以上溯至春秋时期。北京评书是一种汉族说唱艺术，相传是明末清初江南说书艺人柳敬亭来京时传下的，主要流行于华北、东北、西北。

早期，北京评书的表演形式为一人坐在桌子后面，以折扇和醒木为道具，身着长衫。至20世纪中叶，渐渐变成站立说演，衣着也不再固定。表演时，一般是先念一段定场诗，或说段小故事，然后进入正式表演。“古事今说，佐以评论”是评书一大艺术特色。以北京评书为代表的中国评书是极具民族特点和审美特色的曲艺种类，具有广泛的群众基础。

1949年后，北京比较著名的评书演员有连丽如、袁阔成、刘兰芳、单田芳、田连元等，他们在电台播出的《水浒传》《三国演义》《红楼梦》《岳飞传》等，影响了几代人。北京评书已列入北京市非物质文化遗产名录和国家级非物质文化遗产名录。

10. 联珠快书

联珠快书源于北京满族“子弟书”，形成于清朝道光、咸丰年间。因快书中最后的一个曲牌叫“联珠调”，所以称“联珠快书”。联珠快书是北京八角鼓艺术的重要组成部分，曾流行于北京、天津、河北及东北等地。

常见的快书是由一人演唱，而另一人用三弦伴奏。演唱者应该穿着长衫，只用折扇、手帕和醒木三种简单的道具。有一人扮演剧中各个人物，唱念做打，虚拟动作，变换位置。另一种演唱形式是由一人用三弦伴奏，另有三位演员来演唱，称作“拆唱”，演员分别扮演剧中人物。其演唱结构由诗篇、诗白、书注头、春云板、流水板、话白和联珠调七个段落组成。快书以磅礴的气势、明快的节奏、豪迈的腔调和洒脱的身段来歌颂英雄侠义，演述金戈铁马的故事。演唱起来讲究干净利落，从头至尾一气呵成。

联珠快书的名家有奎松斋、曾振庭等，传统曲目有《淤泥河》《安天会》《蟠桃会》等，新编曲目有《宋恩珍》《霍元甲打擂》等。联珠快书已列入北京市非物质文化遗产名录。

11. 梅花大鼓

梅花大鼓，脱胎于清口大鼓，原是八旗子弟“全堂八角鼓”中的一种重要演唱形式。晚清艺人金万昌对清口大鼓进行了改造创新，使用“梅花调”，扩大了影响，逐渐成为该曲种正宗，主要在京津地区流行。梅花大鼓不仅仅是说唱故事，非常强调观赏性，唱腔、吐字、扮相、身段、动作都力求优美。

梅花大鼓的演出形式，一般为一个人击鼓说唱，同时有扬琴等其他乐器伴奏。还有两种比较特别的表演方式，一种是“五音联弹”，一种是“含灯大鼓”。五音联弹，主唱演员司鼓击板，乐队四人相互协作，操五种乐器。含灯大鼓，演员在演唱时口衔龙头式灯座，唱腔只能由喉舌发音，唱段一般不长，比较注重击鼓等表演。梅花大鼓在发展中，先后形成两大流派，即金万昌的金派与卢成科的卢派。传统曲目保留下来的共30多段，有《黛玉思亲》《别紫鹃》《鸿雁捎书》《摔镜架》等，新编曲目有《拷红》《龙女听琴》等。20世纪50年代以来演唱梅花大鼓的著名演员有曹宝禄、赵玉明、龙洁萍、新岚云、刘淑慧等。梅花大鼓已收入北京市非物质文化遗产名录，并由天津市申报入选国家级非物质文化遗产名录。

12. 太平歌词

太平歌词是一种从属于相声的曲艺形式，形成于清初，是相声四门功课“说、学、逗、唱”中“唱”的重要组成部分。它源于北京的民间小曲，在京、津、冀地区流传颇广。相传，其正式名称为慈禧所赐。

太平歌词一般每四句为一个段落，句句押韵，曲调婉转动听。表演形式是演唱者手持竹板两块(习惯称为“手玉子”),敲打出节奏伴奏。太平歌词既可融入相声段子中,也可以独立演出。20世纪前半叶,太平歌词非常流行,涌现出许多优秀演员,早期有汪兆麟、吉坪三,之后有荷花女、袁佩楼、秦佩贤等。太平歌词传统曲目有《太公卖面》《秦琼观阵》《韩信算卦》等,新编曲目有《刘胡兰》《向秀丽》《反浪费》等。2009年,太平歌词被收入北京市第三批非物质文化遗产名录。

13. 牌子曲

牌子曲是汉族传统曲艺的一种,凡将各种曲牌连串演唱,用意叙事、抒情、说理的曲种都可称为“牌子曲”。北京地区的牌子曲一般为一人演唱,也有多至五六人同台演唱,伴奏乐器多为三弦,其表演形式类似于单弦和岔曲。我市通州区北仪阁村和徐官屯村牌子曲的唱腔和唱词颇有地方特色。

14. 十不闲

十不闲是清中期兴起的一种曲艺形式,起源于安徽凤阳,康熙年间始在北京地区流行。它是一种自我伴奏的说唱艺术。表演中,演员的手、脚都得用上,通过绳索、杠杆同时操纵安置于架子上的锣、鼓、钹、钲等乐器。由于手、足不停闲,故得“十不闲”之名,演奏者被称为“掌正”。

十不闲多在茶馆、戏园子、私家堂会上演出。演唱时,往往见景生情,现抓时哏、时话。清光绪十年(1884)年间,赵奎顺在北京演唱十不闲誉满京城。他的第三代传人外号“十三红”,民国年间把十不闲带到开封,名噪一时。十不闲传统曲目有《西厢》《摔镜架》《杨二舍化缘》等。现在,这个曲种业已式微。从这次调查的结果看,东城、西城、怀柔、顺义、平谷等区都有记载。房山大石窝子尚有十不闲艺人,能表演经典段子《朱元璋放牛》。

(三)民间传说和故事

民间传说和故事是从远古时代起就在人们口头流传的、以奇异的语言和象征的形式讲述人与人、人与神、神与神之间种种关系的叙事语体。民间传说和故事从生活本身出发,但又并不局限于实际情况以及人们认为真实和合理的范围,往往包含着超自然的、异想天开的成分。

北京地区,民间传说和故事数量巨大,市志、区志、县志、村志都有相关记录,单独出版发行的专书也不少。根据当地相关文化工作者的推荐,此处摘要列举一些具代表性的传说和故事。

东城:北京的传说、前门的传说、天坛的传说、东交民巷传说、大兴胡同

传说、黑芝麻胡同传说、金鱼池传说、黑猴儿毡帽店传说、崇文门税关传说

西城：西城风俗传说、西城地名传说、西城胡同传说、皇城的传说、白云观传说、白塔寺传说、什刹海传说、天桥的传说、牛街的传说

朝阳：妈妈树传说、二郎爷坡传说、龙礅石传说、高碑店老闸窝有宝的传说、渔户行善事传说、祖先逐鹿氏传说、鲁班与高碑店的传说、高碑店小金鱼传说、通惠河龙王庙传说、星星石传说、敕赐崇惠寺传说、仁勇伏魔关帝庙传说、重修十方诸佛宝塔传说、郑和与东坝的故事、通惠河的故事、通惠河运皇木的故事、盛开的菩提树故事、将军庙的故事

海淀：青龙桥传说、凤凰岭传说、香山的传说、圆明园传说、颐和园传说、大钟寺古钟的故事、曹雪芹在海淀的故事、大觉寺传说、八旗子弟传说、紫竹院传说、西山的传说、百望山传说、京西民间聊斋传说、北京满族民间故事

丰台：卢沟桥传说、卢沟桥抗战传说、花乡的传说、长辛店传说、丰台寺庙塔传说

石景山：永定河传说，八大处传说、磨石口传说、曹雪芹（西山）传说、法海寺传说、天泰山传说、八宝山传说、八角村传说

门头沟：门头沟民间传说（33 则）、门头沟民间故事（23 则）

房山：房山民间传说（39 则）、房山民间故事（24 则）

大兴：大兴村名传说、大兴七十二联营传说、南海子传说、大兴近代人物传说、田载耕的故事

通州：通州村名传说、宝塔镇河妖传说、饕餮镇水传说、大运河传说、八里桥的故事、曹雪芹家世传说、乾隆游通州奇闻逸事、传说中的郭志荣、齐家村传说、古墓奇闻、堰岑寺与燕灵寺的传说、李太后传说

顺义：张镇灶王爷传说、虫王庙故事、秃尾巴老李的传说、五海龙王庙传说

昌平：昌平民间神话（6 则）、昌平民间传说（39 则）、昌平民间故事（34 则）

怀柔：怀柔民间传说（140 则）、怀柔民间故事（17 则）

平谷：平谷风俗风物传说、平谷村落域名传说、平谷人物传说、仁义胡同传说、鬼狐精怪的故事、老象峰传说、刘家店镇村名掌故、丫髻山传说

密云：冶仙塔传说、黍谷山传说、曹天印与乾隆皇帝的传说、谎三儿的故事

延庆：妫川民间故事、八达岭长城传说、龙庆峡传说、松山的传说、永宁的传说、帮水峪传说、里炮村传说、下辛庄传说、石佛寺传说、古树名木传说、村名的传说、柳沟村传说

(四)与劳动、生活相关的口传文化

1. 北京童谣、民谣

童谣是为儿童作的短诗,内容轻松有趣,强调格律和韵脚,通常以口头形式流传。

北京童谣是指发源并流传于北京地域范围内的汉族童谣。北京悠久的历史产生了厚重的文化积淀,曾出现过大量的童谣,在民间传唱。北京童谣形式简短、音节和谐、诙谐幽默。这里试举一例:腊八粥喝几天,哩哩啦啦二十三;二十三,糖瓜粘;二十四,扫房日;二十五,冻豆腐;二十六,去买肉;二十七,宰公鸡;二十八,把面发;二十九,蒸馒头;三十儿晚上熬一宿,大年初一满街走。

民谣是民间流行的、富于民族色彩的短诗。多数民谣年代久远,无法得知作者姓名。民谣内容多样,有哲理的、风俗民情的、生活娱乐的……民谣能表现一个地区的地理人文特点。试举石景山民谣一例:珠市口闹吵吵,菜市口挂杀人。城门楼子九丈九,出去就把西山瞧。出彰仪门(按:阜成门)走石头道,再走五里财神庙。小井儿大井儿卢沟桥,卢沟桥狮子数不清,铜帮铁底保北京。东头狮子西头象,三十五里到良乡。良乡塔半山坡,过了窦店琉璃河。琉璃河有道沟,三十五里到涿州。涿州北关娘娘庙,乾隆题联关上头。南关大戏楼,楼下两股路,一股通保府,一股奔茂州。

北京童谣和民谣具有很强的地域特点,与北京人日常生活息息相关。改革开放以来,尤其是随着现代化、全球化进程的加剧,反映老北京历史风貌、百姓生活的童谣和民谣显得尤为珍贵。市志、区志、县志、村志都采收了大量童谣、民谣,同时也有一些专书出版,此处不赘。北京童谣已被选入北京市非物质文化遗产名录和国家级非物质文化遗产名录。

2. 打花罐

打花罐也叫"打水歌",是早期打水浇菜时的劳动号子,在京郊昌平等地非常流行。

清末民初,打花罐是年轻人来昌平打工的一种时尚。打水人边打水,边唱歌。每唱一句之前,要先叫一下板,行话叫"嗑把"——辘轳把发出"呱嗒、呱嗒"的声响。打花罐是体力、技术和艺术三位一体的活,工钱比一般短工多很多。打花罐,可以一人独唱,也可二人对唱,多人合唱,还可以在井与井之间赛唱。过去,凡是有井水浇菜的园子,就有打花罐的歌声。其曲调比较灵活,歌词多是现场现编。这里试举一例：打花罐，浇园子，我打耶头一罐哎！谁打二，我打二，娶不上媳妇打光棍呀哎！谁打三，我打三，出来那个打水挣工钱呀哎！要说四，就打四，黄瓜那个上架顶花带刺呀哎！说到五，就打五，蘑菇出来一呦身土哇哎……打花罐，四十九，东家那个晚饭还管四两酒呀哎……

随着生活方式的变迁，现在昌平只有少数老人还能唱一些比较短的打花罐歌。

3. 运河船工号子

运河船工号子指过去运河船工为统一劳动步调，增加劳动兴趣，提高劳动效率而创作的民歌品种。一般只有曲调，没有词。运河船工号子可以追溯到清道光年间。它以家庭、师徒、互学的方式传承至今。

通州是京杭大运河北起点，鼎盛时期，运粮漕船首尾衔接十几里，船工号子此起彼伏，气势磅礴。通州运河船工号子种类众多，现已搜集整理出十种22首：起锚号、揽头冲船号、摇橹号、出仓号、立桅号、跑篷号、闯滩号、拉纤号、绞关号、闲号。其演唱形式除起锚号为齐唱外，其余均为一领众和。1943年，运河因大旱断流，运河船工这一行业随之消失。

“通州运河船工号子”入选首批北京市非物质文化遗产名录。另外，北京永定河上也曾有船工号子流行。

4. 夯歌

夯歌，指过去人们在盖房建墙打地基时所唱的劳动号子。打夯时，常常是五六人一组，随着拉夯起落的节奏，一人领唱前半句，余下众人合唱后半句。歌词往往是见事生情，随心所欲，即兴而作，节奏感很强。例如：大伙儿打起来呀！哎嗨嗨呦哇！各个儿干劲高哇，哎嗨嗨呦哇！

夯歌在全国各地都有，曲调不尽相同。1958年，罗马尼亚部长会议主席斯托伊卡参观十三陵水库建设现场，被九个姑娘（一组）边打夯、边唱夯歌的情形所感染。水库建成后，斯托伊卡邀请这九位姑娘访问罗马尼亚，并在罗进行了夯歌示范表演。现在，大兴、昌平、通州、顺义、平谷都还有人会唱夯歌。

5. 露八分

露八分又称漏八分，是在密云古北口镇流传着的一种久远的语言形式，据说源自明清时期，既可以在生活中使用，同时又是一种文字游戏。所谓“露八分”，就是把一个四字成语或短语隐去最后一个字，而那隐去的字才是真正想表达的意思，例如说“头”，用“独占鳌”，说“饭”，用“粗茶淡”等。它可能起源于商贸、战争，外人只能破译其中八成意思，故称“漏八分”。后来成为人们茶余饭后的自娱自乐，成了一种诙谐语。

6. 喊棚

旧时婚礼，临时搭棚聚餐，在新人下轿、挂门帘、泼洗脸水、敬酒等每个程序中，司仪都要大声喊出合辙押韵的吉祥话，这在京郊被称为喊棚。高亢的呐喊、独特的韵律烘托婚礼的热闹。如：鞭炮响，锣鼓喧，娶亲的喜轿到门前，新人下轿贵人搀。满院的贵客仔细观，新娘长得似天仙，郎才女貌拔了尖……。“喊棚”讲究韵律，半喊半唱，有规定程序和常用词句，司仪也可现场即兴发挥。现在密云仍有艺人能表演传统喊棚。

7. 吟诵

吟诵是汉语诗文的传统诵读方式。吟诵发端于先秦，通过官私教育系统，口传心授，代代相传，流传至今。它不仅是汉语诗文的诵读方式，也是汉语诗文的重要创作方式。吟诵具有极高的文化价值、艺术价值和学术价值，是一个巨大的文化遗产宝库。它既有全国统一的声韵规则，又有各地不同的风格特色。2008年，“吟诵调”被列入第二批国家级非物质文化遗产名录。

北京话吟诵在北方方言中具有一定的代表性。现在北京建立了吟诵研究机构和一些吟诵社团，不少有识之士正在开展调查整理工作。同时，他们在我市中小学积极推广古诗文普通话吟诵，努力恢复这一历史悠久的传统。

（五）与商业相关的口传文化

1. 数来宝

数来宝又名顺口溜、溜口辙、练子嘴，是具有草原文化色彩的主要流行于北方地区的民间曲艺。双手击打“合扇”（牛肩胛骨，饰以红绿布条和铜铃），一人或两人说唱，以说为主。常用句式为可以断开的“三三”六字句和“四三”七字句，两句、四句或六句即可换韵。最初是艺人用以走街串巷，见景生情，即兴编词，内容一般是恭喜发财、诸事如意、太平年等，在店铺门前演唱索钱。在其漫长的历史发展中，经历了“串街走唱”和“撂地演唱”的过程。由于艺人把商店经营的货品夸赞得丰富精美，“数”得仿佛“来”（增添）了“宝”，因而得名。数来宝进入小戏棚演唱始于明末清初。后来北京的莲花落和数来宝出现合流，成为一种民俗表演项目，演员可兼用两样乐器进行表演。数来宝已列入北京市非物质文化遗产名录和国家级非物质文化遗产名录。

2. 拉洋片

拉洋片又名西湖景，是一种汉族传统民间艺术，清末由河北传入北京。早期的拉洋片演出是以布作墙，围成直径约两丈的场地，有画挂于前，上绘山水人物。观众看完一张后，用绳索放下另一张，演员用木棍指点画面边唱边解释，有锣鼓伴奏。后期，拉洋片的演出道具改为高、长各约1米的木箱，分上下两层。下层有四个或六个圆孔，孔中嵌放大镜。箱内装有八张以“西湖十景”或历史、民间故事为题材的画面。演员用绳索上下拉动替换画面。木箱旁设有用绳牵动的锣、鼓、钹三件打击乐器，演员每唱完一段唱词后，以打击乐器伴奏。

拉洋片的唱段由北京琴书、京韵大鼓、评剧、河北梆子的精华综合而成，风格质朴自然，京腔京韵。自清末民初始，天桥、护国寺、白塔寺、隆福寺等庙会以及丰台、通州等地的集市上均能见到。民国时期，北京比较有名的拉洋片艺人有焦金池、罗沛霖等。1988年，毕学祥把“片箱子”拉到龙潭庙会，恢复了一度中断的拉洋片表演。从这次调查的结果看，东城、西城、朝阳、延庆、密云等区都有记载。

3. 商业叫卖

老北京叫卖在明代已有记载，至晚清和民国发展至鼎盛时期，老北京各行各业均积累了众多的叫卖调和叫卖词，有的还有与之相配合的响器。1949年后，随着国营和集体经济成分对个体商贩的吸收和改造，老北京叫卖很快趋于绝迹。20世纪80年代以后，作为一种濒临灭绝的民间艺术形式，老北京叫卖又得到发掘和恢复，吸引了一批民间叫卖艺人，并于2005年成立“老北京叫卖艺术团”，其成员有臧鸿、张振元、张桂兰、马松林、武荣璋、芦志东等，他们使老北京叫卖声重新回到各种民俗庙会和大小舞台。2007年，老北京叫卖被列入第二批北京市非物质文化遗产名录。

4. 莲花落

莲花落是旧时较为常见的一种乞讨说唱，我国很多地区都具有本地特色的莲花落。北京莲花落来自中原地区。艺人打着竹板，有说有唱，挨门逐户说唱吉祥话。两人配合、沿街乞讨的莲花落被称作大口莲花落。在领唱之后，帮腔者要接唱一句“唉哟莲花落，一支一支落莲花”。吉祥话、祝福词常常视不同对象，即兴现编。由职业艺人演唱的莲花落被称为小口莲花落，曲调更优美动听，唱词也更为文雅，可以在“堂会”演出。现时，东城、西城、海淀、通州尚有民间艺人会演唱传统莲花落。莲花落已列入国家级非物质文化遗产名录。

（六）与宗教相关的口传文化

1. 佛经诵读

佛经诵读是佛教徒的一种修行方式。佛经诵读有诵、唱两种，诵经有固定节奏，可以用木鱼伴奏；唱经有固定的旋律，循环往复。

佛教认为，诵读佛经可以消业障、开智慧，要求诵经时念兹在兹，心无旁骛。圣严法师对诵经作过详解："诵经的方式，如系一人，可用木鱼，也可不用木鱼，两人以上同诵，则须用木鱼。最好确定一部经，发愿在一定的期限内诵完多少遍，不要今天诵此经，明天又换另一经。诵经不为求解，只求字音不错，不用知道经义为何。"《心经》《普贤行愿品》《阿弥陀经》《金刚经》《药师经》《地藏经》《法华经》《华严经》《无量寿经》《观无量寿经》《楞严经》《圆觉经》《维摩诘经》《楞伽经》《解深密经》《大涅槃经》《大般若经》《阿含经》等经文常用来诵读。

2. 祈雨

祈雨，就是求雨，是围绕着农业生产、祈求雨水的宗教活动。我国的祈雨活动，早在西汉时期就有历史记载。

北京周边地区，夏季经常干旱无雨。每逢旱年，人们就烧香祷告，祈求上天降雨救民，祈雨的场所多为龙王庙。祈雨是与神灵交流，所以仪式非常严格，而且有较为固定的祈雨词。

据这次调查，所反映的情况有：朝阳马房寺求雨传说、房山京西南民间祈雨仪式、房山求雨娘娘庙传说、房山龙王庙祈雨活动、怀柔祈雨风俗、怀柔把总求雨传说、怀柔碾子温栅子村祈雨节、怀柔汤河口求雨习俗、怀柔偷龙王爷求雨习俗、怀柔七道河求雨习俗、昌平村民求雨民俗、昌平龙王庙求雨、平谷东高村黑龙潭求雨风俗、平谷马坊祈雨台纪事、密云新城子祈雨习俗、密云古北口祈雨习俗。

（七）民间庙会、节会

庙会，又称"庙市"或"节场"，是汉族民间宗教及岁时风俗，一般在春节、元宵节等节日举行。它也是我国集市贸易形式之一，其形成和发展与宗教活动有关，在宗教节日或规定的日期举行，多设在庙内或附近。

后来，庙会由宗教节日变成了世俗社会的节日。庙会有与宗教信仰、商业民俗、文艺娱乐等内容相关的仪式和表演。人流量大，土特产品、地方小吃汇聚一处，同时也是民间艺人赚钱的好机会，大量民俗、曲艺节目在庙会期间集中上演，以至于庙会的宗教色彩越来越弱，而商业色彩越来越强。

其他宗教活动或重要节日也会形成类似庙会的集市，我们称之为节会。

北京庙会、节会众多。有的尚存，依然繁华；有的已然消逝，仅留存在老一辈的记忆中。下面根据此次调查结果，整理介绍如下：

东城：龙潭庙会、地坛庙会、隆福寺庙会、蟠桃宫庙会、火神庙庙会、南药王庙庙会、娘娘庙庙会、太阳宫庙会、灶君庙庙会

西城：护国寺庙会、白云观庙会、厂甸庙会、都土地庙庙会、牛街穆斯林开斋节、法源寺丁香诗会

朝阳：端午节娘娘庙会、北顶娘娘庙会、东坝民间花会、东岳庙庙会、高碑店漕运庙会、高碑店天仙宫庙会

海淀：灯棚会、民俗灯会、京西舞狮会

丰台：莲花池庙会、西铁营中顶庙会、大灰厂庙会、看丹庙会

石景山：皇姑寺庙会、石景山庙会、天泰山庙会、八宝山庙会、衙门口灯节、老太太会、游乐园洋庙会

门头沟：妙峰山庙会、千军台庄户幡会、灵水秋粥节、福龙山娘娘庙会

房山：佛子庄酬龙节庙会、长沟庙会、黑龙观庙会、燕山元宵灯会

大兴：良善坡庙会、采育庙会、礼贤庙会、田营娘娘庙会、庞各庄庙会、天仙圣母庙庙会、西黄垡庙会、散灯花会

通州：佑民观庙会、于家务庙会、鲁仙观庙会、觅子店庙会、碧霞元君祠庙会、永乐店庙会、城隍庙庙会、关帝庙庙会、土地庙庙会、药王庙庙会

顺义：杨各庄药王节庙会

昌平：筛海巴巴节、花塔和平寺庙会、都龙王庙庙会、龙王山庙会、燕丹庙会

怀柔：天齐庙会、年丰庄善缘老会、高两河花会、桃山庙会、口头村花会、汤河口花会、胡神庙香会、朝阳洞庙会、红螺寺庙会、圣泉寺庙会

平谷：常兴寺庙会、平谷庙会、丫髻山庙会、五道庙会、镇罗营北水峪灯花会

密云：古北口庙会、白龙潭庙会、桑园龙花会、石塘路花会、达峪花会、瑶亭花会

延庆：上磨黄龙潭庙会、齐仙岭庙会、朝阳寺庙会、火神庙庙会、莲花山庙会

（八）口传文化研究情况

这里仅对叫卖研究和吟诵研究略说一二，并列举北京口传文化的研究著作。

当代最早对北京叫卖进行语言学研究的是陈章太先生（《叫卖语言初探》，《语言教学与研究》1985年第3期），他从语音、词汇和语法三个方面探讨了叫卖语言的产生，描述叫卖语言的交际特点，及叫卖随着时间、空间、顾客等因素而发生的变化。他认为，叫卖属于艺术语言，不同的东西叫卖起来有不同的风格；叫卖又是乐音，在语音上采用叫唱形式，多使用平调和升调，句中或句末有不少衬音和滑音，所用的衬音多为开口度较大的单元音或复元音，使得叫唱响亮又动听；词汇方面，叫卖中商贩很注意使用与叫卖有关的、信息量最大的词语，以达到简洁、明了的效果；语法方面，多用短句，以实现吸引顾客的目的；修辞上常使用夸张和比喻的手法。该文奠定了叫卖语言研究的基础。丁雪、安翔、孟子厚的《京味吆喝声的韵律特征分析》（2010），从语调、重音、语速、节奏这四个韵律方面，总结了京味叫卖的特点。

2013年，北京语言大学北京语言文化建设研究中心研究人员对"老北京叫卖艺术团"的所有叫卖进行了采录，并为这批叫卖影像资料配上汉语字幕、国际音标和音乐简谱。王梓霖同学参加了采录，她的硕士论文以《老北京叫卖的语言音乐学研究》为题，从音乐的角度，对老北京叫卖韵律和节奏进行了非常细致的剖析。

自吟诵退出教育体系之时起，就一直有很多有识之士呼吁重视吟诵，呼吁吟诵归来。20世纪80年代以来，许多学者大声疾呼恢复吟诵，一大批研究吟诵的专业论文得以发表。近些年来，首都师范大学徐健顺老师陆续采录了包括北京吟诵专家在内的100多位不同方言区吟诵专家的吟诵视频资料，整理为"中华吟诵数据库"。2014年12月26日，"中华经典吟诵研讨与名家示范"活动在北京语言大学举行。2015年，北京市语委办支持首都师范大学吟诵研究专家团队在各区开展传统吟诵培训班。现在，作为学习和理解古诗文的辅助手段，吟诵已经进入北京部分中小学的语文课堂。

北京口传文化的整理、研究著作极为丰富，特别是北京市及各区县、村镇地方志都有对当地口传文化的介绍和记录。以下作一列举：《中国民间歌曲集成北京卷》《老北京的叫卖》《北京童谣》《京城民间轶事传闻》《北京老故事丛书》《东城区民间文学作品选》《前门和前门的传说》《崇文门传说故事》《宣南民谣》《朝阳区民间文学选集》《酒仙桥的传说——朝阳区民间文学选集》《高碑店民间故事》《民谣与民谚》《海淀民间神鬼传说》《海淀民歌集成》《凤凰岭的传说》《香山传说》《圆明园传说》《丰台的传说》《花乡的传说》《长辛店的传说》《卢沟桥的传说》《丰台塔、寺、庙的传说》《石景山名胜掌故传说》《门头沟民间故事集》《永定河传说》《京西柏峪村"燕歌戏"实地调查与研究》《通州民俗文化》《大运河的传说》《大兴民间故事集》《平谷话与普通话》《平谷民间文学集成》《延庆民间故事传说》《妫川民间故事传说》《延庆民间歌谣》《延庆民间谚语》《延庆地区常用歇后语》《延庆话与普通话》《延庆方言》《趣味延庆话》《密云民俗》,等等。

（九）楹联、碑刻及其研究情况

北京有着八百多年的建都史,其中皇家园林、古刹遍布城区及郊区。皇家园林包括老城内的北海、中海、南海、景山、天坛、地坛、日坛、月坛、社稷坛、太庙、先农坛以及西郊的"三山五园";古刹如天开寺、潭柘寺、红螺寺、天宁寺、云居寺、戒台寺、和平寺、卧佛寺、灵岳寺、法源寺、证果寺、香界寺、灵光寺、龙泉寺、雍和宫、智化寺、广济寺、广化寺、隆福寺、护国寺、报国寺、法华寺、法海寺、通教寺、白塔寺、碧云寺、承恩寺、大觉寺、大钟寺、万寿寺等。皇家园林和古刹名寺不仅在建筑上特色鲜明,而且镌刻在建筑上的楹联、匾额或反映皇家气魄,或反映佛家神韵,具有极高的艺术价值。其中,尤其是那些古代皇室、文人墨客的题词和墨宝,与建筑及周围风景相得益彰,是重要的历史文化资源。仅以通州区为例,1949年前有佑民观、三上庙、碧霞元君庙、灵佑庙、关帝庙、药王庙、佑国寺、贰清祠、白果寺、鲁仙观、镇国寺、华严寺、天齐庙、菩萨庙、七佛寺、观音寺、崇觉寺、隆兴寺、兴国寺、宝光禅寺等,每座寺庙都有楹联、匾额。老北京城及京郊各区,楹联、碑刻资源非常丰富。这些丰富的资源与北京传统口传文化一样,亟待加以整理与保护。有关的整理、研究著作,以下作一列举:《北京内城寺庙碑刻志》《北京佛教石刻》《潭柘寺碑记》《潭柘山岫云寺志》《戒台寺石刻》《妙峰山碑石》《妙峰山志》《南海子御制诗文集》《昌平文物志》《怀柔碑刻选》《红螺寺楹联集萃》《京华联韵》《怀柔诗联选》《延庆碑拓》。首都图书馆收藏有原北平研究院的北京碑文拓片。怀柔区王宝骏个人建立了"怀柔碑刻研究院"。朝阳区内有高碑店科举匾额博物馆。

三 保护对策

语言文化是地域文化的重要组成部分，整理、保护和利用语言文化资源是国家语言能力建设的重要内容。目前，与语言文化资源重要性不相称的是很多语言文化资源的高度濒危和急剧消失。我们欣喜地看到，各级政府、社会各界对地方语言文化资源的重要性已形成共识，也正在积极采取各种措施。特别是近些年来，国家语委从启动“中国语言资源有声数据库建设”到全面实施“中国语言资源保护工程”，工作力度之大，令人鼓舞。

北京地域特色的语言文化资源以北京话和北京土词土语为载体。因此，传统语言文化资源保护取得实效，首先要处理好两个重要关系，并努力营造与语言文化资源保护相适应的文化生态，同时要结合新技术和新媒介，尽快建设一个可以互动的语言文化资源网上数字博物馆，并推动建设各类语言文化实体博物馆。

（一）处理好语言文化资源保护中的两个重要关系

1. 推广普通话与方言保护之间的关系

普通话是以北京语音为标准音，以北方话为基础方言，以典范的现代白话文著作为语法规范的现代汉民族共同语和我国各民族通用语。我国推普工作取得了辉煌的阶段性成果，掌握国家通用语言（即普通话）既是法律对公民的基本要求，也是公民的基本权利。普通话以北京语音为标准音，这使得北京话极易被普通话替代。在北京城区和京郊城区，年轻人多说普通话，老北京词汇、土语逐渐被弃用，北京话方言消失的趋势非常明显。北京话以及京郊方言是北京地域文化的载体，是北京地区文化多样性的一个具体表现。失去方言，北京口传语言文化资源将成为无源之水、无本之木。所以，要树立方言是资源、是财富的观念。简言之，推广普通话不能以方言的消失为代价。

在推广和使用普通话过程中，要特别强调从单一方言生活发展到“方言+普通话”的双言生活，不是要消灭或放弃方言。语言文字工作既要在全社会大力宣传普通话作为国家通用语言的重要性，同时还要宣传方言保护的重要性，努力做到在推普与保护方言之间维持动态平衡。

2. 方言保护与地方文化传承之间的关系

保护方言就是保护地方文化的生存土壤。方言承载着古老的民间习俗，与居民的日常生活水乳交融，寄托着每个人的家乡情怀。方言是民族珍贵的非物质文化遗产，是国家文化多样性的重要组成部分。鼓励居民在一定领域使用方言，资助扶植地方文化传承，对国家文化多样性的维护有着非常重要的意义。

在具体实践中，要把方言保护与地方文化传承当作一个整体看待，否则难以取得实际效果。要相信地方文化的深厚底蕴和强大号召力、凝聚力，方言及其所承载的地域文化就是居民的精神家园。

（二）努力营造与语言文化资源保护相适应的文化生态

1. 提供方言服务

很多人对北京话有误解，认为北京话就是普通话。其实，北京话与普通话在语音、词汇上与普通话都有着明显的差异，且北京地区方言内部差异亦不小，如平谷、延庆、门头沟、密云等。

在方言保护的实践中，我们认识到必须在实际生活的某些方面为居民提供方言服务，并将之纳入地域文化保护的大系统之中。方言文化服务可以分为两部分：一是发掘和保护本地方言文化，为本地文化发展增加文化内涵，满足本地居民在文化生活上的需求；二是向外来居民和游客介绍、展示本地富有特色的方言文化传统。

政府和相关部门在制定语言政策和提供语言服务的时候，务必要认识到北京方言文化资源的特色和优势，考虑各方面人群的方言需求，适当提供方言服务。

2. 在艺术创作中鼓励使用方言

20 世纪 80 年代以后，小品节目以方言为载体，以“大俗”的面孔出现于舞台，将民间幽默艺术化，表现普通人的喜怒哀乐，因而受到普遍的欢迎。方言小品是地方文艺的新发展，说明社会需要多种多样的语言服务。

方言可以塑造鲜明的人物形象，充分展示地域自然生活，一定程度上说，作家只有在用方言创作的时候，才能得心应手，艺术表现力才能得到充分发挥。胡适为《海上花列传》（我国第一部方言小说）撰写序言时说：“方言文学的可贵，正因为方言最能表现人的神理。通俗的白话固然远胜于古文，但终不如方言能表现说话人的神情口气。古文里的人物是死人，通俗官话里的人物是做作不自然的活人，方言土语里的人物是自然流露的人。”可见，方言对作家独特艺术风格的形成有着不可替代的重要作用。

地方曲艺等口传文化一般是以方言为基础，用方言的形式来表演的。首先，方言是地方曲艺最根本的支柱，失去方言，地方曲艺将失去灵气。其次，地方曲艺的传承与传播离不开方言。地方曲艺深深扎根于养育自身的这方土地，为当地百姓提供喜闻乐见的作品，一旦失去方言，地方曲艺的传承将失去根基。

北京有着丰富的方言资源，应该鼓励作家和曲艺家运用方言进行一些创作，让北京方言进入文学作品、舞台表演，扩大北京方言的影响范围。

3. 将语言文化资源保护与“非遗”项目保护和地方经济发展结合起来

北京迄今公布了三批市级非物质文化遗产名录，其中的一些入选国家级非物质文化遗产名录，还有一大批区级非物质文化遗产。“非遗”项目中，有相当多的项目属于口传文化和文字、书法等语言类项目。各级政府对收入“非遗”名单的项目，拨款保护，并作为资源加以开发利用，促进传承和传播。语言文化资源借力“非遗”保护，并与地方旅游、文化创意、语言等产业经济发展结合起来，把语言文化资源开发为“地方特产”“文化名片”，既扩大语言文化资源的影响力，又可使语言文化资源为当地经济和社会发展做出具体贡献。

（三）建设北京语言文化资源数据库和网上数字博物馆

调查发现，北京有很多的口传文化正面临失传的危险，碑刻也失于零散，亟需整理。基于此，我们应该尽快利用现代信息技术对这些语言文化资源进行采录，建设北京语言文化资源数据库和网上数字博物馆。

首先，对现有的视频资料和音频资料进行收集整理，把可用的材料予以归类处理。其次，对需要补充调查的语言文化资源，进行实地采录。根据采录内容，采录形式可以是现场采录，也可以在录音棚、演播室进行。采录对象包括上文所述各类语言文化资源。开发数据库软件，按照数据库建设要求，对采集的素材进行模块化处理，根据资源类目设计，进行内容标注、注入类目信息、添加关键词或标签词。

数据库包括视频数据、图像数据、文本数据、音频数据等。通过配套硬件设备和软件应用，实现数据的安全存储和管理。建设网站系统，最终建成一个可方便电脑和手机浏览的网上虚拟博物馆，成为全社会共享的数字资源，从而实现北京语言文化资源的科学保护与有效传承。

（贺宏志，北京市语委办；石绍浪，北京语言大学；
张维佳，北京师范大学；戈兆一，北京物资学院）

北京市语委研究基地及社会团体

为了实现语言文字工作的科学发展，提升语言文字工作的社会价值及其影响力，必须融合相关各方面的优势力量，加强科学研究和学科建设。为此，北京市语委自 2008 年以来，依托相关高等学校和学术机构，凝聚有关业界和学界的力量，陆续成立了 5 个研究基地和 2 个社会团体，他们开拓创新，开展了大量的工作，取得了丰硕的成果。

一　研究基地

（一）北京语言产业研究中心

批准文号：北京市语言文字工作委员会关于成立“北京语言产业研究中心”的批复（京语〔2010〕5 号）

成立时间：2010 年 9 月 28 日

依托单位：首都师范大学

现任负责人：陈鹏教授

研究项目：

1. 北京市语委委托项目“北京语言产业现状及发展政策研究”。项目主持人：陈鹏教授

2. 国家语委规划项目“语言产业的界定及其在新兴产业结构中的地位分析”。项目主持人：陈鹏教授

3. 北京市语委重大项目“行业领域语言文化建设研究”。项目主持人：陈鹏教授，李艳副教授

4. 国家语委重点项目“行业语言服务的理论研究与规范制定”。项目主持人：贺宏志博士，陈鹏教授

5. 国家语委、北京市语委重大项目“语言产业经济贡献度分析”。项目主持

人:陈鹏教授

6. 国家语委规划项目“我国语言康复业发展现状与对策研究”。项目主持人:李艳副教授

7. 国家语委规划项目“语言会展业的界定及发展策略研究”。项目主持人:王巍副研究员

8. 国家社科基金项目“‘一带一路’建设中的‘语言消费’新问题及其对策研究”。项目主持人:李艳副教授

学术活动:

1. 2012年12月1日,在北京举办“第一届中国语言产业论坛”。

2. 2016年10月,将在北京举办“第七届中国语言经济学论坛暨第二届中国语言产业论坛”。

研究成果:

1.《语言产业导论》(贺宏志主编,陈鹏副主编),首都师范大学出版社2012年1月出版。修订本《语言产业引论》,语文出版社2013年12月出版。

2.“语言产业研究”专栏论文5篇,推介北京语言产业研究中心研究成果。《语言文字应用》2012年第3期。

3.《欧洲语言产业规模之研究报告》(曾贞、王巍等译),语文出版社2013年12月出版。

4.《中国语言产业亟待加速》(陈鹏、贺宏志),《人民日报·文教周刊》2013年4月25日。

5.《给语言产业发展添把力》(贺宏志、陈鹏),《经济日报·理论周刊》2013年5月24日。

6.《北京语言产业的现状问题与发展思路》(贺宏志、戈兆一),《前线》2014年第5期。

7.《释放语言产业创新发展潜力》(贺宏志、戈兆一),《北京文化创意》2014年创刊号。

8.《当前我国语言产业发展状况及相关思考》(高传智),《云南师范大学学报(哲学社会科学版)》2013年9月。

9.《城市人文形象构建下的行业语言服务能力研究》(李艳、齐晓帆),《文化产业研究》2016年1月。

10.“语言产业研究”专栏论文5篇,推介北京语言产业研究中心研究成果。

《语言文字应用》2016年第3期。

11.《语言服务概论》(贺宏志)、《语言产业经济贡献度分析》(陈鹏)、《语言康复业研究》(李艳)、《语言会展业研究》(王巍)即将由语文出版社出版。

(二)北京语言文化建设研究中心

批准文号:北京市语言文字工作委员会关于成立"北京语言文化建设研究中心"的批复(京语〔2011〕3号)

成立时间:2011年5月27日

依托单位:北京语言大学,北京师范大学

现任负责人:张维佳教授

研究项目:

1. 部属高校与北京市教委共建项目"世界城市视域中的北京语言文化建设研究"。项目主持人:张维佳教授

2. 北京市语委委托项目"北京语言文化建设现状与政策研究"。项目主持人:张维佳教授

3. 国家语委规划项目"中国城镇化进程中的语言文字问题及对策研究"。项目主持人:张维佳教授

4. 北京市语委重大项目、信息化项目"北京语言文化资源信息库及数字博物馆建设"。项目主持人:张维佳教授

5. 北京市语委重点项目"北京语言生活状况报告"。项目主持人:王立军教授

学术活动:

1. 2013年11月30日,在北京举办"首届语言文化建设学术论坛"。

2. 2013年10月26日,在北京举办"切音字运动100周年纪念学术论坛"。

3. 2014年7月8日,主办来华交流青年汉学家座谈会。

4. 举办北京市语文现代化学会第二届学术年会(2014)、第三届学术年会(2015)。

研究成果:

1.《世界语音》(张维佳、田飞洋译),商务印书馆2015年出版。

2. "语言文化建设研究"专栏论文4篇,推介北京语言文化建设研究中心研究成果。《语言文字应用》2014年第3期。

3.《北京常用方言词语的色彩评价与使用情况关系的调查研究》(茹菲、张维佳),《语文研究》2013年第3期。

4.《汉语国际教育事关国家安全》(张维佳),《中国教育报·理论周刊》2013年12月13日。

5.《全球化社会语言学:语言景观研究的新理论》(田飞洋、张维佳),《语言文字应用》2014年第2期。

6.《国家安全战略视域下汉语国际教育的路径选择》(张维佳),《对外汉语教学研究》2014年第4期。

7.《立足民族复兴,发展语言事业》(张维佳、邵杨),《语言规划学研究》2015年第1期。

8.《语言文化建设导论》(贺宏志、张维佳主编),首都师范大学出版社2016年出版。

9.《北京市语言文化资源调查报告》(贺宏志、石绍浪、张维佳、戈兆一)。

10.《北京语言生活状况报告(2016)》(王立军主编,贺宏志、张维佳副主编),商务印书馆2016年出版。

11. 北京语言文化资源信息库及数字博物馆,将上传"北京语言文字网"。

(三)北京语言智能协同研究院

(北京语言智能与技术应用协同创新中心)

批准文号:北京市语言文字工作委员会关于成立"北京语言智能协同研究院"的批复(京语〔2013〕6号)

成立时间:2013年10月20日

依托单位:首都师范大学

现任负责人:周建设教授

研究项目:

1. 国家社科基金重大项目子项目"自然语言信息处理的逻辑语义学研究·言语生成系统""语言、思维、文化层次的高阶认知研究·语图生成系统"。项目主持人:周建设教授

2. 国家社科基金重点项目"三百年来北京话的历史演变和现状研究"。项目主持人:周建设教授、史金生教授

3. 北京市重大科技项目"语言智能与技术应用协同研究"。项目主持人:周

建设教授

学术活动：

1. 2014年5月22日至24日，在北京举办第一届中国语言智能大会。

2. 2015年7月14日至16日，在北京举办第二届中国语言智能大会。

3. 2016年7月18日至20日，在北京举办第三届中国语言智能大会。

4. 2015年6月6日，主办人脑意识同构与大数据学术研讨会。

5. 2015年11月22日，主办多源成像智能模式识别与数据可视化工程学术会议。

6. 2016年5月7日，主办汉语应用文智能写作知识库建设研讨会。

研究成果：

1.《基于大数据的汉语表达智能模型及其理论基础》(周建设等)，《首都师范大学学报(社会科学版)》2014年10月。

2.《明、清、民国时期珍稀老北京话历史文献整理与研究丛书》(周建设等)，首都师范大学出版社2015年11月出版。

3. Jie Liu, Bo-Ju Zheng, Li-Ming Luo, Jian-She Zhou. Ontology Representation and Mapping of Common Fuzzy Knowledge，Neurocomputing. (SCI, IF:2.08, Accepted, 2016)

4. Miao Lin, Lv Xueqiang, Wu Yunfang, Wang Yue. Research on Semantic Disambiguation in Treebank. The 17th Asia-Pacific Web Conference (APWeb), 2015.

5. Zhan Le, Lv Xueqiang, Zhang Leihan. PHCM: A particle horizontal caset movement based on bursty Event Detedtion of Chinese Microblog[J]//International Journal of Computer and Communication Engineering.2015,04:426-438.

6. Hu Juxiang, Lv Xueqiang, Xu Liping. The automatic recognition based on the grade relationship between words of clustering [C]//Advances in Intelligent Systems Research 1361-1366,2015.

7. Li Qingqing, Lv Xueqiang, Zhang Kai. SINGLE SAMPLE RECOGNITION BASED ON LPP[C]//Advances in Engineering Research 1069-1074,2015.

8. Mao Tingting, Lv Xueqiang, Liu Kehui. Construction of thesaurus in the field of car patent[C]//3,Education and Humanities Research. 974-979,2015.

9.《面向专利技术主题分析的技术主题获取》(侯婷、吕学强、李卓、徐丽萍)，《情报理论与实践》2015,05:125-129+140。

10.《专利术语抽取的层次过滤方法》(侯婷、吕学强、李卓),《现代图书情报技术》2015,01:24-30。

11.《专利领域同义词识别》(李军锋、吕学强、李卓、徐丽萍),《小型微型计算机系统》2015,04:721-726。

12.《多封闭区间三维模型的骨架提取与检索》(霍磊、吕学强、张凯),《微电子学与计算机》2015,01:85-90。

13.《基于快速鲁棒特征集合统计特征的图像分类方法》(王澍、吕学强、张凯、李卓),《计算机应用》2015,01:224-230。

14.《利用 URL-Key 进行查询分类》(李雪伟、吕学强、董志安、刘克会),《北京大学学报(自然科学版)》2015,02:220-226。

15.《视频中滚动字幕的检测与跟踪》(李钦瑞、吕学强、李卓、刘坤),《小型微型计算机系统》2015,03:631-636。

16.《基于多策略融合的专利术语自动抽取》(周绍钧、吕学强、李卓、都云程),《计算机应用与软件》2015,02:28-32。

17.《带权复杂图模型的专利关键词标引研究》(李军锋、吕学强、周绍钧),《现代图书情报技术》2015,03:26-32。

18.《改进 CamShift 的运动目标跟踪算法》(芦书娟、吕学强、李卓、张凯),《小型微型计算机系统》2015,06:1325-1330。

19.《基于显著点切片的三维模型检索》(霍磊、吕学强、李卓、张凯),《微电子学与计算机》2015,08:1-6+11。

20.《搜索日志中中文人名自动识别》(王玥、吕学强、李卓、舒燕),《中文信息学报》2015,03:162-168+176。

21.《基于边界标记集的专利文献术语抽取方法》(丁杰、吕学强、刘克会),《计算机工程与科学》2015,08:1591-1598。

22.《基于查询热度和实体识别的查询推荐》(任育伟、吕学强、李卓、徐丽萍),《计算机应用研究》2016,03:1-5。

23.《搜索日志中命名实体识别》(任育伟、吕学强、李卓、徐丽萍),《现代图书情报技术》2015,06:49-56。

24.《智能英语学习资源建设策略与课堂应用研究》(孙众、骆力明),上海交通大学出版社 2015 年出版。

25. 申请专利:一种基于图的专利搜索日志中同义词集自动挖掘方法。申请号：201510863731.3。

26. 申请专利：一种基于专利搜索日志用户行为的同义词自动挖掘方法。申请号：201510701365.1。

27. 申请专利：一种面向专利摘要的中文分词方法。申请号：201510863565.7。

28. 软件著作权：基于搜索日志热度和命名实体的查询推荐软件 V1.0。登记号：2015SR244700。

29. 软件著作权：微博突发事件检测与情感分析软件 V1.0。登记号：2015SR244703。

30. 软件著作权：Dr.Giraffe 儿童教育游戏软件。登记号：2015SR007691。

（四）北京语言文化传播研究中心

批准文号：北京市语言文字工作委员会关于成立“北京语言文化传播研究中心”的批复（京语〔2014〕3 号）

成立时间：2014 年 4 月 29 日

依托单位：北京华文学院

现任负责人：郭熙教授

研究项目：

1. 北京市语委委托项目“海外华人普通话水平培训测试研究”。项目主持人：郭熙教授

2. 北京市语委委托项目“汉语文化传播的理论与实践研究”。项目主持人：张德瑞教授

3. 国家社科基金项目“片马茶山语参考语法研究”。项目主持人：李春风副教授

学术活动：

1. 2014 年 11 月 4 日，启动“华文讲坛”，已邀请知名专家举办十余场学术报告会。

2. 2016 年 7 月 2 日，举办“世界华文教学观摩活动（汉字季）”教学比赛。

研究成果：

《华文教学研究丛书》（10 册），郭熙主编，商务印书馆 2016 年 7 月起陆续出版。包括：《华文教学理论研究》《世界华文教育现状研究》《华文教学方法研究》《华文听说教学研究》《华文读写教学研究》《中华文化教学研究》《华文教师培养

与培训研究》《华文教材编写研究》《华语习得研究》《华文测试与教学评估研究》。

（五）北京市阅读能力研究发展中心

批准文号：北京市语言文字工作委员会关于成立“北京市阅读能力研究发展中心”的批复（京语〔2015〕2号）

成立时间：2015年4月23日

依托单位：商务印书馆

现任负责人：周洪波编审

研究项目：

1. 北京市语委委托项目“中小学生阅读与口语能力培养及评测体系研究”。项目主持人：周群（语文特级教师）

2. 国家语委委托项目“面向基础教育的阅读资源建设——中小学校阅读行动研究”。项目主持人：蔡可副教授

学术活动：

1. 2015年7月，在郑州举办“为中国未来而读——2015阅读行动论坛”。

2. 2016年4月，在北京举办“校园读书论坛暨《中国教育报》2015推动读书十大人物揭晓仪式”。

3. 2016年7月，在成都举办“为中国未来而读——2016阅读行动论坛”。

研究成果：

1.《中华优秀传统文化》（12册），陆志平主编，商务印书馆2016年7月出版。

2.《中学生阅读行动读本》（12册），蔡可、周群主编，商务印书馆2016年9月起陆续出版。

3.《北京市民语言文化阅读书系》（16册），贺宏志主编，商务印书馆2015年4月起陆续出版。包括：《奇妙的成语世界——成语文化读本》《京腔京韵——北京话例说》《京城新语——新语词集萃》《咬文嚼字——常见字词句正误例析》《京味美文——演讲与诵读名篇欣赏》《都市名片——中华古都成语文化》《京华智慧——谜语与对联拾趣》《北京魅力——名人笔下的北京》《妙趣挡不住——语言游戏种种》《书法文化纵横——小青讲书法》《留存记忆——老北京地名文化寻踪》《余音回响——老北京民谣俗语述闻》《古都雅韵——北京名园楹联匾额赏析》《名不虚传——北京老字号今昔》《京韵流芳——北京民间曲艺选介》《人名春秋——姓名文化古今谈》。

二　社会团体

（一）北京语言文化建设促进会

批准文号：北京市语言文字工作委员会关于同意筹备成立“北京语言文化建设促进会”的批复；北京市民政局行政许可决定书（京民社许准筹字〔2012〕1320号）

成立时间：2013年1月30日

第一届理事会会长：胡昭广（北京市原副市长）

第二届理事会会长：王勇高级工程师

宗旨：遵守宪法、法律、法规，贯彻国家有关语言文化方针、政策，团结本市语言产业界同仁，构建一个连接政府、语言行业及相关企事业单位、社会相关资源、业内专业人士及其他有关参与者的交流平台，促进北京语言产业的发展。

业务范围：促进会员依法发展语言产业，配合政府语言文化主管单位促进语言产业相关政策、标准的制定与完善，参与或承担语言产业领域的项目研究工作、评议工作和认证工作；收集、整理和传递国内外语言产业的动态信息，组织开展语言消费需求和语言产业市场调研、分析、预测，为语言行业生产经营和政府决策提供咨询服务；开展语言文化交流活动，承办或举办国内外语言产业展会和博览会，促进语言文化研究成果、语言技术、语言产品的推广应用，促进语言产业贸易；发挥组织协调作用，促进会员之间的横向交流和各种形式的合作，总结推广语言产业领域的管理经验，促进语言行业的规范管理和健康发展；开展语言产业领域的培训、研讨活动，编发有关学习、宣传、交流、推广方面的资料，为会员、行业和社会公众提供学习资源和信息资讯服务；建立语言产业人才库，搭建语言行业人才交流平台，促进复合型语言人才的培养与语言产业发展的需求相匹配；推动语言产业的创新发展，包括方法创新、内容创新、技术创新、产品创新、市场创新等，促进语言文化传播的信息化、国际化，推动包括语言培训、语言出版、翻译、语言文字信息处理、语言艺术、语言康复、语言会展、语言创意、语言能力评测及其他语言类业态的全面发展。

网址：www.yucuhui.org.cn

www.languagepromotion.org.cn

（二）北京语言文字工作协会

批准文号：北京市语言文字工作委员会关于同意筹备成立“北京语言文字工作协会”的批复；北京市民政局行政许可决定书（京民社许准筹字〔2016〕315号）

成立时间：2016年6月6日

第一届理事会会长：王立军教授

宗旨：遵守宪法、法律、法规，贯彻国家有关语言文字工作方针、政策，团结本市语言文字工作者和语言文化爱好者，在政府、组织机构、个人之间发挥桥梁、纽带作用，构建一个相互交流平台，促进相关资源的整合和政策的制定，助力北京语言文字工作发展和语言事业的繁荣。

业务范围：开展调查研究工作，承担相关研发项目，为北京市语言文字工作委员会提供决策咨询；开展语言文化培训，促进语言文字社会应用的规范化，为语言文字的社会应用提供咨询服务；普及语言文字规范标准，开拓语言能力测试项目，宣传国家语言文字法律法规；引导关于语言文字问题的社会认知，培育市民的现代语言意识，提高市民的综合语言素养；策划、承办语言文化展会、学术论坛、夏令营、艺术展演、竞赛等语言文化活动；完成北京市语言文字工作委员会交办的其他工作任务。

网址：www.bjywxh.org.cn

（李　艳，首都师范大学；王　巍，北京印刷学院）

第二部分

专　题　篇

北京小学生家庭语言规划调查报告

一 引言

近三十年来，北京市的人口飞速增长，外来人口的比例不断提高。北京2014年度人口抽样调查结果显示，全市常住人口为2151.6万人，其中外来人口818.7万人，常住的外国人有20多万。[①] 在全球化和外来人口急剧增加的情况下，北京语言文字生活主要面临以下四个方面的问题。

1. 普通话推广

普通话以北京语音为基础，但老北京人说的不一定是标准的普通话，老北京话和普通话之间存在一定的差异，北京人也需要学习普通话。另一方面，随着北京市人口的飞速增长，外来人口的比例不断提高。外来人口的母语一般不是普通话，北京也开始面临外来人口普通话推广的问题。

2. 老北京话保护

近30年间，老北京话随着城市的扩大和变迁正在逐渐消失，老北京话已成为一种需要保护的方言。老北京话保护工作亟待进行。

3. 外来人口母语方言的保持

关于外来人口母语方言的保持，北京地区目前虽然还没有明确的调研，但北京外来人口在回到家乡时绝大多数已经不能使用纯正的家乡方言进行交流。年青一代长时间脱离家乡方言环境，很多也已经不能使用方言进行交流。异乡方言在北京这个大都市中正在迅速流失。因此外来人口母语方言的保护和传承问题亟待解决。

4. 外语教育和学习

目前，北京市提出小学一二年级将不再开设英语课程。小学一二年级取消

① 数据来源于北京市统计局官网。

英语课程，高考英语分值所占比重调整，这些相关政策的变化引发热议。

20 世纪 80 年代末库珀指出，语言规划也要运作于微观层面，如教会、学校、家庭等。[①] 目前我国家庭语言规划的研究主要集中在方言及少数民族语言，鲜有涉及英语的家庭语言规划研究以及中小学生家庭语言规划问题研究。

本项目调查研究家庭语言规划中的小学生家庭，突出家庭作为微观个体在国家语言规划实施中的地位。因为只有深入研究微观层面家庭语言规划的现状，才能保证国家语言政策的落实和推进国家语言体系的构建。其次，国家语言政策的实施必须经过一个过程，因此当今的中小学生将成为目前国家语言规划相关政策的真正有效的实施对象。

二　调查设计及对象

1. 问卷内容

为了全面了解北京市中小学生家庭语言规划、影响因素、作用以及具体的语言使用情况，我们设计了一份调查问卷以收集相关数据。为得到更加准确、全面的数据，我们采用了封闭式问题与开放式问题相结合的问卷形式。问卷分为“基本信息”“总体家庭语言规划”“普通话”“方言”“英语”五大部分。其中，“基本信息”部分，对学生家长的基本信息进行了详细调查，旨在研究家长的各项指标对于其家庭语言规划状况的影响。“总体家庭语言规划”部分旨在了解家长对孩子语言应用的总体态度和规划，以便了解家长的整体语言观念对于各项具体语言规划的影响程度。“普通话”“方言”“英语”三部分具体调查中小学生的家庭语言规划状况，研究家庭语言规划对于各个语言实际应用状况的影响，同时通过对比，了解我国微观语言态度的真实现状。

2. 问卷发放

我们在北京丰台和东城两区小学发放问卷 600 份，其中丰台区 300 份，西城区 300 份，依据往年教学质量的不同，分别在优质、中等、相对较弱三个层次的小学各年级平均发放问卷，保证问卷覆盖各种家庭。问卷由老师发给学生，学生带

---

① PILLER I.Bilingual couple talk: the discursive construction of hybridity[M].Amsterdam: John Benjamins，2002.转引自李丽芳《国外家庭语言政策研究现状分析》[J]，《云南农业大学学报(社会科学版)》，2013.9.

回家中请家长填写，第二天收回。问卷采用匿名形式。

本次调查共回收问卷574份，其中有效问卷505份。回收率95.7%，有效率88%。

3. 样本构成

本问卷发放对象为北京市小学生家长，小学生涵盖一年级至六年级，具体情况如下。

（1）样本的年级构成

表1 受访学生年级

年级	一年级	二年级	三年级	四年级	五年级	六年级
人数	38	32	280	99	32	24
比例（%）	7.5	6.3	55.4	19.6	6.3	4.8

（2）样本的亲子关系构成

受访对象涵盖两代抚养人，与孩子的关系分别为父子（女）（占36.2%）、母子（女）（占60.6%）、祖孙（占2.6%）、其他（占0.6%）。年龄跨度从26-30岁年龄段至50岁以上。

（3）样本的年龄构成

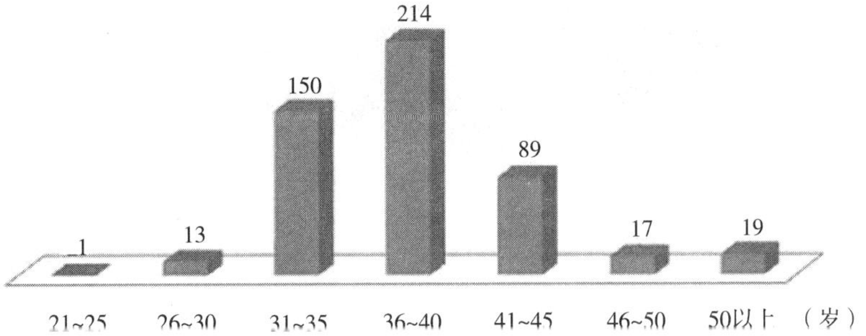

图1 受访家长年龄

（4）样本的户籍所在地构成

这些小学生的户籍所在地分布情况如下：

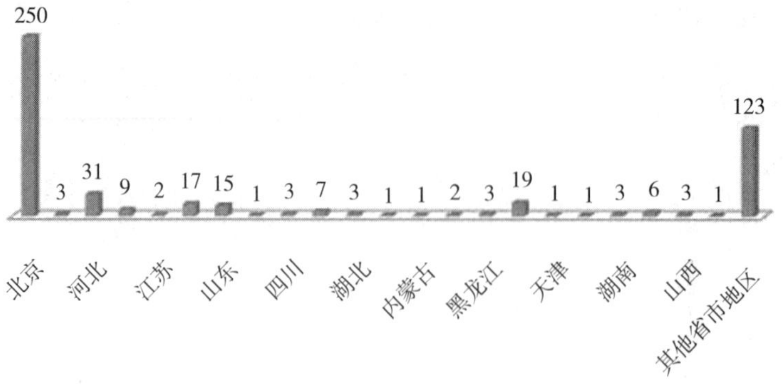

图 2 学生户籍所在地

其中北京户籍的占 49.5%。

（5）样本的职业构成

受访家长职业涵盖较为广泛，具体情况为：

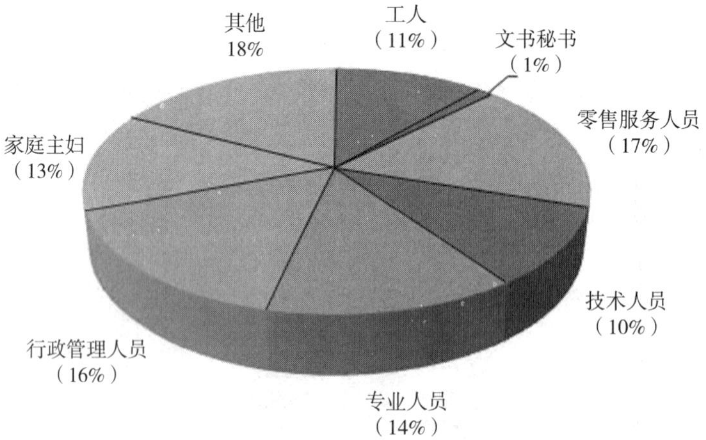

图 3 受访家长职业

（6）样本的文化程度构成

受访家长受教育状况为：未完成正式教育的占 1.4%，小学毕业占 3%，中学毕业占 45.3%，大学本科毕业占 45.7%，硕士及以上水平占 4.6%。

（7）样本的家庭收入构成

受访家庭年收入有四份问卷未填写，填写的问卷中，123 份在 0—6 万元，占 24.6%；154 份在 6—10 万元，占 30.7%；163 份在 10—20 万元，占 32.5%；56 份在 20—100 万元，占 11.2%；5 份在 100 万元以上，占 1.0%。

这些调查背景有助于我们研究家庭语言规划现状与小学生家庭基本状况的

关系，有利于有针对地从家庭角度推进国家语言规划的实施。同时，这些客观因素在一定程度上决定了家长对于普通话、方言和英语的态度。这就为我们下一步研究如何更好地平衡普通话、方言、英语在语言规划中的地位提供了依据。

三　结果分析

1. 对国家语言政策和家庭语言规划的了解程度

调查显示，仅有 8% 的家长“很了解”国家语言政策，57.1% 的家长“知道大概”，34.9%“不了解”。至于“家庭语言规划”这个概念，则有 8.5% 的家长“很了解”，35.2%“知道大概”，而有 56.4% 的家长“不了解”。这与我们的预测基本相符。由此可见，在家庭层面国家语言政策止步于家长，家长在这方面对孩子产生的影响可能甚少。对于国家语言政策的不了解和对于“家庭语言规划”概念的模糊，导致了家长在很大程度上无法针对孩子的语言学习做出明确规划和指导。在有家庭语言规划的人群中，仅有 28.7% 的家长认为自己在孩子的各个成长阶段有明确的语言学习要求，另外有 51.7% 的家长在孩子的各个成长阶段有大致的语言学习要求，19.6% 的家长只有模糊的规划。可见即使在有语言规划的家庭中，明确而具体的语言规划尚未形成，仍需进一步推广。有 24.3% 的家长认为家庭语言规划对孩子产生很大影响，54% 认为产生一定影响，21.7% 认为影响不明显。在没有语言规划的家庭中，有 44% 认为语言学习顺其自然就好，没有必要规划。9.8% 从未意识到应该有语言规划，还有 30.7% 认为语言学习主要交给学校和老师进行教育。这些数据足以表明在与孩子学习生活息息相关的家庭环境中，对孩子的语言规划程度是远远不够的。如果能够大力推行“家庭语言规划”这一概念，使得家长能够清楚认识到家庭规划对于孩子语言学习的重大意义，就必然会有利于国家语言政策的切实推行。

2. 普通话、方言、英语重要性排序

普通话的推广历时长久，并始终被摆在重要地位，而近些年来才开始逐渐关注方言的保护。基于前些年对于英语的过分重视，在小学一二年级取消英语课程并降低高考英语分数所占比重，是弱化英语重要性的举措。那么这些国家层面语言政策的调整，是否在家庭层面产生影响？首先，我们对受访者进行了普通话、英语、方言三者重要性的排序的调查。结果如下：

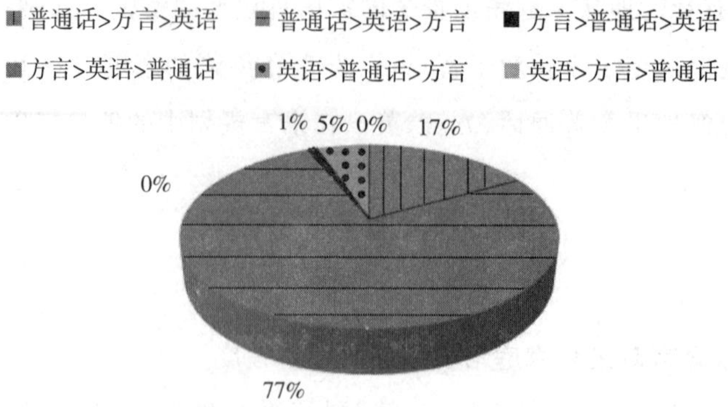

图 4　普通话、方言、英语三者重要性的排序

由结果可见，普通话的推广起到了很大的作用，家长都给予足够的重视。94%的家长把普通话排在第一位，位居英语和方言之前。但也有5%的家长把英语排在普通话之前，而把方言排在普通话之前的家长仅有1%。

方言和英语的地位仍存在较大差异。把方言排在英语之后的家长占82%，把方言排在英语之前的仅占18%。对于方言的重视程度仍然不够。

3. 对普通话的态度

从整体态度上来看，普通话的推广已经见到了成效，有91%的家长认为，学习普通话在孩子的教育中“很重要”，8.8%认为重要程度一般，仅有0.2%认为“不重要”。在具体实践过程中，在家中与孩子交流的比重超过80%。在各种场合下与孩子用普通话交流的具体情况如下图：

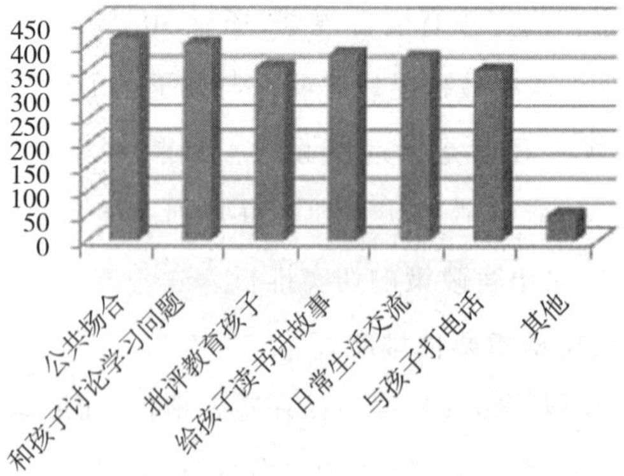

图 5　家长与孩子用普通话交流的场合

但应注意到的是家长在阐述与孩子使用普通话交流的原因时，有42.9%是因为自己本身不会讲方言，还有6.7%认为方言太土，有47.9%是先提前培养孩

子在大城市学习生活的语言技能，有 27% 没有具体想过是为什么。另有 28.1% 是在家庭教育中响应国家号召。虽然“家庭语言规划”这个概念仍没有被家长广泛了解，但在普通话这一层面，有 77.8% 的家长会在家庭生活中有意识地进行普通话的引导和教育。

与普通话相关的是高考语文改革，这一改革直接影响了家长对于语文的态度，也是家庭语言规划的重要组成部分，家长的赞成与否将会直接导致家庭语文教育的差异。其中有 38.6% 赞成，有 7.3% 不赞成，有 50.9% 表示无所谓。

4. 对方言的态度

首先，在对家长进行明确的方言调查之前，我们采取了一种隐性问法，“香港采用普通话、英语、粤语同步教学的模式，您是否希望北京也采取这种模式”，其中有 53% 的家长表示希望，24.7% 表示不希望，22.3% 表示无所谓，可见粤语作为一种极有特色的方言，在家长心目中占有较高地位，并希望孩子学习。家长们对于方言存在潜在的喜爱和兴趣，如果能够在国家层面进行有关方言魅力的普及和宣传，将有利于方言在小学生语言规划中地位的提升。首先需要说明的是，被访对象分为两个群体，一类是户籍在北京的北京人，一类是在北京工作的外省人。这两个群体对于方言保护的态度存在差异。值得一提的是，在进行“与孩子全部使用普通话交流”的调查时，我们发现，很多北京人选择了“自己本身不会讲方言”这一原因。可见大部分北京人并不能够区分老北京话与普通话的区别。这对于保存老北京话这种方言是一种极大的隐患。有 2.9% 的家长“十分了解”国家对于保护方言的政策，38.8% 表示有所耳闻，58.3% 的家长表示“不知道”。这似乎也与家长对方言的态度息息相关，具体情况如下图：

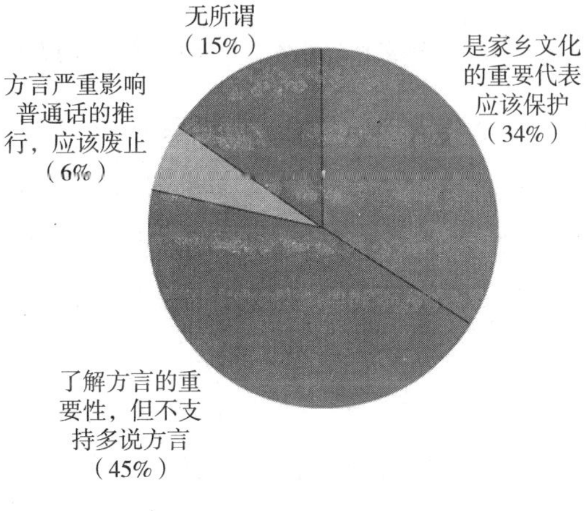

图 6　对于方言的态度

在实践中，家长与孩子使用方言交流有各种原因，如下图所示。

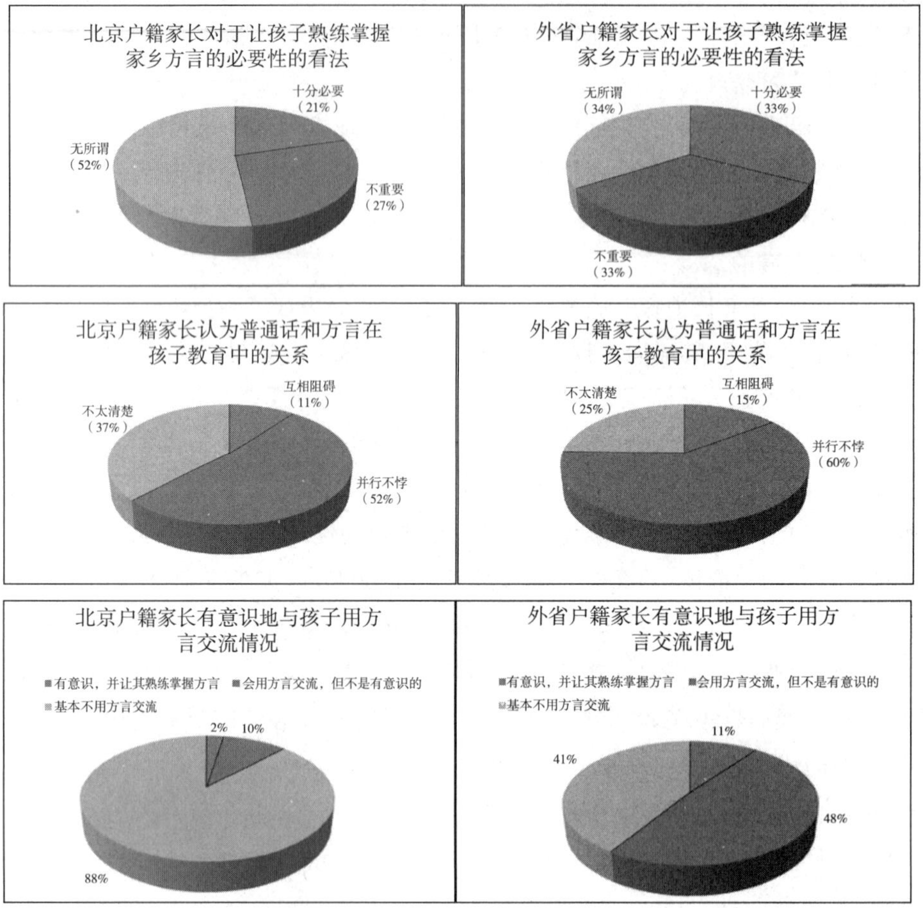

图 7　北京户籍家长与外省户籍家长对方言的态度

北京户籍家长大部分对于掌握家乡方言持无所谓的态度。这与北京户籍的家长对于老北京方言的认识不足有很大关系。值得一提的是，外地户籍的家长在“十分重要”“无所谓”“不重要”三种选项中比例持平。这明显显示出了保护方言意识的严重不足。国家近几年对方言保护政策的推行至少在北京一部分小学生家长群体中没有收到很好的效果，这直接影响了下一代对方言（尤其是老北京话）的继承。论及方言和家庭语言规划实施的关系，仅有 2% 的北京户籍家长有意识的与孩子用方言交流并使其熟练掌握，而绝大部分家长基本不用方言与孩子交流，这让我们担忧几十年后老北京话是否会因此而面临消亡的危机。而外地户籍的家长有 41% 基本不用方言与孩子交流，这让从小就生活在北京这个大都市里的外地孩子逐渐与家乡方言脱节，甚至完全不会说自己家乡的方言。

可见，户籍是否在北京对家长的方言态度产生了巨大影响，这进一步影响了家长对孩子的方言教育。国家若是想切实做好保护方言的工作，最可行的方法首先是让各个地区的人认识到本区方言的重要性。继而在家庭中，产生最直接的影响。以北京地区为例，认识到老北京话这一方言的存在是最基本的问题。

与语言相关的另一种社会现状是隔代抚养问题，由于祖父母多半未专业学习过普通话，因多年的生活习惯而普遍使用方言交流，这就导致在隔代抚养的家庭中，势必会存在对于孩子语言潜移默化的方言影响，认识到这种影响及其益处，是对于方言的一种认可和保护，也是最简单易行的保存方言的方式。但是数据显示，仅有 3.4% 的家长对这种影响有清楚认识并认为其有益。另外，方言的流失似乎是大都市发展的一种必然结果。调查数据显示，绝大多数家长无论在工作中还是家庭中都普遍使用普通话。这足见普通话成为北京这座城市交流中主要的语言。已经有 46.9% 的家长感受到了家乡方言的流失，仍有 40.9% 的家长对于方言的流失问题不在意，还有 12.2% 的家长认为没有流失。如果认识不到方言的流失，家长们很难把方言作为语言规划的一部分纳入到对孩子的日常教育中。当我们调查“对于家乡方言保存现状的认识是否会影响您对家庭语言的教育”这个问题时，仅有 16.6% 表示“是”，33.6% 表示“否”，49.8% 表示不在意。这种态度表明许多家庭未把方言提上语言规划日程。的确，与英语和普通话不同，我们没有办法通过水平测试的方式来保存方言，家长可能很难意识到方言保护的重要性。这就决定了国家必须更加加大保护方言的宣传力度，从家庭的微观角度入手，让方言得到足够的重视，才能更好地得以存留。

5. 对英语学习的态度和投入

家长们对于孩子的英语学习十分重视，并且日益加大孩子英语教育的投入，希望孩子能够在英语应试教育中取得良好的成绩。在北京这座城市中，学习竞争日益激烈，虽然国家近几年来为了减轻学生负担并试图摆正英语的语言地位，已经取消了在小学一二年级设置英语课程，并且准备降低英语在高考中的分值比重，但“不能输在起跑线上”这种观念是否会使家长依然对孩子的英语学习给予相当的重视，并且在课外寻求其他方式来弥补英语晚开课的“缺陷”？在对英语的基本态度上，大部分家长认为十分必要，具体情况如图：

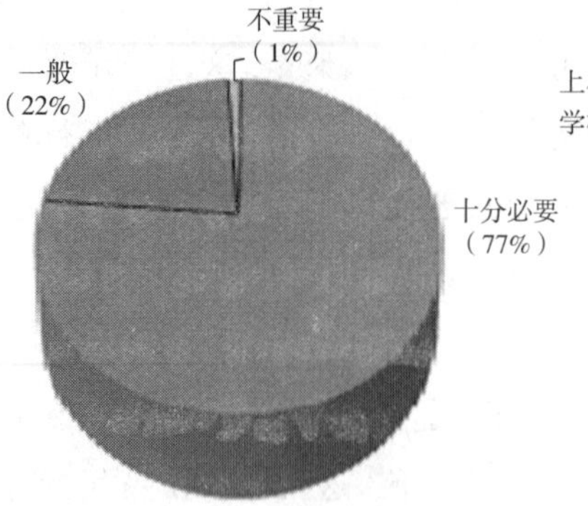

图 8 家长对于孩子英语学习必要性的认识

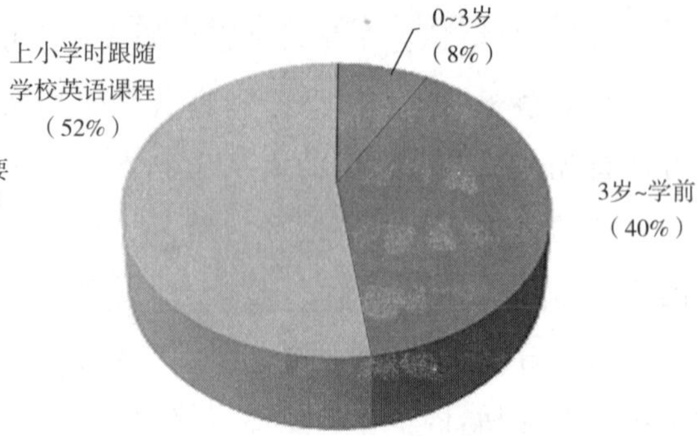

图 9 认为孩子开始学习英语的阶段

家长对于孩子英语水平和能力的要求，在调查结果中显示“取决于孩子的兴趣，尊重孩子的选择”占最大比例 57.9%，“很重视”占 37.5%，仅有 4.6% 的家长“没有什么要求”。这说明大部分家长认识到英语的重要性，很多家长也并没有因此在对孩子的语言学习规划中，强迫孩子进行英语学习。但是，在家庭规划中对英语学习的态度仍旧存在一些问题。

对比家长何时开始让孩子接触英语、何时让孩子开始学习英语，我们看到，在家长的心目中接触英语和学习英语存在一定的时间差。其中，有超过一半的受访者认为孩子应该在学前开始接触英语，但是认为在学前就应开始学习英语的比例低于前者。家长对于英语的这种认识也影响了家长在英语教育方面的投入。

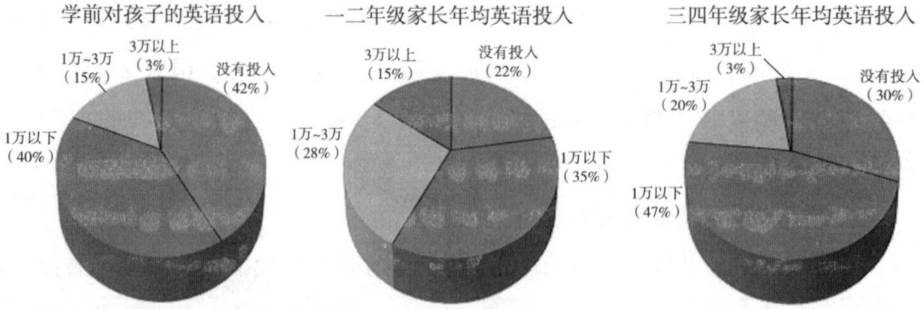

图 10 家长在不同阶段对孩子英语学习的投入

上图比较可以知道，在未开设英语课程的一二年级，家长对孩子英语学习的投入相较于已经开设英语课程的年级来说投入更大。这是小学一二年级取消英语课程带来的直接影响，也能直观反映出家长对孩子英语学习的重视。在调查中显示，有 38.2% 的家长不赞成小学一二年级取消英语课程，并会采取上英语补习班的方式让孩子接受英语学习教育。值得注意的是，有 55.2% 的家长赞成取消一二年级英语课程，原因多是为了减轻孩子课业负担或认为孩子不必过早接触英语。这是我们希望看到的，说明大部分家长并没有过分抬高英语的语言地位。与之相对应的是英语高考改革对家庭语言规划在英语方面的影响。仅有 12.7% 的家长不赞成北京市英语高考改革，并且 75.8% 的家长表示不会因高考英语改革而降低对孩子英语学习的重视并减少投入。可见，英语在家长心目中已经越来越成为一种应该具备的能力而并非仅仅是应试科目。

6. 相关与显著差异分析

（1）年级对家庭语言规划状况的影响

小学生年级与该阶段家长每年对孩子英语教育的投入的皮尔逊系数为 0.148，sig 接近 0.00。其中，小学一年级和小学三年级有显著差异，其 sig 约为 0.028。小学三年级和小学四年级、五年级、六年级的 sig 分别为 0.011、0.00、0.00，差异十分显著。由此可见，小学三年级是家庭英语年投入情况的转折点，一二年级因为学校没有开设英语课程，对孩子的英语投入较少，三年级开始有了显著变化，可见学校是否开设英语课程对于孩子的英语投入有很大影响。

家长对孩子英语水平和能力的要求与小学生年级也存在相关性，皮尔逊系数为 0.108，sig 为 0.016。其中，小学一年级和小学四年级有显著差异，其 sig 为 0.022，小学二年级和三四年级差异显著，其 sig 分别为 0.003、0.00，由此可见低年级和中高年级的家长对孩子英语水平和能力的要求差异显著，这可能与开设英语课程后的应试需要有一定关系。

（2）家长职业对家庭语言规划状况的影响

家长职业与是否有明确的语言规划存在相关关系，其皮尔逊系数为 −0.089，成负相关，sig 为 0.049，相关性较强。其中零售服务人员和行政管理人员、其他职业有显著性差异，sig 分别为 0.004 和 0.009，也就是说零售服务人员更倾向于选择“否”的选项，而行政管理人员和其他（大部分是教师）则倾向于“是”，可见，家长职业的规划性和稳定性对其是否有家庭语言规划有很大影响。

家长职业和孩子上小学之前的英语投入也有一定相关关系，其皮尔逊系数为 0.136，sig 为 0.002，差异显著。其中工人与专业人员、行政管理人员有显著性差异，其 sig 分别为 0.002、0.000，零售服务人员和专业人员、行政管理人员也有显著差异，其 sig 分别为 0.020、0.000。可见，职业中接触人群的不同和职业素养要求的不同对家长在孩子学前对英语的投入产生了一定的影响。这一影响，在小学阶段的投入也有所反映，皮尔逊系数为0.143，sig为0.002。其中工人和行政管理人员有明显差异，其sig为0.001，零售服务人员和专业人员、行政管理人员的sig为0.012、0.000。当然这也可能与收入有一定关系，后文会具体分析。

（3）家庭年收入对于家庭语言规划状况的影响

家庭年收入对是否有明确的语言规划产生了影响，其皮尔逊系数为－0.200，呈负相关，相关系数为0.000，即家庭年收入越高，越倾向于有明确的语言规划。其中，年收入0—6万元和年收入10—20万元、20—100万元有显著差异，sig分别为0.005、0.002，年收入6—10万元和年收入20—100万元差异也较显著，sig为0.029。

收入还对在家中与孩子用普通话交流的比重相关，皮尔逊系数为－0.097，由于我们的选项设置是由高到低，因此数据表明收入越高的家庭越倾向于用普通话交流。

在隔代抚养方面，关于祖父母对孩子语言影响的态度，也与收入有很大关联。皮尔逊系数为－0.153，sig为0.001，收入越高的家庭越倾向于认为祖父母语言影响孩子学习普通话，应尽量减少这种影响。其中，各收入群体均有显著性差异，0—6万元和6—10万元、10—20万元、20—100万元的sig分别为0.020、0.005、0.043。

对英语学习的基本态度也和家庭收入有一定的关系，皮尔逊系数为－0.143，sig为0.001。收入越高的家庭越倾向于认为英语学习十分必要。这种基本态度也势必会对更加细致的英语学习规划产生指导性的影响。

家庭收入对在英语方面的投入影响十分显著，在学前阶段和在小学阶段的投入都与家庭年收入息息相关，皮尔逊系数分别为0.344和0.277，sig均为0.000，相关性均显著。收入越高，在英语教育方面的投入随之越多。其中，收入10—20万元的家庭、收入20—100万元和100万元以上的家庭在英语教育方面的投入差别不大，可见，收入对家庭在英语方面投入的影响是有一定限度的。

（4）家长受教育程度对于家庭语言规划状况的影响

家长受教育程度和其对国家语言政策的了解程度具有相关性，其皮尔逊系数为－0.112，sig为0.001，即学历越高，对国家的语言政策越趋向于“很了解”，这对语言规划的整体走向有重要影响。

对孩子的语言学习是否有明确的规划也和家长受教育程度紧密相关，其皮尔逊系数为－0.223，sig 为 0.000，呈绝对相关，学历高的家长更倾向于有明确的观念和规划。其中中学毕业和大学本科毕业、硕士及以上水平存在显著差异，sig 分别为 0.001、0.027，可见家长是否拥有中学以上学历对家庭语言规划概念的整体了解及应用存在很大影响。

家长受教育程度与其用普通话与孩子交流的比重也存在一定联系，其皮尔逊系数为－0.214，sig 为 0.000，相关性极强，即学历越高，与孩子用普通话交流的比重越大。这是学历在普通话观念方面的重要影响。其中，中学学历与大学学历、硕士及以上学历存在显著性差异，其 sig 分别为 0.000、0.040，是否拥有中学以上学历依然是重要影响因素。

家长受教育程度与对高考语文改革（由满分 150 分改为 180 分）的态度紧密相关。其皮尔逊系数为－0.217，sig 为 0.000，呈负相关，相关性密切。学历越高的家长越赞成语文高考分数改革，这显示了高学历家长对母语和国学、传统文化教育的重视。其中中学毕业的家长和大学本科毕业的家长存在显著差异，其 sig 为0.000，同样说明了中学与大学学历是很重要的学历“分水岭”。

在方言方面，家长的学历与是否有意识的和孩子用方言交流呈正相关，其皮尔逊系数为 0.269，sig 为 0.000，即学历越高的家长越倾向于“基本不用方言与孩子交流”，这当然可能与北京户籍家长没有认识到老北京话和普通话的差异有一定关系，但是也说明了高学历家长在一定程度上对方言保护的实践不足，其中小学毕业和中学毕业、本科毕业、硕士及以上毕业存在显著差异，其 sig 为 0.024、0.000、0.000，中学毕业和大学本科毕业也存在显著性差异，其 sig 为 0.000，足见学历对方言家庭语言规划及实践的影响。

在英语方面的家庭规划，也与家长的受教育程度密切相关。在“认为孩子学习英语是否必要”这个问题上，家长学历水平与其皮尔逊系数为－0.136，sig 为 0.002，即学历越高的家长越认为孩子学习英语十分必要。

家长规划孩子接触英语的年龄与家长的受教育程度关系密切，其皮尔逊系数为－0.125，sig 为 0.006，即学历越高的家长规划孩子开始接触英语的年龄越小。其中硕士及以上学历与小学毕业、中学毕业存在显著性差异，其 sig 为 0.029、0.04，可见，硕士及其以上学历在规划孩子接触英语年龄的问题上，有明显的“趁早”意识。另外，在孩子何时应该系统学习英语的问题上也有相同的结论。

对英语教育的投入也和家长的受教育水平关联密切，学前阶段投入和小学阶段投入与家长受教育程度的皮尔逊系数分别为 0.287、0.332，均呈正相关，且

sig均为0.000，相关性显著。这表明学历越高的家长越倾向于在孩子英语教育方面有更多的投入。学前阶段，小学学历与硕士以上水平存在显著性相关，其sig为0.002，其中中学毕业与大学本科毕业、硕士及以上学历也存在显著差异，其sig均为0.000，而在上学后的投入这种显著性差异依然存在，且sig基本相同。

在对英语高考改革（分数减少）的态度上，家长的受教育程度也体现了重要的影响，其皮尔逊系数为−0.22，sig为0.000，即学历越高的家长越倾向于支持高考英语改革。其中，中学毕业和大学本科学历存在显著差异，其sig为0.000。与之前的语文高考改革进行联系，可知，学历高的家长在教育改革方面，更倾向于支持国家决策。

对孩子英语水平和能力的要求也和家长的学历有关，其皮尔逊系数为−0.158，sig为0.000，即学历越高的家长对孩子英语水平和能力的要求越高。其中，硕士及以上学历与中学毕业、大学本科毕业存在显著差异，sig分别为0.000、0.003，可见，硕士及以上学历对孩子的英语水平要求尤为严格。

在这一部分中，我们可以看出中学毕业和硕士及以上学历通常与其他项目差异显著，表明家长的学历在家庭语言规划方面影响显著。

7. 访谈结果

在进行了问卷的客观调查之后，我们对受访者进行了主观的访谈调查。在访谈中我们获得了以下信息：

在有关普通话的访谈中，家长认为“小学阶段是孩子学好普通话的关键时期，建议幼儿园取消笔画、拼音、汉字的学习，从小学开始统一学习，保持孩子的好奇心和积极性”，“中国的孩子首先就应该学好中国的文化，普通话是母语，应该首先学好，把自己国家的语言掌握透了，再去学别的国家的语言”，“普通话才是中国元素，英语的掌握要根据职业来说，没必要都学”。可见，家长们普遍对于学习普通话有足够的重视程度，并且希望孩子能够首先学好普通话。

在有关于方言的访谈中，家长认为“我认为方言应该会懂会说，我们是外地人，最起码孩子要会说自己老家的语言”，“方言应该保留，是每个地方的人文风情的体现”，“希望每个家庭都把方言传承下去，如果孩子没有说方言的语言环境，那么孩子的下一代方言就有可能消失”，“很多学校和机关单位要求用普通话交流，长此以往，中国地方方言将消失，普通话和英语固然重要，也应重视方言保护”，“还是需要学习的，会方言才能和老家的老人正常交流”；也有家长认为“我国有的地方的方言像一门外语一样难懂难学，影响交流，还是应该重点推广普通话教学”。可见家长对于重视孩子的方言学习仍存在较大的分歧。

关于英语学习，在小学一二年级是否应该开设英语课程的访谈中，反对的家长认为小学一二年级若开设英语课程，会与孩子学习拼音冲突，导致混淆，而且这样会影响语文的学习，作为一个中国人首先要掌握好母语，打好母语基础，然后再学习一门外语。也有家长认为，过早学习英语会影响孩子在其他方面的智能开发。赞成的家长认为不能因噎废食，英语作为一种交流工具应该学，应该提高老师教学水平，与实际应用接轨，重点培养口语。也有家长认为应该学，但是应该改进模式，应该把英语用一种寓教于乐的方式教给学生，在一二年级进行一些趣味性较强的教学，比如英文儿歌、字母发音歌或者简单使用的小句子，不计入考试成绩，或者“采用选修的教学模式，让孩子和家长来自己决定是否要学习一门外语”。也有家长强调英语学习中语言环境的重要性，认为“没有语言环境的学习，只靠死记硬背是没有意义的，有更多的交流才能对语言学习有更多的帮助”，“希望孩子有一个好的语言环境来学好一门语言，为孩子以后应用打好基础。”对孩子的英语教材进行改革的呼声也很高，家长希望孩子可以在小学阶段从音标开始扎实地学起。在关于高考英语改革的态度上，有的家长认为“不赞成英语成绩计入高考分数，为了拉开分数孩子们就要对很多平时用不上的语法、单词、句式上下功夫，不能学以致用，为了考试分数浪费精力和时间。英语只是一个交流的工具，参加社会上的英语水平测试即可”。也有的家长认为“孩子的英语学习学与用没有结合，怎么改都没用，应该增加实用性才是根本”。

由此可见，家长对于孩子的英语学习的普遍看法是希望学校可以增加实用性的教学而不是应试的教学，使得孩子的学习和应用不要脱节。

四　结论

问卷调查涉及对家庭语言规划的总体调查和家庭语言现状的基本调查。通过调查我们了解到，“家庭语言规划”这个概念在家庭中仍旧没有被广泛了解和落实。在缺乏明确的目的性的情况下，家长对孩子的语言教育在很大程度上依然取决于家长自身的态度，这就表明了对“家庭语言规划”这个概念应该深入推广，应该从家庭层面就开始孩子的语言规划。对于目前家庭语言现状的调查，即使我们了解到目前家庭语言生活中存在的一些问题，又使我们认识到推行家庭语言规划的必要性和紧迫性。普通话在经历了数年的推广后，已经卓有成效，并在小学生家庭中广泛使用。英语在得到家长足够重视的同时，也显现出对素质而非应试的需求，但仍需对其语言地位进行调整。在方言方面，家长对方言明显缺乏足够的重视度，国家政策的推行也并没有在家庭层面达到预期的效果。

基于上述调查，我们建议：一是继续大力推行国家语言政策，并深入宣传，矫正家长的观念。另一方面，要注重推广家庭语言规划这一概念，在家庭层面，形成正确而系统的语言规划，从而对下一代的语言掌握产生有利影响。这就是本次调查的意义。

（许小颖、荣　欣、王思方，北京师范大学文学院）

北京中学生老北京话认知及使用情况调查

一 引言

语言随着社会的发展变化而变化，当代北京话已经不同于四百年前它刚刚诞生时的样子，也不同于明清时期，甚至与民国、近现代时期也有很大差异，它已经越来越现代化，有了自身的新时代特征。虽然如此，当代北京话仍与北京官话相区别，与普通话相区分。随着普通话的逐步推行，人们从小就被要求讲普通话，在学校等公共场合更是被要求“请讲普通话”，在此种政策之下，北京话是否面临着生存和发展的危机？是否会在北京居民的生活中逐渐淡出？是否会与北京新一代居民的成长和生活绝缘？

我国2012年颁布的《国家中长期语言文字事业改革和发展规划纲要（2012-2020）》提出：“到2020年，普通话在全国范围内基本普及，汉字社会应用的规范化程度进一步提高。”但同时也明确提出要科学保护各民族语言文字，“加强语言资源数字化建设，推动语言资源共享，充分挖掘、合理利用语言资源的文化价值和经济价值。建立和完善语言资源库，探索方言使用和保护的科学途径，用现代技术手段记录保存少数民族濒危语言”。北京话作为一种独特的方言，作为普通话的语音标准，理应接受全面、综合的科学研究与保护，本次调查正是在此种背景下展开的。

1. 调查内容

此次调查的研究目标主要分为两个，一是对中学生的日常语言使用情况做出描述，二是收集中学生对老北京话的认知和态度。在此基础上，得出老北京话在新一代北京人中的生存和发展现状，并对老北京话的未来发展做出思考。

针对调查目标，调查内容即分为两大方面，一是从语音、词汇、语法和语言运用等角度调查中学生的语言使用情况，二是调查中学生主观上对老北京话的认知，包括对老北京话的态度、对老北京话的主动接受和运用情况等。

2. 调查方法

(1) 资料的搜集与整理:主要针对北京话的特点、北京话的当代发展、北京话的实地调查等方面收集文献资料,为此次调查提供理论支持。

(2) 问卷调查:结合当代北京话特点与中学生的认知接受特点设计调查问卷,采用网上发放的方式,以北京西城区、海淀区为重点,选择学校发放问卷并回收。

(3) 数据分析:对回收的有效问卷进行数据分析,保证分析结果的可信度和代表性。

3. 调查对象和范围

此次调查选取代表新一代北京人的中学生为调查对象。

我国自1956年正式开始推广普通话以来,北京作为首都,推行力度最为强大。当代北京中学生不仅从小就学说普通话,其周围的语言环境更是以普通话为主,虽然其父辈、祖辈等以老北京话为主的家庭语言环境也在影响着中学生的日常语言使用,但整体上来说,中学生一代对普通话的接受程度呈现出不断强化的趋势。

另一方面,中学生作为北京现代化发展过程中逐步走向开放化、国际化的人才培养对象,他们已经充分具备语言方面的自我判断、自我认知能力,既有家庭语言成长环境的熏陶,又有现代国际化社会环境的耳濡目染,他们对于北京话的认知与接受情况也代表着北京话的未来发展方向。

北京中学生极具复杂性。北京在接收外来人群方面极具生命力,许多中学生便是外来人群中的一员,而伴随着外来人口进京的是各种地方方言、民族语言以至外国语言的大量涌入。中学生本就"思想活跃,精力过剩,对新生事物异常敏感",面对这样一种混杂的语言大环境,便使得"除睡觉之外须臾不可离的语言成为他们'玩弄'的对象"。[①] 因此,中学生的语言使用情况能很好地反映老北京话当前的生存状况。

此次调查以北京西城区、海淀区为重点,主要选取了包括北京市第20中学、北京市第35中学、北京市第66中学等在内的13所学校;加上对其他中学的随机问卷发放,调查范围共覆盖了北京二十余所中学。

4. 影响调查结果的因素

此次调查可能会受到以下几个因素的影响,在调查及分析过程中,通过寻求

① 周一民《现代北京话研究》[M],北京师范大学出版社2002年版,第101-102页。

外界帮助等尽量降低其影响，以保证调查结果的严谨度与科学性。

（1）文献资料的限制性。语言一直处于发展变化之中，目前对老北京话的研究多是从不同层面、不同角度切入进行的局部研究，这会使得作为参照对象的老北京话，其文献资料来源略显驳杂。但我们尽量借鉴其中的优秀成果，为调查研究提供理论支持。

（2）问卷调查所得数据的质量问题。此次调查采用网上自填问卷法收集数据，受访者需要自己完成问卷的填写，对中学生来说，他们可能会对问卷存在一些疑问，因此可能会有各种错答、误答、缺答、乱答的情况发生。我们请老师在旁协助学生填答问卷，尽可能降低数据的不可信度，保证所得数据的质量。

（3）专业技术问题。受个人专业知识所限，在问卷设计、数据结果的统计和分析等方面存在着一些问题，为此寻求了各种外界帮助，尤其是各种专业技术支持，保证分析结果的科学性。

二　问卷设计与调查样本

1. 问卷设计

此次调查问卷的设计在北京话基本特点的基础上，考虑调查对象在年龄、认知上的特点，多采用封闭式问题，用简单易懂的具体实例对中学生的北京话使用情况进行测查，避免过于专业化。

调查问卷一共分为四个部分，第一部分为基本情况调查，主要用于收集受调查者的性别、年龄和籍贯等样本属性。第二部分为日常生活中北京话的使用情况，问题主要从北京话的语音、词汇、语法及语用等四个方面进行设计，从受调查者的无意识角度收集其日常生活中的语言使用情况。第三部分为对北京话的认知和态度，主要用于收集受调查者在有意识的层面上对老北京话的认知和态度。第四部分为对“京味儿文学”的理解与接受，从北京话的一个特定应用角度出发，进一步了解受调查者对北京话的认知情况。

2. 样本构成

此次问卷调查采用网上填答的方式，共回收问卷 777 份，其中有效问卷 753 份，有效率达 96.91% 。

（1）样本的区域分布

此次调查问卷的样本选取以北京西城区、海淀区为重点，以初一、初二、高一、高二为主要年级，具体样本分布情况如表1所示。

表1 调查样本区域分布表

学 校	区 名	调查年级及样本数量	
北京市156中学	西城区	高一	61
北京第15中学	西城区	高一	60
北京第24中学	东城区	初二	125
北京市第35中学	西城区	初一	10
		高二	42
北京第56中学	西城区	高一	44
北京市六一中学	海淀区	高一	74
北京市第66中学	西城区	高一	52
北京第20中学	海淀区	高二	56
北京市华夏女子中学	西城区	高一	32
北京市清河中学	海淀区	初一	19
北京市太平路中学	海淀区	初一	34
		高一	19
		高二	16
北京市西城实验学校	西城区	高一	43
北京市育才学校	西城区	高一	30
其他（包括第19中学、景山学校、八一中学等）		高二	36
小 计			753

（2）样本的性别分布

本次问卷调查的753人中，男性343人，占45.55%；女性410人，占54.45%，女性所占比例略高。

（3）样本的年级分布

调查样本的年级分布情况如图1所示，其中高一年级为主要调查对象，占55.11%。调查样本中高中生的出生年份集中在1995—1998年之间，占到样本总量的75%左右。相对于初中生来说，高中生在语言文字方面更具判别力，以高中生为重点更能反映出北京话作为交流媒介的实际使用情况。

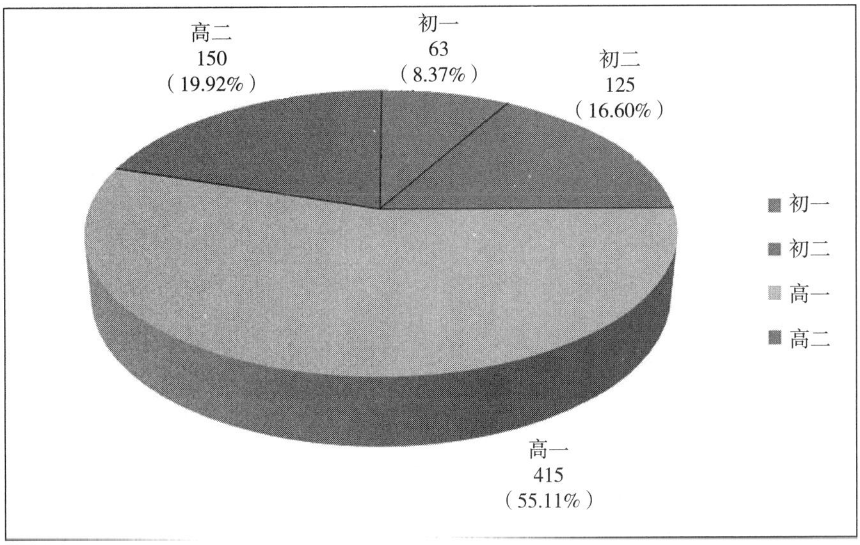

图 1　调查样本的年级分布情况

（4）样本的出生地、籍贯和祖籍分布

调查样本的出生地决定着他们早期的语言环境，如果早期语言环境不同，会直接导致其语言使用情况的不同。此次调查对象的出生地、籍贯和祖籍分布情况如表 2 所示。

表 2　调查对象的出生地、籍贯和祖籍分布表

	出生地		籍贯		祖籍	
	数量	比例（%）	数量	比例（%）	数量	比例（%）
北京	659	87.52	585	77.69	451	59.89
其他省市	94	12.48	168	22.31	302	40.11
小计	753	100	753	100	753	100

在设计出生地问题时，调查了出生地不是北京的中学生迁来北京的年份，其统计结果如图 2 所示。在 94 个出生地为“其他省市”的样本中，有效填答“迁来北京的时间”这一问题的，共有 67 个。虽然样本之间存在着年龄的差异，但由图可以看出，出生地不是北京的中学生，一般都具有或长或短的“非京”早期语言经历，这是影响其迁来北京之后语言使用情况的重要因素。

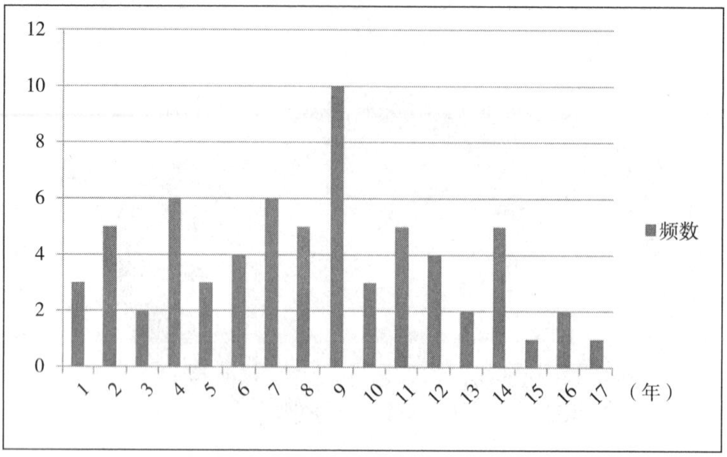

图 2　中学生迁来北京时间的分布情况

三　结果分析

1. 日常生活中北京话的使用情况

（1）轻声

针对北京话中的轻声现象，问卷设计了名词、动词和兼类词中的典型轻声词汇，中学生的使用情况如图 3 所示。从图中可以看出，使用轻声的中学生要明显多于不使用轻声的。

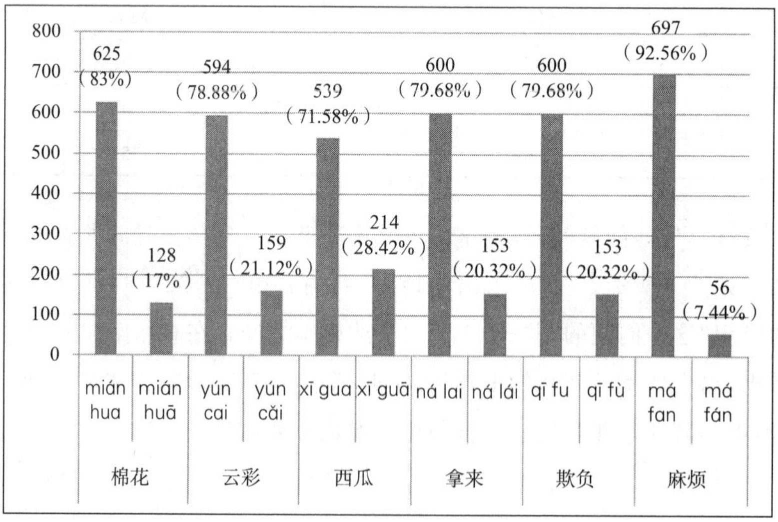

图 3　中学生日常生活中的轻声使用情况

对轻声使用情况与出生地进行交叉分析会发现，出生地为北京市的中学生使用轻声的比例要高于其他省市的，如表3所示，只有“欺负”这一个词前者比后者稍低0.12%。这就是说，出生地对北京话的轻声使用是有影响的。

在753个调查样本中，出生地是北京的有659个，其他省市的有94个，这94个人大多数是在习得其他方言之后迁来北京或迁来北京之后家庭语言环境仍以出生地方言为主的，这便可能影响到他们现在对北京话的使用。

表3　出生地与轻声使用情况的交叉分析数据表

词汇	读音	北京市	其他省市
棉花	mián hua	549(83.31%)	76(80.85%)
	mián huā	110(16.69%)	18(19.15%)
云彩	yún cai	525(79.67%)	69(73.40%)
	yún cǎi	134(20.33%)	25(26.60%)
西瓜	xī gua	474(71.93%)	65(69.15%)
	Xī guā	185(28.07%)	29(30.85%)
拿来	ná lai	537(81.49%)	63(67.02%)
	ná lái	122(18.51%)	31(32.98%)
欺负	qīfu	525(79.67%)	75(79.79%)
	qīfù	134(20.33%)	19(20.21%)
麻烦	má fan	614(93.17%)	83(88.30%)
	má fán	45(6.83%)	11(11.70%)

而籍贯与轻声使用、祖籍与轻声使用的交叉分析，与此表现出一致性，在一定程度上为此提供了数据支持。

(2) 儿化

儿化作为北京话的突出语音特点，是了解北京话使用情况的重要指标。北京话中韵母儿化后多会发生音变，元音韵尾[i]，辅音韵尾[n]、[ŋ]都要丢失，因此一些原本不同的音节，儿化后变得相同或相近。① 此次调查的对象为北京中学生，除家庭语言环境之外，他们生活范围内的语言环境是基本一致的，借助儿化词的发音可以了解他们对儿化的使用情况。图4显示了对“牌儿”和“盘儿”两个词读音情况的调查结果，可说明中学生大多数会使用儿化，而且在儿化的发音上表现出一定的规范性。

① 周一民《现代北京话研究》[M]，北京师范大学出版社2002年版，第212页。

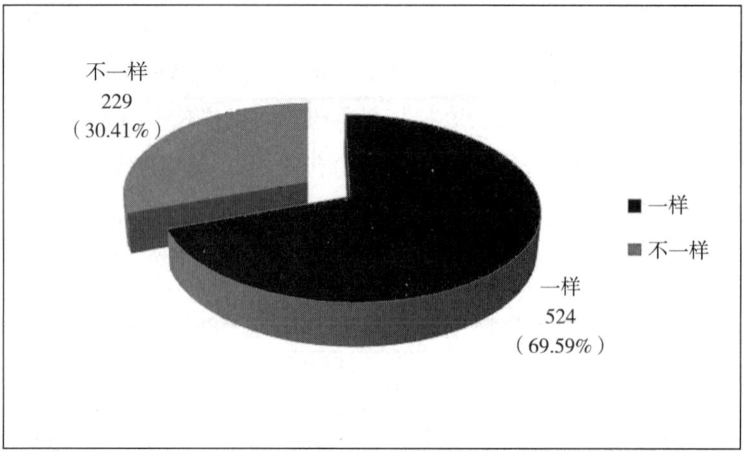

图 4 “牌儿”和“盘儿”读音是否一样的分布情况

现代汉语即普通话中，也存在儿化现象，这是语文教学中语言文字教育的一部分，尤其是在北京地区，儿化本就经常使用，中学生表现出的儿化使用情况正与此相契合。

(3) 特殊语音现象

在北京话的语音中，还存在着语音变调、语音变异等特殊语音现象。老派北京人在说“七月”“八月”时会说成阳平“qí yuè”“bá yuè”，而非阴平“qī yuè”“bā yuè”，“论斤卖”的“论”会读成“lìn”而非“lùn”。而通过对中学生的读音调查，可以揭示当前新派北京人对此种语音现象的使用情况。

表 4 中学生“七月”和“论斤卖”读音情况统计表

词汇	读音	频数	频率(%)
七月	qī yuè	688	91.37
	qí yuè	65	8.63
论斤卖	lìn	78	10.36
	lǐn	70	9.30
	lùn	596	79.15
	lǔn	9	1.20

由表 4 可以看出，随着普通话的推行，这种老派的语音变异现象已经越来越少，只有少数中学生或因家庭语言环境影响而继续使用。

老北京话中最具代表性的语音变异现象——“这”和“那”的发音，在现在北京口语中仍然非常普遍。“这”的书面语读音是 zhè，而在口语中更常用的是 zhèi，但是口语里也并不完全排斥 zhè。zhè 也是口语里的一种变异形式。而对于“那”在口语中的读音，周一民指出，nè 是一种非强制性的变异，可以用来替换 nà。但是除此之外，“那”还有强制性变异 nèn，出现在“那么”中。① 相关调查结果如表 5 所示。

表 5 “这”和“那”读音情况统计表

例句	读音	频数	频率（%）
这（zhèi）个人可不是一般人。	zhè	267	35.46
	zhèi	486	64.54
想不到招聘会上那（nèn）么多人！	nà	324	43.03
	nèi	59	7.84
	nèn	370	49.14

由表 5 中的数据可以看出，“这”和“那”的读音与一般北京口语中的读音一致的比例均高于其他读音。中学生作为在校接受教育的规范化群体，普通话的覆盖率比其他社会群体要高，而且作为尚未踏入社会交际的群体，日常生活中接触的交流对象极其有限，口语的使用难免会带有一定的书面化色彩，从而会有部分中学生更倾向于使用“zhè”和“nà”的读音。

（4）人称代词

北京话中，第二人称单数有三种：你、你丫（粗俗北京话用语）、敬称“您”。“您”是表示礼貌的称谓，使用相当普遍，老派比新派运用得更多。② 少部分老派将第三人称单数敬称为“您”（tān），多用于对别人敬称自己的父母。中学生日常对话中的人称代词使用情况如图 5 所示，在与同学或朋友的日常对话中，66.8% 的中学生会使用“你”，但同样有 8.1% 的中学生会使用“您”，说明“您”也可以用于非敬称的语言环境，成为第二人称的一种固定称呼。

① 周一民《现代北京话研究》[M]，北京师范大学出版社 2002 年版，第 73—76 页。
② 同上书，第 239 页。

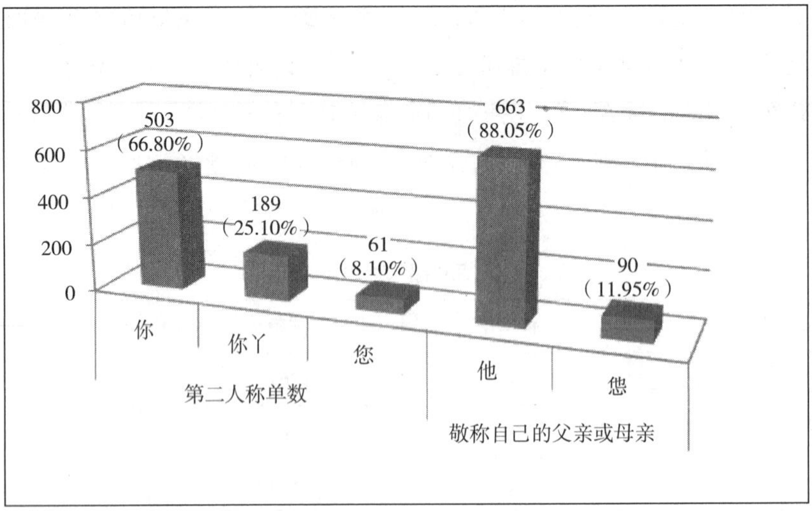

图 5　中学生日常对话中人称代词的使用情况

在敬称自己父亲或母亲时，尚有 11.9% 的中学生会用“怹”，说明这种特殊称谓仍处于一直流传的过程中，还有生存和传承空间。在出生地和敬称父母这一问题的交叉分析中，出生地是北京市的中学生使用“怹”的概率明显比不是北京市的中学生高，如表 6 所示。籍贯、祖籍分别与敬称父母的交叉分析数据与此表现出一致性，如表 7、表 8 所示，这说明北京话语境在一定程度上影响着中学生的日常语言使用。

表 6　出生地与“怹”使用情况的交叉分析数据表

出生地	他	怹	小计
北京市	571（86.65%）	88（13.35%）	659
其他省市	92（97.87%）	2（2.13%）	94

表 7　籍贯与“怹”使用情况的交叉分析数据表

籍贯	他	怹	小计
北京市	503（85.98%）	82（14.02%）	585
其他省市	160（95.24%）	8（4.76%）	168

表 8　祖籍与“怹”使用情况的交叉分析数据表

祖籍	他	怹	小计
北京市	379（84.04%）	72（15.96%）	451
其他省市	284（94.04%）	18（5.96%）	302

（5）逆序词

北京话词汇中有一些语素次序跟普通话相反的逆序词，中学生对此的使用情况如图6所示。大多数逆序词在现在的北京话中已经不太常用，而有些逆序词则在发展使用的过程中固定成普通话中的常用词汇。

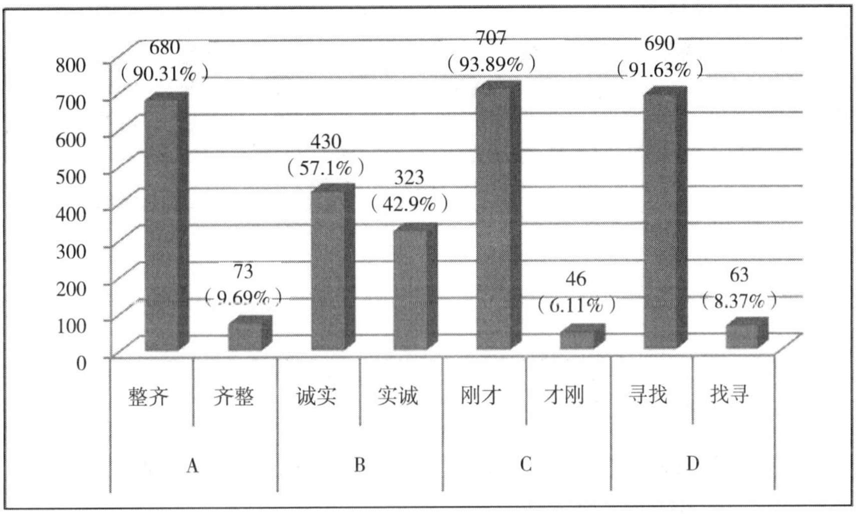

图6 逆序词在中学生中的使用情况

由图6可以看出，"实诚"的使用比例比其他三个都要高很多，与"诚实"的使用频率只相差14.2%。"实诚"一词已经不单单是一个逆序词，它在"诚实"之意外，发展出了自己本身的意思，具有了更强的独立生存能力。而其他三个逆序词则不同，它们仍旧属于通用程度不高的方言词汇，这便解释了图6中B组词汇的特殊之处。同时，也可以发现逆序词在中学生中的使用比例不高，与逆序词在现代北京话中的生存状态较为一致。

（6）巴类后缀

北京话中的"巴类后缀"，包括"巴、达、拉、喽、哧"等，它们都为轻声，附着在单音动词之后，构成新的双音动词。他们具有表示动词附带情感和表示动词动势增减的作用。[①] "巴"作为巴类后缀的代表，能产性较强，其使用也更为经常。中学生在具体实例中对"巴"作为动词后缀的使用情况如图7所示，比例大约集

① 周一民《现代北京话研究》[M]，北京师范大学出版社2002年版，第222页。

中在 10%—30% 之间。

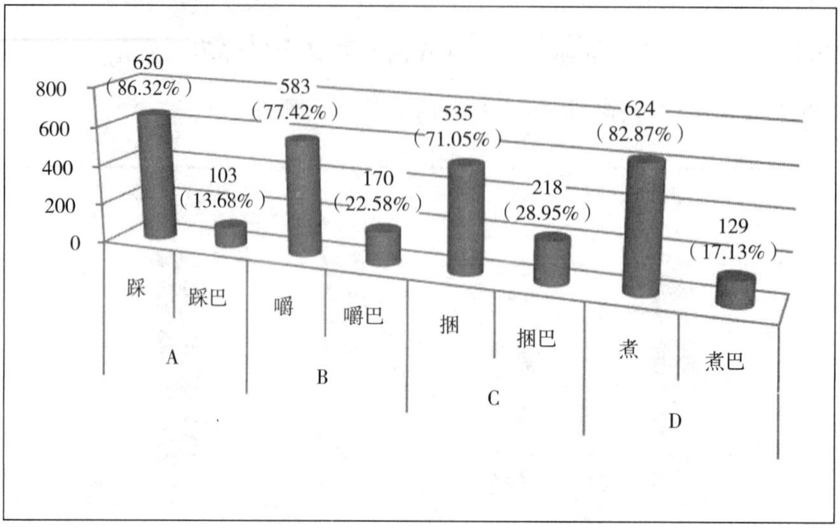

图 7 “巴类后缀”在中学生中的使用情况

而在问到日常对话的某些用语中会加上“达、拉、喽、哧”(如戳达、扒拉、抖喽、掏哧)等后缀的频率时,只有 16.87% 的中学生从不使用。这反映了中学生对动词“巴类后缀”的整体使用情况,具体到某个实例中频率可能低一点,但总的来说,使用动词“巴类后缀”的中学生比例高于不使用的中学生。

(7) 土语和俗语

北京话作为一种方言,具有很多独具特色的土语和俗语。土语词很多,但使用在逐渐减少。有一些是老派北京人小时候听说或使用过的,今天已基本绝迹。① 但在北京话的发展过程中,会出现新的土语词,大部分同时代的北京人都了解这种词汇。如图 8 所示,北京话中的词语“虾米了”“磨咕”和“蝎了虎子”,可以说,它们在当代中学生中的认知程度是比较高的。

① 周一民《现代北京话研究》[M],北京师范大学出版社 2002 年版,第 214 页。

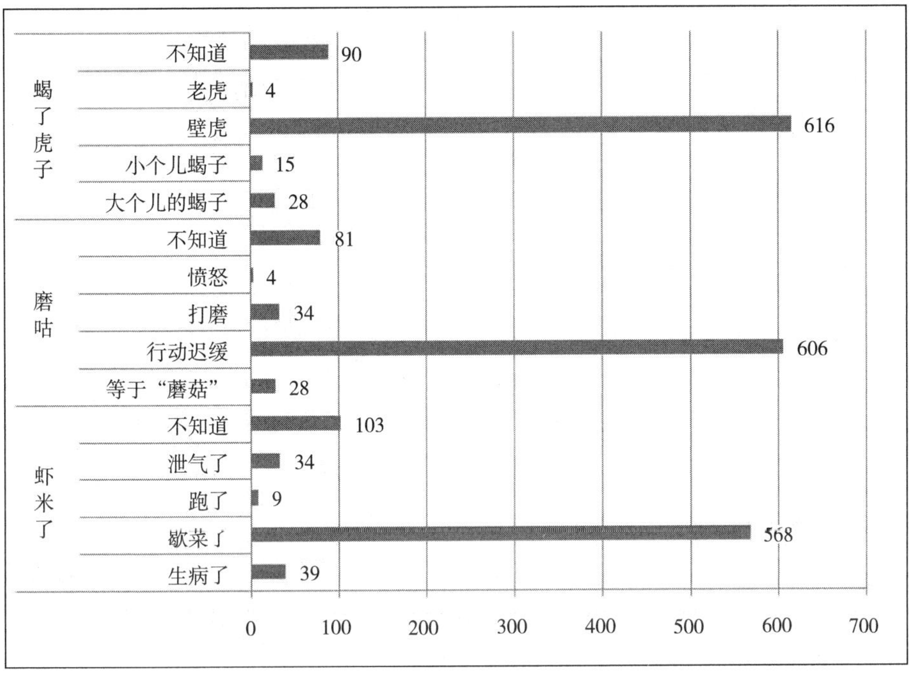

图 8　中学生对北京话中土语的认知情况

而在实际的语言运用中，懂得某些词汇的意思却不代表会加以使用。对北京话中“你们且什么地方来”中的“且”字，有 83% 的中学生表示理解，但只有 8.1% 的中学生经常这样用。对于歇后语“就您这眼神儿，还玩鹰呢?”，只有 11.16% 的中学生选择了正确答案。这也反映出一种现象，即中学生对有些老北京话的土语和俗语并不是那么了解，有的只是偶尔听说过，在自己的言语中并不会出现。

表 9　出生地与歇后语“就您这眼神儿，还玩鹰呢?”的交叉分析数据表

出生地	还纫针呢？	还看画呢？	还逗鸟呢？	还玩鹰呢？	不知道	小计
北京市	409(62.06%)	62(9.41%)	47(7.13%)	80(12.14%)	61(9.26%)	659
其他省市	54(57.45%)	7(7.45%)	8(8.51%)	4(4.26%)	21(22.34%)	94

表 9 显示了对歇后语“就您这眼神儿，还玩鹰呢?”的调查结果与出生地的交叉分析数据，从表中可以看出，出生地不是北京市的中学生，选择正确答案的比例要明显低于出生地是北京的中学生。出生地不是北京的中学生，不仅早期语言环境与出生地是北京的中学生不同，而且家庭语言环境也不同，这是影响方言习得的重要因素。此歇后语的调查结果表明出生地确实影响着中学生对北京话

的认知。

2. 对老北京话的认知和态度

（1）对老北京话的态度

此次问卷调查显示，绝大多数中学生认为老北京话与普通话之间是存在差别的，而且大多数中学生在听到别人说老北京话时觉得很亲切。由于此次调查中出生地是北京的中学生占到 87.52%，他们从小所处的语言环境就是“老北京话”语境，长期的同一语言环境，既可能让他们觉得老北京话特别亲切，又可能让他们产生“久而不闻其香”的感觉。数据资料也显示，出生地不是北京的中学生觉得老北京话比较土、没有特别感觉的比例要高于出生地是北京的中学生。对早期语言环境的认同，影响到了对当前语言环境的看法。

（2）老北京话的使用环境

调查数据显示，有 66.27% 的中学生认为周围的语言环境对自身的语言使用有影响。在具体语言使用态度上，67.20% 的中学生认为要视情况而定，这正与上述数据相吻合。

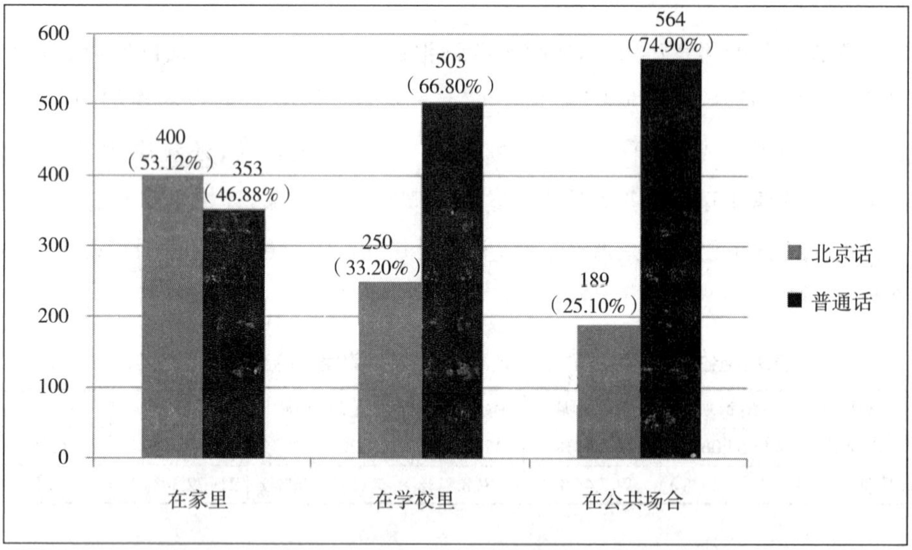

图 9　中学生在不同场合日常交流中的语言使用情况

在不同场合的日常交流中，中学生对老北京话与普通话的选择存在着很大差异，具体情况如图 9 所示。

随着公共程度的增加，老北京话的使用频率下降，普通话的使用频率上升。

在公共场合我们一般都会被要求"请讲普通话",这关系着交流的顺畅与否,但数据显示仍有 25.10% 的中学生在公共场合会说老北京话。在日常的交流中,若是双方都使用各自的方言,必定会影响正常交流,因此在公共场合的语言规范使用是应当进一步加强的。

(3) 老北京话特殊语音、词汇的保留与否

从整体上来说,81.14% 的中学生认为不应该用普通话取代老北京话。针对老北京话的某些特殊语音、词汇特点,中学生表现出不用的态度。对于老北京话中的儿化和轻声是否应该保留,中学生的态度如图 10 所示。

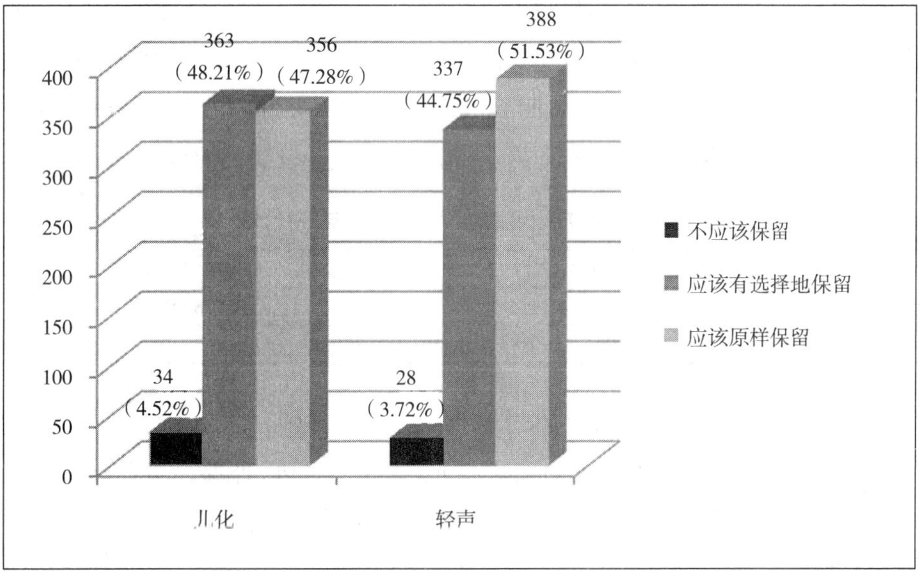

图 10　中学生对北京话中儿化、轻声去留态度的分布

绝大多数中学生认为老北京话中的儿化和轻声应该得到保留,只是在如何保留上存在着不同观点,这可以为老北京话自身的规范化发展和普通话审音工作提供一定参考。

而对于老北京土话和粗俗用语(如"丫""你大爷的"等),中学生的态度如表 10 所示。

表 10　中学生对老北京土话和粗俗用语的态度统计表

	选　项	人数	比例(%)
土话	极具特色,应该加以发扬	243	32.27
	保持原样	176	23.37

（续表）

	取其精华，去其糟粕	328	43.56
	坚决摒弃	6	0.80
粗俗用语	经常使用	94	12.48
	偶尔使用	222	29.48
	无伤大雅	259	34.40
	应该摒除	178	23.64

由表 10 中的数据可以看出，中学生对老北京土话基本持肯定态度，只有 0.80% 的中学生认为应该坚决摒弃老北京土话。对于北京话中的粗俗用语，虽然不能与土话的支持度相比，但也有 76.36% 的中学生认为可以接受，只是在使用频率上存在着一定差别。将之与性别进行交叉分析，会发现男性比女性对粗俗用语的使用更为经常，如表 11 所示，这与现实状况是相符合的。中学生在年龄上的特点、青少年男女的性格差异等，都是导致这一现象的原因。

表 11　性别与粗俗用语使用情况的交叉分析数据表

性别	应该摒除	无伤大雅	偶尔使用	经常使用	小计
男	72（20.99%）	120（34.99%）	89（25.95%）	62（18.08%）	343
女	106（25.85%）	139（33.90%）	133（32.44%）	32（7.80%）	410

（4）老北京话的发展现状与未来预期

作为日常生活中必不可少的交流媒介，受使用主体、外部环境等的共同影响，老北京话一直处于发展变化之中，虽然有些词汇、用法在消逝，但也有新的因素在不断加入，流行语便是其发展的重要表现。

对于老北京话中新近出现的流行语，59.23% 的中学生认为流行语极具时代特色，非常符合语言自身发展的需求，56.57% 的中学生感觉很好玩，并乐于使用，26.96% 的中学生则认为有些流行语过于超前，成为代际交流的障碍，42.10% 的中学生认为流行语只在特定人群中使用，无法全面普及，也有 5.18% 的中学生认为应该全面抵制流行语。但总体来看，青少年对新近出现的流行语还是持肯定态度的，他们是“流行语最热心的创造者、使用者和传播者”。

在老北京话的未来发展前景问题上，65.74% 的中学生认为老北京话应顺应时代潮流变化，同时要保持自身特点，这表现出中学生对老北京话未来发展充满信心的倾向性，老北京话是否真正受到冲击只在一定程度上影响他们的主观评判，并不起绝对控制作用。

3. 对"京味儿文学"的理解和接受

京味儿文学是北京话在书面方面的具体运用，是深入了解北京话的重要载体。

对中学生的调查结果显示，总体来说，23.24% 的中学生比较熟悉京味儿文学，54.32% 的中学生偶尔读过京味儿文学，其余 22.44% 的中学生从未听说过京味儿文学。有 36.25% 的中学生（273 人）有自己喜欢的京味儿文学作家，其中有 225 个中学生喜欢的京味儿文学作家是老舍，占到总量的 82.4%，其余则包括林海音、汪曾祺、王朔等作家。不过也有 63.57% 的中学生没有特别喜欢的京味儿文学作家。中学生在语文课堂上接触最多的与北京有关的文学作家是老舍，对其作品中的语言认知情况如图 11 所示。

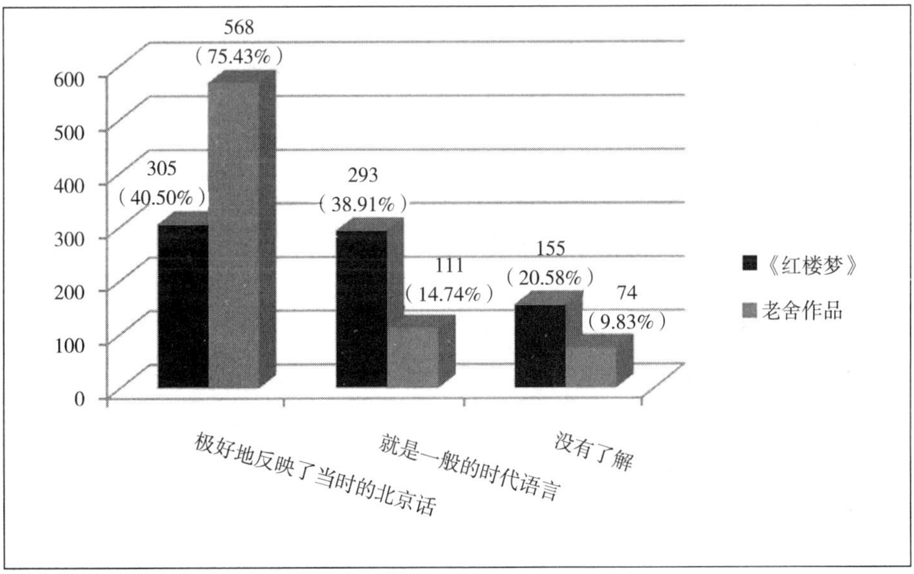

图 11 中学生对京味儿文学作品中语言的认知情况

图中也呈现了中学生对《红楼梦》语言的认知情况。曹雪芹的《红楼梦》被学界公认为当时北京话的杰出代表，"以《红楼梦》的文字论，'北京话'给他一种不灭的光荣；然'北京话'也因他而永传不朽了。"[①]但是数据显示，只有 40.5% 的中学生认为它极好地反映了当时的北京话。首先，中学生对《红楼梦》的阅读率本就是一个制约因素，其次中学生阅读《红楼梦》的关注点一般很少是语言，所以在

① 李辰冬《知味红楼：红楼梦研究》[M]，中国档案出版社 2006 年版。

与老舍作品语言的对比中，便显示出了中学生对此相对薄弱的认知。

中学生对当代京味儿文学的了解并不尽如人意，喜欢诸如汪曾祺、邓友梅、刘一达、刘心武、王朔等作家的可谓屈指可数。只有 29.88% 的中学生认为京味儿文学在当前有着广阔的阅读群体和市场发展前景，这既与中学生对京味儿文学的了解程度不深有关，也与当前京味儿文学的自身发展状况有关。

四 主要结论与对策建议

1. 主要结论

通过对中学生日常生活中老北京话使用情况的调查与研究分析可以发现，老北京话在青少年群体中既存在着较强的认同和接受基础，同时其生存和发展又存在着一定的困境，具体得出以下几点结论：

(1) 老北京话基本特点依旧在中学生身上存留。北京中学生接受语言学习、获得语言习惯的外界语境，是整体上以“老北京话”为主的大语言环境，因而中学生使用的日常语言符合老北京话的基本特点，如对儿化、轻声的广泛使用，对口语中“这”“那”语音变异的认同，对一些土语、俗语的正确认知等。

(2) 老北京话有些特点和用法在不可避免地消逝。老北京话中的某些特殊语言使用习惯，有很大一部分已经在中学生群体中不再使用，如语音上的变异现象、词汇上的特殊构词，以及独特的语用习惯等。中学生或多或少地表现出对这些特殊之处的了解，但在日常的语言交流中却很少使用，这既与老北京话作为一种方言其自身的整体发展进程密切相关，又与普通话的大力推广和规范使用密不可分。老北京话在新生代群体中确实面临一定程度的生存问题。

(3) 其他方言影响着中学生的日常语言使用，也影响着老北京话的生存和发展。目前，北京地区的人口流动巨大，来自不同方言区的人群进入北京话语环境，无形中影响着老北京话的生存和发展。身处京城的非北京人，在语言使用中面临普通话、北京话和自身方言三种选择，或使用普通话以保证交流顺畅，或转向北京话以示亲近、融入群体，也会借助方言表达情绪，甚至在三者之间产生融合，这从多个角度影响着老北京话的未来发展方向。

(4) 良好主观预期与残酷语言现实之间存在着矛盾。中学生对老北京话的未来发展表现出良好的主观预期，保持老北京话的独特性、促进老北京话的顺利传承，乃至投身京味儿文学的创作等，基本上都得到了中学生的认同。然而实际情况却是，在中学生自身的语言使用中，普通话占据着明显的强势地位，老北京话则处于弱势。这两者之间的矛盾将北京话的未来发展置于一个尴尬境地，必须得到有效、合理的解决。

2. 对策与建议

结合此次调查研究的结果，对北京话的保护和传承工作提出以下可行性对策和建议：

(1) 尽快完成对北京话生存现状的普查，对新时期北京话的特点做出全面概括。

(2) 为北京话的保护制定长期发展规划。方言保护需要统一的全方位协调和配合，应以国家语言文字规划为参照，制定适合北京话保护的长期发展规划。

(3) 建立和完善北京话语言资料库。尽管从20世纪80年代初开始，便开始了对北京口语的调查研究工作，建立了北京口语语料档案，但直到2012年才开始北京话有声数据库的建设。在北京这种驳杂的语言环境中，语言的发展变化相对来说比较迅速，必须要尽快调查收集各种语言资料，并进行整理、保存，从而可对其深入开发研究。

(4) 借助各种载体和媒介，促进北京话的传承与传播。

（桑　丹、王立军，北京师范大学文学院）

北京西藏中学语言生活状况调查

一 引言

我国第一所内地西藏学校是北京西藏中学。1984年底，教育部、国家计委发出了《关于落实中央关于在内地为西藏办学培养人才指示的通知》，北京市委、市政府接到《通知》后立即成立了筹建北京西藏中学领导小组，1987年时已有101名藏族学生来到北京西藏中学学习。截至2013年7月，北京西藏中学有13届1135名初中毕业生（2003年为最后一届）以及22届3937名高中毕业生。经过多年的发展，该校已经具有了成熟的管理运行机制，语言生活环境较为稳定，并且老师们对学生情况十分关注，学生素质普遍较高，使得调研可以顺利进行，研究质量能够得到保障。

本文旨在调查分析北京西藏中学语言生活状况，以更好地了解藏族学生的在京语言使用情况。

二 调查设计及样本构成

1. 调查内容

本次调查分为学生现状与变化情况两个方面。

关于学生现状，通过问卷发放、课堂参与、比赛观摩、课间访谈等方式，调查学生在学习、生活、语言心态方面的情况，学习层面包括课堂环境、课外活动、汉语水平和书面语表达，生活层面包括歌曲、书籍、网络等日常娱乐偏好和口语表达，语言心态包括喜爱语言、汉语说不好时的态度等。

关于变化情况，主要通过对比和跟踪调查的方式，对学生来京后在不同场所的语言使用状况、语言进步最大和最小的方面、汉语整体水平变化等情况进行调查。

除此之外，本文还调查了影响学生汉语水平的因素，为提高少数民族汉语水平提供参考。

2. 调查方法

（1）问卷法与实验法

在问卷设计上，小组首先遵循了由易到难的原则。一期问卷调查包括了对学生们的基本情况、语言使用习惯与心态、汉语水平等方面的调查，其中基本情况学生只要如实回答即可，习惯与心态需要学生对平时的状态、想法进行简单回忆，而汉语水平则要求认真思考和作答，故而调查问卷的内容先后顺序为基本情况、习惯与心态，最后是汉语水平测试。

另外，小组还遵循了科学性原则，两期问卷都有专门的出题依据。汉语水平测试部分参考了国家汉字应用水平测试的出题标准，命题范围为《汉字应用水平测试字表》，分为甲、乙、丙三表，甲表是目前初中教育阶段应掌握的汉字量，乙、丙为具有大学以上文化程度的人所掌握的汉字。综合考虑后，本问卷的水平测试把题目数量定为 52 道，甲、乙、丙表所占题目比例调整为 82%、12%、6%。二期问卷除了汉语水平测试外，还设计了旨在跟踪调查的题目，对一期问卷中错误率较高的内容进行重复考察，并对学生之前作文试卷中出现的主要错误类型进行了再次考察。

实验法则是通过主支变革、控制研究对象来发现与确认事物间的因果联系的一种科研方法。本次问卷分为一、二两期，对同一群体在不同时间进行调查，从而更好地了解学生来到北京后在习惯和汉语水平上的变化情况。

（2）观察法与访谈法

课题小组多次前往北京西藏中学，对学校环境、学生日常学习状态、教师上课情形做实际的观察体验。

课题小组对北京西藏中学的校长、语文组教师和部分学生进行了非结构性访谈，即没有定向标准化程序的自由交谈。

3. 样本构成

（1）年级与班级构成

北京西藏中学共有预科、高一、高二、高三四个年级，由于本次调查分为两次，时间跨度长达一年，因此调查对象并不包括面临高考的高三年级学生。预科到高二年级基本在 2012—2014 年间进入北京西藏中学，故调查展现的是该中学 2012 年后至今的情况。

本次调查通过老师向各班直接发放问卷，全班统一填写与回收，完成情况与回收率均十分理想。第一次调查问卷要求足够的学生数量，小组选择了三个年级、十个班级共418名学生为对象，其中预科与高一年级实现了全覆盖，高二年级则包括了文、理科两类学生。第二次问卷主要是跟踪调查，需要注重调查对象的比例，故而小组选择了三个年级、八个班级共338名学生为对象，各班人数较为均衡，具体比例可见表1。

表1　二期问卷各班学生人数的比例分布

年级	预科				高一		高二	
班级	预科一班	预科三班	预科四班	预科六班	高一一班	高一二班	高二二班	高二四班
比例(%)	11.54	13.02	13.91	11.83	11.54	14.2	9.76	14.2

（2）性别构成

第一次受调查的学生中，男生占38%，女生占61%，未填写占1%，男女比例大概为4∶6；第二次受调查的学生中，男生占35.5%，女生占64.5%，男女比例同样大概为4∶6。整体来看，北京西藏中学的男女比例是4∶6，女生居多。

（3）民族构成

在第一次调查中，418位受调查者中藏族学生有401位，占95.9%，其他民族有15位，占3.6%，仅有两位汉族学生，占0.5%。

（4）地区构成

从初中就读地区来看，约44%的学生来自西藏地区，其他学生分别来自14个省、直辖市，具体数据见表2。外出求学的学生中，基本都是在设立了初中部的内地西藏学校就读，班级内部仍然以藏族学生为主。总体来看，北京西藏中学学生的初中语言环境较为多样，但密切接触的仍然是藏语，尤其是对于始终在西藏就读的学生来说，汉语在语言环境中所占比重有限。

表2　学生初中所在地区与人数

学生初中所在地区	人数
广东	21
江苏	21
山东	18
浙江	25
辽宁	26
上海	14

（续表）

四川	1
湖北	22
福建	8
北京	19
安徽	15
陕西	15
天津	4
重庆	21
西藏	180
总人数	410

（5）授课语言构成

在受调查者中，41%的学生在小学与初中的课堂上主要以汉语接受知识，近28%的学生在小学和初中主要以藏语学习，还有近31%的学生表示小学和初中课堂上两种语言使用情况差不多。其中，47.13%的学生认为西藏和北京的老师教授汉语时是没有差异的，45.45%的学生认为有很小的差异，也有7.42%的学生认为差异很大。

其中差异主要体现在：西藏的老师多为本地人或者是会藏语的老师，他们在教学过程中，会适当地使用藏语进行辅助教学，学生能更快地理解和接受；北京的老师基本都为非藏族，课上全部用汉语普通话教学，语调标准，语速较快，词汇量大，学生在开始时会不适应，但汉语水平提高速度也会较快。

三　结果分析

1. 汉语学习态度

汉语对于藏族学生来说是第二语言，藏语学生说汉语在语音语调和用字上难免会出现一定程度的不熟练，因此在语言表达特别是说汉语时经常会与其他人不一样，基于这种情况，学生对于语言表达情况的自我评估能够体现藏族学生对于学习汉语的心态。调查发现67.94%的学生希望能说好汉语，表示大多数人对学习汉语抱着积极的态度；5.89%的学生怕说不好会被笑话，他们有不好意思的心理，但仍会努力学习汉语；5.74%的学生愿意表现这种差异，觉得自己本身就是藏族人，说汉语与其他人不一样是非常正常的事情；而20.33%的学生对这个问题则持无所谓的态度。大部分藏语学生对于语言表达的自我评估表现为良好的心态，有较高学习汉语的积极性和强烈学好汉语的意愿。

2. 娱乐活动选择

学生在日常娱乐活动中接触比较多的是音乐和书籍，在对于歌曲和图书语言的选择上，多数学生主要依据内容进行选择，而不是取决于语言本身，但仍旧能看出语言在他们选择上的一些影响力。在歌曲的选择上，由于形成一种音乐的习惯和潜意识，14.59% 的学生更倾向于听藏语歌曲，有 9.09% 的学生会有意识地去听汉语歌曲；在书籍的选择上，由于汉语学习环境的影响，有 27.03% 的学生会主动选择汉语书籍，也有 9.33% 的学生更习惯于读藏语书籍。具体数据可见表 3。

表 3 学生喜爱歌曲与书籍语言选择情况

日常情景 \ 选择依据	汉语	藏语	活动内容
喜爱的歌曲语言（%）	9.09	14.59	75.12
喜爱的书籍语言（%）	27.03	9.33	59.09

网络和电视也是比较普遍的两种日常活动，学生对这两种活动的接触虽不及歌曲和书籍，但仍然占据了学生的一些课余时间，具体数据可见表 4。由于网页默认语言一般为汉语，虽然也有部分学生选择浏览藏语网站，但整体比例明显倾向汉语。在调查中，大部分学生在课余是有一定时间上网的，在这些时间里他们不仅会查询学习上所需要的资料，也会进行一些网络社交活动，交到一些汉族朋友。

表 4 学生看电视与上网语言选择情况

日常情景 \ 选择依据	汉语	藏语	活动内容
电视频道所用语言（%）	26.2	7.3	65.8
网页所用语言（%）	97.00	2.63	

3. 双语使用场合

在不同的场合下，学生对于语言的选择使用情况是有差异的：在教学楼学生对于汉语和藏语的使用频率差不多；在宿舍使用藏语居多；在商店或者超市以及一些较大的生活社区中，就基本使用汉语了。

在家乡，学生中使用藏语的居多，占 89%，有 8.85% 的学生表示两种语言使用情况差不多，有 1.9% 的学生以汉语为主。到北京以后，学生说汉语的频率普遍提高，两种语言使用情况差不多的学生增加了 45%，增加率高达五倍；而使用汉语居多的学生增加了 21.8%，较在家乡说汉语居多的情况有了非常大的改变，但仍然有 22% 的学生还是以说藏语居多。具体变化如表 5 所示。

表 5　不同场所使用语言变化情况

场所 \ 语言	藏语	汉语	两种语言差不多
家乡（%）	89	1.9	8.85
北京（%）	22	23.7	54.3
增加（%）	-67	21.8	45.45

4. 汉字误用情况

在问卷中发现学生对字表中一些日常使用频率较低、课本中几乎不出现的字接触较少，会出现不认识或者不太熟悉其用法的情况。如“蘖”字日常使用频率极低，“魉”多以“魍魉”形式出现，使用范围较小。说明学生对于汉字的学习主要是通过课堂和课本的学习获得，而对课本以外的字接触较少，因此不太熟悉一些搭配比较生涩或者适用范围较小的词语。具体错误率情况可见表 6、表 7。

表 6　甲表字错误率较高的汉字统计

错误率	0%-50%	50%-70%
甲表字具体错误率	锦 45.22;本 49.04; 歧 35.89;揣 43.54	鲜 61.24;癣 61.24;篡 54.55;露 65.07; 理 68.42;厄 53.59;邯 60.77;弛 57.18; 堑 55.5;忌 65.07;芍 59.09;旯 68.9; 讷 67.94;坠 58.61;俞 64.11;潜 54.55

表 7　乙丙表字错误率较高的汉字统计

错误率	5% 以下	5%-10%	10%-15%	15%-20%	20%-40%	40%-50%
乙表字具体错误率	鬃 3.11; 鑫 2.87	枭 6.46; 醺 9.09; 鳌 9.33; 蘖 6.94	夙 10.77; 藩 13.4; 璨 13.64; 嗔 12.2; 刈 10.77; 黩 12.2	佞 19.62; 莴 16.51; 魉 16.99	揶 22.73; 麓 37.32; 鲠 22.97; 鹭 37.32	舢 46.89; 翳 42.11; 熠 42.11; 觐 45.22

在作文试卷部分，我们对西藏学生特殊的用字情况和语法使用进行了总结，发现学生在写作中具有一些普遍性的语言习惯。

特殊的用字情况主要分为三类：第一类是“的地得”的混用，第二类是同音字混用，第三类是字形混搭，例子可见表8。

表8 特殊用字情况及其实例

特殊用字情况	“的地得”的混用	同音字混用	字形混搭
实例	他十分的显眼的； 记的那天； 那么的认真； 那么的专注的； 长的好看； 认真的听着的； 早早的起床了的； 目不转睛的注视着； 慢慢的运行	我没在理他； 名星；歌首； 座在第一排； 愤笔疾书； 即美好又幸福； 笑咪咪；新气向； 竟选；气喘嘘嘘	鼓励的“励”，左边写成了“历”； 睡懒觉的“懒”，右边写成了“敕”； 纪律的“纪”，右边的“己”写成了“巳”； 写满的“满”，写成了上下结构； “意”识到的“意”，上面写成了“夕”； 母爱的“爱”，右边写成了暖字的右半部分； 牛仔裤的“裤”，右边把“广”写成了“厂”； “常常”两个字下面“巾”都写成了“小”

特殊语法使用习惯主要分为词类、词序、用词、思维和语言四类，每一类下又有具体的划分，详见表9至表12。

表9 词类特殊使用习惯及其具体实例

词类使用习惯	具体实例
量词使用	一双大大的酒窝 一对美丽而漂亮的姐姐们穿着各种各样的服装。 就这样我们成为了一个很好的朋友。 学校给我们开的一个惊喜(晚会)。
动词使用	特点篮球打得很好。 我鞠了躬，掌声，尖叫声。 我对自己你参加学生会不就是为了…… 特别难忘的教学楼。 然后少数服从多数的原理。
介词使用	这时我们班我在内五个人上场 去踏高中生涯 刚来的陌生已经变成了现在的熟悉。 是不是所有舞台都是留同学的。 在这称为“小布达拉宫”的北藏中我们生活了五个月。

（续表）

主语使用	可那窗前的开始落下来了。 岁月在流转，慢慢熟悉这里的生活。 那天晚上就和同学们玩的痛快。 因为有他们为遮挡。
宾语使用	我结束了北藏的第一次军训，一个人都不认识，后来成了好多人认识。
搭配使用	奇葩善良 我们每一次看到那种画面时，嘴里不时地惊叹着声。

表 10　词序特殊使用习惯及其具体实例

词序使用习惯	具　体　实　例
定语和中心语	看到蓝蓝的天空一望无际。
状语和中心语	语文老师分析课文一遍又一遍地。 他们笑得都已合不拢嘴。
主语和谓语	将要来临新年。

表 11　选用词语特殊习惯及其具体实例

选用词语使用习惯	具　体　实　例
选用词语	这些同学勤奋好学的读书声一听到自己的耳畔。 回忆是那么美好的事件。 更应为珍惜。 微风吹过这美满的校园。 身子还算高。 小鸟站在树边与他们一起欢笑的歌颂。 从一个生疏的环境和面孔回到了现在的熟悉。 他既然激动的说话都结结巴巴的。
词语感情色彩	这五个月里让我看到了这北藏的真面目。
关联词（联系上文语境）运用	……于是接下来的日子里他让我明白了很多。

表 12　思维语言特殊习惯及其具体实例

思维与语言特殊习惯	具　体　实　例
逻辑习惯	到这所学校已经快五个月了，我也认识了不少人，有学生，有老师，有上届的学生，也有不是我们的任课老师的老师。 有些游戏都很刺激。

（续表）

口语化	有些人相互还不是那么的了解 运动会开始之前我们也没怎么想过 好像是 800m 的样子 因为在初中的时候家里也穷的 另一方面呢我…… 吃完饭后还要洗碗呀

5. 汉语水平变化

一期调查问卷中，高一预科年级整体平均分为 65.37，高二年级整体平均分为 72.51；二期调查问卷中，高一预科年级整体平均分为 71.26，高二年级整体平均分为 74.90。来到北京西藏中学学习后，学生汉语水平和整体成绩都有了提高，这点是可以预测到的。另外，高一与预科的成绩提高幅度较大，整体平均分上升了 6 分多，进步显著。能够看出，学生来到北京西藏中学前两年的改变是积极而显著的，后期成绩则保持稳定增长的趋势。

在第二次问卷中，我们对于学生半年内“觉得汉语什么方面进步最大”和“什么方面进步最小，还需要提高”进行了调查。认为自己口语表达进步最大的学生最多，占 39.64%，认为自己书籍阅读能力进步最大的次之，占 33.14%。说明在半年的学习过程中，与同伴和老师的交流给学生的口语表达能力带来了很大的提高。在老师的带领下，学生汉语书籍的阅读能力也有了很大的提高，认为自己写作方面仍需提高的学生人数最多，占 59.17%，说明写作问题是汉语学习中困扰大多数藏语学生的主要问题。

6. 影响学生汉语水平的因素

（1）测试分数计算

问卷题目（计入分数部分）共有填空题、选择题、字义题三类，按照题目的难度，小组将分数分别设置为 4 分、3 分和 1.5 分，以精确地反映学生们的能力水平，然后把总分转换为百分制的形式，以此体现学生的汉语水平。

（2）影响因素选择

学生汉语水平有明显的高低之分，部分问题的结果单一（如民族、网页默认语言基本都选择了藏族和汉语），可以直接排除。小组最后选出 16 个因素来检验与汉语水平的关系，分别是性别、初中学校、先学会语言、说汉语早晚、中小学教学语言、在北京用语、汉语说不好的态度、喜好语言、北京西藏教学差异、电视语言选择、喜爱上网程度、喜爱歌曲语言、喜爱书籍语言、网络交友情况、网络语言与新词语掌握情况，以及年级班级。前15个因素主要使用SPSS检验，后面年级班级的因素主要是对比分析，整理出数据进行观察总结即可。

（3）数据分析

学生测试分数为高测度非正态数据，根据不同的数据类型，分别使用非参数检验的独立样本检验与spearman相关性检验。

首先是低测度数据，检验结果见表13。

表13　低测度数据检验结果

检验统计量	性别	网络交友	网络新词语	中小学教学语言	说汉语早晚	上网喜爱程度	喜爱书籍语言	喜爱歌曲语言
渐进显著性	0.019	0.000	0.000	0.002	0.000	0.023	0.022	0.016
相关性	强	强	强	强	强	强	强	强

在低测度数据中，学生汉语应用水平与性别、网络交汉族朋友情况、网络语言与新词语掌握情况、中小学教学语言、说汉语早晚、上网喜爱程度、喜爱歌曲语言、喜爱书籍语言等八个因素有较强的相关性。

中高测度数据结果见表14。

表14　中高测度数据检验结果

检验统计量	一周上网时间	初中学校
渐进显著性	0.009	0.030
相关性	强	强

在中高测度数据中，学生汉语应用水平与一周上网时间、初中学校有较强的相关性。

最后一个因素为年级班级，比较二期问卷中各年级、各班级学生的平均分，观察不同群体在同一时间的水平差异。从整体上看，高年级得分情况要普遍高于低年级，预科分数集中于70分以下，高一与高二都在70分以上，但高一与预科的差异更大，与高二的差异较小。每个年级之间水平接近，但文科成绩比理科要好。

故而，年级、文理科是影响学生汉语水平的因素。

（4）结论

根据数据分析可以得出，对于北京西藏中学的学生来说，影响他们汉语水平的因素分别为：说汉语早晚、初中学校所在地区、年级、喜爱汉语书籍与汉语歌曲程度、网络交汉族朋友情况、网络语言和新词语掌握情况、上网时间。

通过数据追踪与回归性分析，可以得出这样的结论：学生说汉语时间越早，初中学校所在地区越发达，年级越高，喜爱汉语书籍与汉语歌曲程度越高，网络交汉族朋友越多，网络语言、新词语掌握情况越好，上网时间越适当（调查显示最适当的时间为一周 2-3 小时），一般汉语水平会更高，但这些因素不会起到决定性作用，影响力都有限。

（孙婉琳、聂阳欣、张　婕，北京师范大学文学院）

在京留学生语言生活环境调查

随着北京及北京各高校的国际化程度日益提高，在京留学生的数量不断扩大。本文拟对在京留学生语言环境做初步调查，调研北京高校留学生课内、课外及日常生活中的语言环境状况，进而对高校国际语言环境的建设水平、语言环境对留学生的友好度做出评估，使高校和政府相关部门在了解现状的基础上，能够制定合理的改进措施。本次调查的主要对象是在京留学生，因此研究重点主要放在北京地区外国留学生课内外的语言环境上，同时也关注留学生在日常生活中接受各种服务时的语言环境概况。

一　调查设计

1. 问卷设计

本次调查采用问卷的方式。调查问卷主要以客观题形式呈现，以封闭式问题为主。调查问卷分英、汉双语版本，英语版问卷主要提供给母语为英语的欧美留学生使用，汉语版主要提供给母语为非英语的学生，特别是亚裔留学生使用。其中，汉语水平较低的留学生一般也采用英语版问卷作答。接受调查的留学生均可以根据个人偏好自由选择使用何种语种的调查问卷。

本次调查以留学生的语言使用情况、语言接触情况和语言使用感受为切入点。根据其感到困难的方面，追问其语言服务需求。再依据其需求，考察高校在此方面的语言服务是否到位，语言环境是否友好。

2. 调查过程

本次调查共发放问卷 252 份，回收问卷 227 份，有效问卷 210 份。本次调查为初步调查，未涉及分层抽样的方式，分层抽样的调查将在未来大规模、深入的调查中完善。调查尽量关注到北京高校国际语言环境对留学生生活学习的影响，包括但不限于其对校园公告标识的认知、社团活动的参与度和生活中与中国人的交流程度。

3. 样本构成

本次调查的210位受访人都是在北京高校就读的留学生，包括短期进修生、交换生、攻读学位的本科生、研究生等，学习专业以汉语言文学为主。

二　调查结果分析

1. 语言学习环境

调查分课堂学习情况和课余学习情况两部分内容。课堂学习情况如下表：

表1　课堂学习情况

序号	问　题	选　项	人数及比例(%)
1	在中国学习汉语与在国内相比哪个更容易？	在中国学习汉语更容易	165(78.6)
		在自己的国家学习汉语更容易	6(2.9)
		都差不多	16(7.6)
		都不容易	23(10.9)
2	汉语课上的内容能听懂吗？	都能轻松听懂	18(8.6)
		大部分可以听懂	121(57.6)
		可以听懂一半	68(32.3)
		基本听不懂	12(5.7)
3	您觉得汉语课上有与老师互动并说汉语的机会吗？	每节课都有	34(16.1)
		经常有	72(34.2)
		偶尔有	79(37.6)
		从未	25(11.9)
4	通过课堂学习，您的哪个方面的语言技能进步较大？（可多选）	听力水平	121(57.6)
		口语水平	89(42.3)
		阅读水平	98(46.7)
		写作水平	46(21.9)

北京留学生的课堂语言环境不容乐观，虽然占78.6%的学生认为在中国学习汉语更容易，但能轻松听懂汉语课内容的学生仅占8.6%，能听懂大部分的学生占57.6%，约32.3%的学生只能听懂一半。同时，约占49.5%的学生只是偶尔或从未在汉语课上与老师互动。就通过课堂学习提升的语言技能而言，听力、口语和阅读水平进步较大的学生仅占一半，写作水平进步较大的学生则仅占21.9%。

表 2　课余学习情况

序号	问　题	选　项	人数及比例(%)
1	在课余时间,是否找老师单独交流过汉语学习的情况?	经常与老师交流	28(13.3)
		有时会	87(42.3)
		从未	90(42.9)
2	一般来讲,每天你说汉语的时间有多久?	0~30 分钟	121(57.6)
		30~60 分钟	65(30.9)
		1~3 小时	13(6.1)
		3 小时以上	11(5.2)
3	用校园网查询资料时有无语言障碍导致搜索不到资料?	没有,很轻松查找到我想要的资料	34(16.1)
		有时会有语言障碍,但可以找到解决的办法	78(37.1)
		经常有语言障碍,正在努力提高自己的汉语水平并有成效	89(42.3)
		经常有语言障碍,但不知道该怎么提高自己的汉语水平	9(4.2)
4	是否经常参加学校为留学生提供的学术论坛讲座?	经常参加	11(5.2)
		偶尔去	54(25.7)
		从来不去	113(53.8)
		只有在学校强制时才会去	32(15.2)
5	对学校为留学生提供的学术论坛讲座有何评价?	学术用语太多,有语言障碍,听不懂	69(32.8)
		内容太枯燥,不能引起我的兴趣	77(36.7)
		没时间去	12(5.7)
		这样的活动太少,没机会去	52(24.8)
6	有没有参加专门学习汉语的社团组织?	没有参加	19(5.7)
		加入了一个	77(36.7)
		加入了两个	58(27.6)
		加入了两个以上	56(26.7)
7	自己参与汉语文化社团的活动频率?	A. 每天一次	7(3.3)
		B. 每周 3~4 次	23(10.9)
		C. 每月 1~2 次	73(34.8)
		D. 从不参加	107(50.1)
8	你有固定的汉语语伴吗?	A. 有	134(63.85)
		B. 没有	76(36.15)
		C. 想找语伴,但不知道途径	56(占没有固定语伴的 73.68)

（续表）

9	与语伴一起练习汉语的频率？	A. 每天练习一小时以上	6(2.8)
		B. 每周练习 3~4 次，每次 30 分钟以上	38(18.1)
		C. 每周练习 1~2 次，每次 30 分钟以上	98(46.7)
		D. 每个月练习 1~3 次，每次 30 分钟以上	68(32.3)
10	平常更愿意跟谁一起住？	本国人	187(89.1)
		中国人	4(1.9)
		其他国家同学	12(5.7)
		自己住	7(3.3)
11	在你常用的社交软件的联系人中，中国学生占多大比例？	70% 以上	2(0.9)
		占一半	12(5.7)
		占三分之一	134(63.8)
		几乎没有	62(29.5)
12	你的好友里有无中国学生？	有，很多	57(27.1)
		有 3~5 个	112(53.3)
		有 1~2 个	36(17.1)
		没有	5(2.3)
13	是否常常与中国学生聊天？	每天都聊	29(13.8)
		每周 3~5 次	68(32.4)
		每月 1~3 次	93(44.3)
		从不	20(9.5)
14	与中国学生聊天时使用语言？（可多选）	汉语	119(56.7)
		你本国语言	56(26.7)
		英语	187(89.1)
		其他语种	12(5.7)
15	是否经常与中国学生一起聚餐或出游？	每周都会	69(32.8)
		每月 1~2 次	76(36.2)
		每年 1~2 次	61(29.1)
		从未	4(1.9)

良好的课余语言环境是留学生来京学习语言的重要考量因素。课余与老师、同学或友人用汉语交流，可以为留学生汉语水平的提升提供重要的条件。

调查数据表明，课余时间能经常与老师交流汉语学习情况的学生仅占 13.3%，42.9% 的学生从来没有机会在课余跟老师交流学习情况；每天说汉语的时间在半小时以上的学生仅占 42.4%；仅有 16.1% 的学生使用校园网完全没有障碍；仅有 5.2% 的学生会经常参加为留学生提供的论坛和讲座；69% 的学生从来不会主动地去参加学术论坛和讲座，多数学生认为有语言障碍，或是内容太枯燥；绝大多数的学生会加入至少一个学习汉语的社团组织，但其中 50% 的学生从来不参加活动；63% 的学生有固定的汉语语伴，但 36.15% 的人没有语伴或是想找但不知道途径；有语伴的留学生多数练习汉语的频率为每周一两次，每次 30 分钟以上；绝大多数(89.1%)的留学生平常愿意跟本国人在一起；社交软件中联系人有一半以上中国人的留学生占 6.3%；好友中有三五个中国人的留学生占多数（53.3%）；能每天跟中国人聊天的留学生占 13.8%，44.3% 的留学生每个月才会跟中国人聊一到三次；而且很多留学生选择用英语（89.1%）或本国语（26.7%）跟中国学生聊天，选择用汉语跟中国学生聊天的占 56.7%；能每周与中国学生聚餐的学生占 32.8%，另有 36.2% 的学生每月会跟中国学生聚餐一到两次。

课余的语言学习环境对语言能力的提升意义重大，是第二语言学习中最为重要的影响因素。总体来看，北京外国留学生课余时间并不能很好地融入学校的生活，没能在课余的时间中继续学习汉语、接触中华文化。

2. 课余生活语言环境

本部分调查留学生日常生活中的语言环境状况。

表 3　日常生活

序号	问　题	选　项	人数及比例(%)
1	外出时是否可以听懂公交车乘务员报站？	完全可以听懂	19(5.7)
		有北京话口音，有时听不懂，但并不影响出行	78(37.1)
		有北京话口音，有时听不懂，而且影响出行	82(39.1)
		北京话口音太重，完全听不懂，影响出行	31(14.8)
2	景点的路线标识是否可以看懂？	完全可以看懂中文标识	91(43.3)
		中文不太懂，但可以看懂英文标识	65(30.9)
		有时候看不懂，但可以求助工作人员，可以顺利游玩	36(17.1)
		看不懂标识，又无人可以帮忙，游玩有障碍	18(8.5)

（续表）

3	博物馆等地有无使用外语进行讲解的宣讲员？	有，讲得很流畅到位	78(37.1)
		有时有，讲得一般	56(26.7)
		偶尔有，但是外语讲得不好	49(23.3)
		没有	27(12.9)
4	就医时有无语言障碍，是否顺利？	可以用汉语向医生准确表述自己的症状，医生完全理解	118(56.2)
		有时汉语表达不清，会做手势辅助医生理解	38(18.1)
		无法表述自己症状，医生不理解	54(25.7)
5	医生开出的药方是否可以看懂？	完全可以	13(6.1)
		医学专有名词看不懂	123(58.6)
		看懂一半	66(31.4)
		完全看不懂	8(3.8)
6	在邮局邮寄快递或收寄信件时是否顺利？	很顺利，可以听懂并清楚地用汉语表达自己的意愿	87(41.4)
		较为顺利，可以听懂，但需打手势辅助对方理解	106(50.5)
		使用汉语不顺利，但工作人员会使用英语，可以成功办理业务	11(5.2)
		非常不顺利，双方不理解彼此的意思，工作人员不会使用外语	6(2.8)
7	在银行办理业务是否顺利？	很顺利，可以听懂并清楚地用汉语表达自己的意愿	78(37.1)
		较为顺利，可以听懂，但需打手势辅助对方理解	103(49.1)
		使用汉语不顺利，但工作人员会使用英语，可以成功办理业务	23(11.1)
		非常不顺利，双方不理解彼此的意思，工作人员不会使用外语	6(2.8)
8	与社会中企事业单位交流时是否顺利？（例如办理签证、为社团拉取赞助、社会实践等）	很顺利，可以听懂并清楚地用汉语表达自己的意愿	43(20.4)
		较为顺利，可以听懂，但需打手势辅助对方理解	94(44.8)
		使用汉语不顺利，但工作人员会使用英语，可以成功办理业务	58(27.6)
		非常不顺利，双方不理解彼此的意思，工作人员不会使用外语	15(7.1)

调查结果表明，约一半的留学生因听不懂乘务员的报站而影响出行；能看懂中文或英文景区标识的留学生占 74.2%，其余学生需要求助工作人员；留学生认为北京博物馆中能用外语讲得流畅到位的外语讲解员仅占 37.1%，其余是讲的一般或没有外语讲解员的；就医时能用汉语向医生准确表述自己的症状，让医生完全理解的留学生占 56.2%，其余的需要辅助手势或无法沟通，这一方面表明留学生的汉语水平有待提高，另一方面也表明为外国人服务的医疗行业的外语服务水平也有待提升；同时，能看懂医生药方的学生仅有 6.1%；留学生在邮局和银行的活动基本进展顺利，仅有少量的留学生无法收寄信件或办理银行业务；在与社会中企事业单位交流时（例如办理签证、为社团拉取赞助、社会实践等），留学生基本上能用汉语或英语顺利达成自己的目的，仅有 7.1% 的人进行得非常不顺利。

总体上，留学生在生活中仍存在一些语言沟通上的障碍，留学生的日常语言环境还有很大提高空间。从语言服务的角度看，北京应在国际化的方向上继续改进各行业的语言服务水平，但从语言学习的角度上，留学生也应该努力提升汉语水平。

三　小结

本次调查过程中也发现，留学生群体的内部构成比较复杂，存在明显的分层特征。以北京师范大学为例，留学生群体依照在校时间长短可分为：短期进修生、交换生、攻读北京师范大学学位的本科生、研究生；依照所在的院系可分为：在汉语文化学院以进修汉语为主的学生、在其他院系攻读非汉语专业的学生。以上两点决定了留学生在汉语语言学习层面上的学习态度、动机便存在差异，所需语言服务类型自然也不尽相同。另外，留学生群体内部因为在华时间长短不一、学习汉语的时间长短不一，其汉语语言水平也不一。因而即便处于相同的高校语言环境中，其使用语言的感受不同，所需语言服务的层次和水平也不同。

与此同时，留学生来自不同国家和地区，语言背景多样。值得注意的是，很多留学生来自母语为非英语的国家和地区。虽然英语具有国际通用语的功能，但留学生从母语到汉语的转换并不完全等于英语到汉语的转换。然而，以北京师范大学为例，诸如课堂教学语言，校园公共设施指示牌的语言，在使用外语的情况下，也往往仅使用英语。这就导致了在相同的高校国际语言环境中，母语为英语和非英语的留学生的语言使用感受存在差异。

同时，我们也观察到留学生的语言服务需求存在全方位、深层次的倾向。随着北京国际化的不断深入，随着留学生群体在京时间的增长，他们的语言交际需求也从日常生活沟通提升为深层的专业需求、文化需求。然而，这种深层次的需求要求较高的语言水平，这既关涉到留学生的汉语水平，也关系到中国学生的英语水平，而后者正是北京高校国际语言环境的重要组成部分。因而，在未来的研究中，我们会进一步设计留学生与中国学生谈论的话题、谈话深度、使用语言的复杂程度、谈话流畅程读、谈话满意度等相关问题进行更深入的调研。

（许小颖、范　鑫、庞　璐，北京师范大学文学院）

北京公共场所双语标识使用现状

本文系“北京语言文化资源信息库建设”项目的子课题“北京地区双语标识语使用状况”调研。项目重点在北京市的东城、西城、朝阳、海淀、丰台、石景山六个城区开展调查，采集图片 8000 余张，依据《中华人民共和国国家标准 GB/T 30240.1-2013 公共服务领域英文译写规范》文件(简称国标)将采集的资料分为 6 类，并鉴别出其中不规范的语言现象。

通过调研，我们发现，尽管最近几年尤其是在迎奥运和后奥运时期北京的标识语已有了很大改观和完善，但由于制作方的文化、文字、语言表达水平等方面的差异，北京地区的双语标识语仍存在着语言使用层面的问题，也有文化层面的问题。这些问题不仅影响着双语标识语的意思表达，同时也影响到首都国际大都市的形象，因此，对错误和问题标识语进行修正有着十分重要的意义。

一　分类

根据国家标准(简称国标，GB/T 30240.1-2013)并参考相关正式出版物，我们对所收集到的资料进行分类，按照其所使用的场所、设施等载体将其分为六大类，按照功能和错误性质在四个层面。具体如下：

（一）双语标识语的六种类型

1. 文化、教育

文化、教育类标识指学校、书店、出版机构、报社、博物馆、展览馆及一些学会、研究所使用的标识。这些设施中主要设置的双语标识为公共及内部实体性名称，即单位和部门的冠名，如：国际学院 School of International Education；学生事务部 Office of Student Affairs；西藏文化博物馆 Museum of Tibetan Culture。

2. 娱乐、体育

此类设施包括的场所有：公园、电影院、剧院、网吧、游乐场、体育健身场馆、KTV等。这些场所中的双语标识主要包括：(1)实体名称：比赛大厅 Competition Hall，音乐厅 Concert Hall；(2)展品说明：《迎风曲》Upwind Melody，文楼 By Wen Lou(作者)，Time of creation: 2007(创作时间)；(3)导向提示语(文字加箭头)：国家大剧院入口 NCFA Entrance，颁奖仪式等候区 Victory Ceremony Waiting Area。

3. 交通

包括机场、火车站、列车、公交、出租车、停车场、加油站、公路、街道、桥梁、地铁等的标识。相关双语信息除了交通站点、线路、设施等实体名称外，还有大量的提示性、警示性标识语 (文字加禁止符号)。如：下车请刷卡 Please wipe your card when getting off，主动投币不设找赎投币 2 元 Put money into the box, only RMB 2.00 accepted，请勿坐和搁放重物在桌上，最大负荷：25 公斤 Please do not put anything heavy on the table, maximum: 25 kg。

4. 事业单位、医疗卫生

与这类设施相关的双语标识如：新华通讯社 XINHUA News Agency，西城公共卫生大厦 Xicheng District Public Health Service Center，中关村(科学园) Zhongguancun Science Park，科学文化传播中心 Center for Science & Culture Communication. LCAS，中国国际科技扶贫中心 International Poverty Reduction Centre in China，北京市西城区国税局第十税务所 Xicheng District Office in Beijing SAT. TenthTaxation Branch，北京语言大学医院 BLCU Hospital。

5. 商业服务

具体涉及：各类公司、写字楼、商场、超市、宾馆酒店、饭店、银行、酒吧、美容美发店、教堂、邮局、店铺、摊位。其中以商务性双语标识语为主，如：年货时尚 The New Year Gift Style，套餐八折 Set meal 20% off，寿司五折 Sushi 50% off，北京特色小吃 Traditional Beijing Cuisine。

6. 旅游景区

与双语标识语相关的除了常用的向导性提示外，还有景点介绍和游览示意图，如：颐和园游览示意图 Tourist Map of Summer Palace，吕祖宫建于清咸丰七年，为道教寺院 Luzu Pavilion It is a Daoist Temple built in the 7th year of Qing Emperor Xianfeng's regin (1857)。

（二）双语标识语的四个层面

根据标识语的内容可以将其分为四个层面，即主题、时间、语言功能和语言正误。

1. 主题层面

根据英国学者 M.R. Pearce（1978）《英语标识语所提供的资料和样本》(1978 *English sign language*. London: Harrap)，并结合北京受众的若干社会活动领域及设施，我们制定了一系列相关的主题，如：街道、教育、医疗、办公、商业购物、文化娱乐、旅游、餐饮、客运交通等公共设施。此外，我们还根据《中华人民共和国国家标准 GB/T 30240.1-2013 公共服务领域英文译写规范》对所采集的语料给予了分类，最终与以上所提的六大类基本吻合，此处不再具体详述。

2. 时间层面

一些标识语带有很明显的时代特征和时间性。例如，有些是奥运期间使用的，有些是奥运之前或之后使用的。有些是长期的，有些是短期、临时的，其形式、内容都有各自的特征。（见下图）

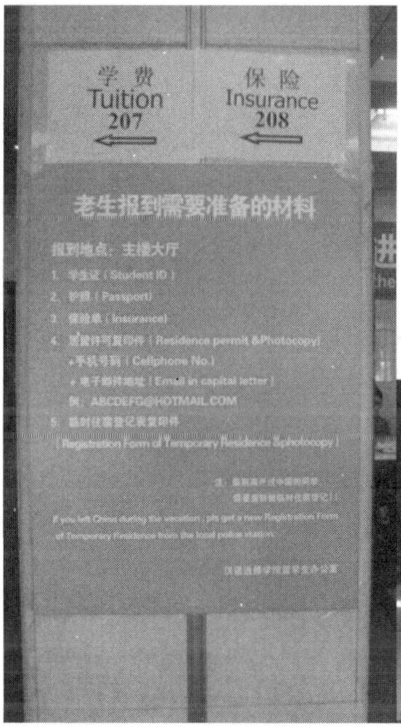

总之，一些长期的和奥运期间使用的双语标识更为规范，短期、临时的双语标识显得比较随意。

3. 语言功能层面

标识语从语言层面可分为三种：指示性标识语、管理性标识语和广告性标识语。[①] 有些标识语并不仅有一种功能，我们把这些具有多种功能的标识语称为混合功能标识语。

· 指示性标识语

指示性标识语的主要功能是为大众的出行、办事等提供必要的服务信息和提示。（见下图）

· 广告性标识语

广告性标识语的主要目的是将相关的商业信息、公益信息广而告之。（见下图）

① 见宋德富、张美兰《英汉标识语即查即用手册》，中国水利水电出版社2011年版。

· 管理性标识语

管理性标识语的主要功能是向大众发出相关的警示、命令以避免危险的发生及限制某种违法或违背公共秩序和社会公德的行为。(见下图)

· 混合功能标识语

不少双语公示语同时具备两种或两种以上的语言功能(例如,指示+广告功能)。(见下图)

廉洁
奥运
主题文化园
HONORABLE OLYMPIC
CULTURE PARK
参观路线
步行距此190米

COCOABALLET
chocolate art salon
可可芭蕾
巧克力艺术沙龙

对外经济贸易大学后勤服务集团商贸中心
Logistics Group Commerce Center university of International Business and Economics

以上这些例子说明在某一项双语标识语中由于存在不同的元素(如文化、商务、社会及政治等)其语言功能也是多元的。

4. 语言正误层面

语言的使用受制于社会、文化、时代等因素。由于文化、文字、制作人语言水平等差异的存在,双语标识语也同样存在着语言的正确与错误、规范与不规范、合适与不合适的问题。对这些错误的识别和定性,我们主要参考以下资料:(1)《中华人民共和国国家标准 GB/T 30240.1-2013 公共服务领域英文译写规范》;(2)相关正式出版物,如:《公示语翻译教程》(吕和发,2013)、《公共场所英语标识语错误解析与规范》(上海语言文字工作委员会办公室、上海公共场所名称英译专家委员会秘书处,2012)。对无据可查的错误,我们直接咨询了北京语言大学外教和外国留学生。

二　分析

研究发现,双语标识语中的语言错误主要表现为:

拼写错误 拼音误用 译文缺失 语义残缺 生造词语 成语习语

复杂错误 词语误用 同义重复 搭配错误 方位繁琐 宜简而繁

宜正而反 宜直而曲 句法失衡 词性错误 词序错误 单复数错误

介词错误 冠词错误 连词错误 语气强硬 文体错误 按字硬译

过度翻译 应名而动

以下是标识语中存在语言问题的部分例子。

(一) 拼写错误

拼写错误是中英文标识语中经常出现且比较明显的文字错误,包括英文单词拼写错误、字母大小写不规范等。

原译文:Mind your hend!(小心碰头!)

建议译文:Mind your head!

说明:学清路圣熙购物中心各层电梯上的标识语。其中的英文 head 被误拼成 hend。

原译文:CUS TO MERS DEDICATED CHANNEL(团购专用通道)

建议译文:Customers Dedicated Channel

说明:"CUS TO MERS"拼写错误,一个完整的单词"Customers"被分割成三部分,且用大写字母写成,看上去以为是多个单词。

原译文:zhong guancun book building(中关村图书大厦)

建议译文:Zhongguancun Book Building

说明:专有名词及地点名首字母应该大写。"中关村"为地名,首字母需要大写,同时,"中关村图书大厦"为店铺名称,首字母也应大写。

(二) 缺少译文

缺少译文是指标识语中没有英文只有汉语及拼音,这种情况存在于许多公共场所和街道。

原译文:HAIDIAN LU(海淀路)

建议增加译文:HAIDIAN Road 或 HAIDIAN Rd.

说明:该标识语为汉语加拼音,建议增加英文翻译。现在北京的环路及主要街道多采用双语标识语,为了进一步统一和规范,方便来京的外籍人士,建议该标识语中"路""Lu"依照英文表达习惯改为"Road"或"Rd."。

原文:残疾人购票/旅客公告……

建议增加译文:Ticket Office for Disabled/Notice for passengers…

说明:该标识语摄于北京西客站。主要问题是只有汉语缺少英语,而该场所其他标识语采用双语。北京西客站是国内外旅客来往频繁的公共场所,为了方便旅客了解信息应增加英文标识语,并对此实行统一规划和设置。

（三）语义残缺

语义残缺是指翻译中原文意义没有完整传达。

原译文：NO SITTING（请勿坐卧）

建议译文：No Sitting or Lying Down Here

说明："请勿坐卧"是指不要坐或卧，而原译文只译出了"不要坐"，并未译出"不要躺卧"，导致语义残缺。

原译文：EXIT（紧急出口）

建议译文：Emergency Exit

说明：原译文没有表达出"紧急"二字，根据通用类的公共服务信息英文译法示例可知，"紧急出口"应强调"紧急"。

（四）生造词语

生造词语是指译者不了解英语说法，生造英语词语。

原译文：Female Toilet（女卫生间）

建议译文：Women 或 Ladies

说明：英语中可常见"Male，Female"表示"男厕所，女厕所"，但与"Toilet"连用绝无仅有。

原译文：Foot Ladder（步行梯）

建议译文：Staircase 或 Stairway

说明："步行梯"即楼梯，"楼梯"应译作 staircase 或 stairway，而原译文中译者将"步"即 foot 和"梯"即 ladder 两个词生硬凑在一起，杜撰出 foot ladder 一词。违反了译文译写要符合英文使用规范的原则。

（五）惯用语错误

惯用语错误或称成语习语错误是词汇错误中的一种典型类别，某些词语有固定说法，不能按字面硬译。

原译文：Boiler Room（开水间）

建议译文：Hot Water Room

说明：根据译写原则中"规范性"原则，公共服务领域英文译写应准确表达语言文字原文的含义。"开水间"是指提供饮用热水的地方，有固定的说法，而

"Boiler Room"是指"锅炉房",包含其他功能,未必是提供饮用开水的地方,因此,"开水间"应译为"Hot Water Room"或"Hot Water"。

原译文:Packing Table (包装台)

建议译文:Wrapping Counter

说明:"包装台"即打包货物等的柜台,邮政服务可常见此公示语,该类词语有其固定的说法,不能按字硬译。国际上更为通用的英文词语为"Wrapping Counter"。

(六) 复杂型错误

复杂型错误可理解为实在无法解释其原因的错误。

原译文:BOOKMARK & GREETING CARD (书签 & 剪纸)

建议译文:BOOKMARK & PAPER-CUT

说明:"剪纸"即"paper-cut",而原译文是"贺卡"的意思,英文翻译与中文的意思不对应。

原译文:FLOOR MANAGER(值班经理)

建议译文:Manager on Duty

说明:"值班经理"是指负责某一部门日常工作管理、问题处理及故障处理等总体任务的管理人员。"值班经理"应译作 Manager on Duty,而原译文"Floor Manager"则是楼层经理。

(七) 词语误用

词语误用即翻译时误把此词当彼词。

原译文:Teachers' Common Room (教师工作室)

建议译文:Faculty Office

说明:Common Room 是指(学校、学院等的)公共休息室,而非工作室。原文中的"教师工作室"即"教师办公室",应该用 office。该译文中的"教师"最好用 faculty,意指"全体教师",及学校的各级教职工,而 teacher 是对老师的一般称呼,所以这里英文译文应为 Faculty Office。

(八) 同义重复

同义重复是指翻译时增加不必要的同一单词。

原译文:Garden Expo Park（园博园）

建议译文:Garden Expo

说明:原文中“Garden”和“Park”重复使用,造成语义重复。

(九) 词序错误

英语与汉语一样都重视词序,一些习惯词序更不能违背,否则就会出现语法错误,如英语多项定语的次序通常为“限定性+描述性+分类性”,忽略这一点会造成英语词序错误。

原译文:Contemporary Chinese Gardens （中国近代园林）

建议译文:Chinese Contemporary Gardens

说明:该标识语存在词序错误。“Chinese”为限定性,“Contemporary”为描述性,所以原文词序不符合英语语法要求,建议改为“Chinese Contemporary Gardens”。

(十) 按字硬译

按字硬译也是标识语英文翻译中出现问题较多的方面,由于缺少对英语相应说法的了解,译者往往按照字面意思逐字翻译,其结果并不是真正的英语国家使用的标识语。

原译文:LOUNGE SNACK SHOPPING PLAZ（休闲美食购物广场）

建议译文:Food and Shopping Plaza

说明:“lounge”作为名词时是指“休闲的房间”,而不是“休闲”,因此原译文逐字翻译为“LOUNGE SNACK SHOPPING PLAZ”不恰当。鉴于美食和购物都是休闲娱乐的方式,因此,建议译为“Food and Shopping Plaza”即可。

(十一) 文体差异

在中、英两国的标识语中文体差异也是存在的。主要表现在修辞方面,如:我国的一些标识语倾向于使用较正式的、能刺激人们情绪的词汇。英国的选词则更显中性、多一点平和少一点正式的风格。

中国标识语:EMERGENCY SHELTER（应急避难场所）

英国标识语:Assembly Point（集结点）

说明:“应急避难场所”在中文里比较常见,翻译为“emergency shelter”虽忠实于原文,无可非议。但是“emergency”加之中文“应急避难”一词给人一种紧张、危机的感觉，凸显灾难含意。而在英国这类表达则不同。英国标识语只强调集结点“Assembly Point”，语义表达趋于中性、平静，而且有具体数字编号，利于方位识别和地点的确定。（见下图）

（拍摄地点：英国）

（拍摄地点：北京）

英国的标识语多比较具体，而我国的一些具有同样功能的标识语则略显简单。

英国标识语：EMERGENCY STOP / PENALTY FOR MISUSE UP TO £200（摄于伦敦希斯罗机场）

中国标识语：Emergency Stop Button（摄于首都 T3 国际机场）

说明：英国标识语不仅显示“紧急停止”字样，并且还告诫“滥用（该设置）将被罚款至 200 英镑”，而中国标识语只有“紧急停止按钮”字样，没有对滥用该设置的具体惩罚措施和罚款额度。从以上两个例子可以看出中、英两国在向公众提供某项信息时其管理和法制观念是有差别的。（见下图）

（拍摄地点：伦敦希斯罗机场）

（拍摄地点：首都 T3 国际机场）

另外，英国的语句要比中国的语句读起来语气显得客气。

英国标识语：Please collect and return your trolleys here. Thank you.（摄于英国）

中国标识语：Please stop your trolley and basket here thanks for cooperation.（摄于北京）

说明：英国标识语里的两个动词“收集”“归还”和短句“谢谢你”看上去委婉、亲和。我国标识语里的“到此为止”“谢谢合作”显示出一种严格、正式、居高临下较强硬的命令语气和距离感。

（拍摄地点：英国某超市停车场）

（拍摄地点：北京某超市出口）

北京是全国政治中心、文化中心、国际交往中心、科技创新中心，这种国际化大都市的发展趋势要求北京的双语标识语必须使用准确、指向清晰、表达简明。为此，我们建议：

1. 政府相关部门和机构以及有关领导和专家能对双语标识语给予更多的关注，制定统一的双语标识语标准，并加强监督检查。尽量避免不合标准的问题双语标识语继续出现。

2. 注重学习和借鉴英语国家标识语，包括文字本身，文字背后的文化内涵以及表达方式，为大众提供既符合我国国情又可达到统一标准的双语标识语。

3. 加强公共设施双语标识语正确用法的宣传，使公众更好地理解、更多地参与、更有力地监督，进一步提升北京城市形象。

4. 建立城市标识语档案，收集不同时期、不同类型的标识语，包括双语标识语，为将来进行标识语的历时研究，了解北京城市文化变迁提供参考资料。

（王　冲，北京语言大学）

《北京晚报》特殊用字与社会语言生活

文字既是记录语言的符号，也是传承文化的载体，与社会生活有着非常密切的关系。报刊作为主要的大众传媒之一，更能快速反映时下最新的语言生活及其发展趋势，并在很大程度上影响着我们的规范使用。为了研究调查北京地区大众传媒语言的用字特点、发展变化及其与社会生活的联系，本次调查依据2011—2014年《北京晚报》(电子版)的语料。

一　调查使用的语料及调查内容

1. 调查使用的语料

本次调查以《北京晚报》的用字为调查对象，综合考虑了时效性、广泛性、可读性、口语性等因素，将《北京晚报》里较有代表性的五个版块作为调查样本，建立基本语料库。这五个版块分别是“北京论语”“生活”“特稿”“教育”和“记录”(后四个版块隶属于“五色土副刊”)。

本次调查的语料——报纸文本，是直接从网站上获取的，删除了标签信息和广告信息。由于没有条件，电子版本没有与纸质版本作比较，亦没有甄别文本中的别字。需要特别说明的是，《北京晚报》最早能获得的电子版内容是从2011年8月1日开始，所以本次调查的时间范围是从2011年8月1日—2014年3月31日。其中由于网站的因素，2011年11月的内容缺失。

2. 调查内容与统计方法

由于本次的调查对象是汉字，所以在统计前，对语料进行初步地处理，只保留汉字，删除标点符号、英文字母、数字、日本平假名、片假名、拼音、偏旁部首、乱码和其他字符。在这个基础上，再利用字频统计软件进行计数，并将统计结果进行人工校对。

《北京晚报》汉字用字的调查项目主要涉及汉字字种的字次、字频、累积字次和字频的累积覆盖率等，而字频统计软件统计出的结果是字形数，而不是字种数，所以需要进行人工筛选。本次统计主要以《通用规范汉字表》中的《规范字与繁体字、异体字对照表》为标准，并参照《第一批异形字整理表》（1955年12月22日中华人民共和国文化部、中国文字改革委员会发布）和《简化字总表》（1986年10月10日经国务院批准国家语言文字工作委员会重新发表），筛选出繁体字和异体字，并将繁体字和异体字的字次加到相应的简体字和正字上，之后再删掉繁体字和异体字。如果遇到繁体字和异体字在语料中没有出现对应简体字和正字的情况，那就保留该字，作为字种。可能是由于印刷的问题，语料中出现了“別（2次）”和“沒（1次）”这样两个字，它们的读音、构形、记词功能与“别”“没”完全一致，只是书写形态略微不同，属于异写字，因此虽然它们没有出现在《规范字与繁体字、异体字对照表》和《第一批异形字整理表》里，仍然按照异体字来处理。除了繁体字、异体字，此次调查中还遇到了四个日本汉字——発（发）、圏（圈）、﨑（崎）、宮（宫），笔者将其与繁体字、异体字做了同样的处理。在经过如上的处理、校对后，才制定出了最终的《用字总表》。

二　《北京晚报》特殊用字及其特殊社会生活环境

除了《用字总表》中整理的汉字外，2011—2014年的《北京晚报》“北京论语版”语料中还出现了部分特殊用字，主要有三类：繁体字、异体字和日本汉字。

1. 繁体字使用情况

此次统计中，共出现70个繁体字种，计129字次。出现频率最高的“濛”字共出现33次，其次是“徵”（7次）、“譞”（7次）、“鵟”（5次）、“檮”（4次）、“車”（3次）、“飛”（2次）、“風”（2次）、“蘭”（2次）、“攡”（2次）、“轀”（2次），剩下的字在语料中均只出现一次。

通过对繁体字的分析，发现《北京晚报》中繁体字的出现情况大概有这样几种：

（1）古诗文引用

《北京晚报》引用古书、古诗词时，出现了37个繁体字，超过了全部繁体字的一半，其中仅《德孝思源》和《李在佑庄》两首诗里就出现了27个繁体字，占38%左右。

（2）古代文物名称

古代文物包括了古代书名、画名、钟名、器物名等，是直接使用的这些文物原来的用字，所以繁体字被保留了下来。这样的繁体字有 7 个。

(3) 人名、科技名称

人名中出现的繁体字较少，有 8 个，其中频率最高的“濛”字即出现在人名里。“濛”是“蒙”的繁体字，有意思的是，“濛”字均出现在“王濛”这个人名里。王濛是中国女子短道速滑运动员，多次夺冠。2012 年王濛强势复出，包揽了九个世界杯 500 米冠军，这一焦点事件大概就是“濛”字出现频率高的原因。科技名有两个，为“藪”“鷂”。

(4) 对繁体字形的引用

《北京晚报》的一些文章需要使用繁体字。这样的字有 6 个，比如语料中“婦”字出现在“搭档赵炎这样解释‘妇’的繁体字‘婦’”这句话中，就是直接进行客观描写。

(5) 日文翻译应用

繁体字出现在语料中，还有一种特殊的出现方式，那就是出现在日文里。严格来说，它们其实是日文用字。这样的字有 5 个，分别为“風”“尋”“隠”“戦”“駿”，均出现在宫崎骏的电影名里。2013 年，宫崎骏导演的最新电影《起风了》上映，造成极大的轰动。而这之后，他宣布隐退的消息更是一石激起千层浪。《北京晚报》里有专门的一篇文章介绍宫崎骏，使用了几个繁体字。

(6) 其他

剩下的繁体字有“門”“躪”“攞”和“矇”。其中“矇”是“蒙”的繁体字。“矇”从“目”，“蒙”声，文本中出现在“耳鸣、头晕、一过性黑矇、视物模糊”。也许是由于“矇”更形象，所以用了这个字。

《中华人民共和国国家通用语言文字法》规定，只有在“文物古迹；书法、篆刻等艺术作品；题词和招牌的手书字；出版、教学、研究中需要使用的；经国务院有关部门批准的特殊情况”这几种情况下，可以保留或使用繁体字。通过对《北京晚报》里繁体字出现原因的分析，我们可以看出，这些繁体字里有 60 个属于不规范的用法，只有 11 个字是符合繁体字保留或使用的规定，分别为“風”“尋”“隠”“戦”“駿”“婦”“廠”“紅”“羅”“萬”“興”。其中前五个字是在日本电影名和人名中出现，“婦”字是由于文章介绍需要，最后五个字是客观记录。

2. 异体字使用情况

根据严格的异体字定义，异体字是“音义全同、记词职能完全一样、仅仅字形不同，它们在任何语境下都能互相替代而不影响意义表达的一些字样。”[①]严格的异体字分为异写字和异构字，异写字是指因写法不同而造成形体差异的两个字样，异构字是指在构件、构件数量、构件功能等方面至少存在一项差别的两个字样。

(1)《通用规范汉字表》未作调整的异体字

此次统计中，共出现20个在《通用规范汉字表》中确认为异体字的字，计57字次。其中包括3个异写字，分别为“别”“沒”“夠”，前面两个是因笔画组合方式不同而形成的形体差异，“夠”是因构件位置不同而形成的形体差异。剩下的17个字均为异构字。全部异体字中出现频率最高的是“餈”(糍)字，共8次。出现5次及以上的异体字有3个，分别为“餈”“琍”“朞”。

经过分析，我们发现《北京晚报》出现这些异体字的情况和繁体字的出现情况类似，主要分为这样几类：①人名、地名、机构名等专名用字；②引用古诗文；③对异体字形的引用；④在非专名、非引用中使用已经淘汰的异体字，而弃用规范字；⑤在新旧字形之间选用了旧字形。如“沒”和“别”就是这种情况。由于异体字的出现原因与繁体字基本相同，在这里就不再赘述。而这5种情况中，只有在涉及文章内容客观需要使用这个异体字时，它们的使用才符合规定。其他几类都属于不规范用法，应该予以纠正。

(2)《通用规范汉字表》新调整为规范字的原异体字

《通用规范汉字表》将“晳、瞋、噘、蹚、溧、勠”6个异体字调整为规范字，《北京晚报》中涉及到了“晳、瞋、噘、蹚”4个。

“蹚”在语料中出现了20次，虽然在《一异表》中“蹚”是“趟”的异体字，但实际使用中“蹚(tāng)”用于从有水的地方走过去，如“蹚水、蹚河”，而“趟”则一般只使用“来往的次数”这个义项，多念“tàng”。在《北京晚报》中凡表示“从浅水里或有草、庄稼等的地方走过去”这个意思时都是用的“蹚”，而非“趟”。

“晳”在语料中出现了6次，除了有两次是用于人名，其余皆是组成“白晳”一词，表示“肤色白”。《一异表》中将“晳”视作“晰”的异体字。但实际使用中，“晰”一般用作“清楚；明白”义，这与其形旁“日”有关。而在表示人的皮肤白时，用“从白析声”的“晳”字来表示，因此两字有着明确的分工。

“瞋”和“噘”分别在语料中出现了1次，“嗔”有“发怒”义，“瞋”原为“嗔”的异

① 王宁《通用规范汉字表解读》[M]，北京：商务印书馆2013年版。

体字，也表示“发怒”。后来在使用中，由于“瞋”的形旁为“目”，与眼睛有关，因此逐渐用于表“发怒时睁大眼睛”，如“瞋目而视”。两个字的职能也渐渐地分开了。另一个字“撅”表“翘起”，如“撅尾巴”“撅胡子”，而在表示“嘴唇翘起”时，往往用“噘”字表示，二者在职能上有严格的分工，所以《通用规范汉字表》将“噘”调整为规范字。

“晳、瞋、噘、蹚”这四个字在记词职能上都与原来的“正字”有了明确的分工，在《北京晚报》中也体现了这一点，因此它们并不符合异体字记词功能一致的定义，《通用规范汉字表》将其调整为规范字更符合现代用语习惯，是合理的。

另外，《通用规范汉字表》还将 39 个异体字在特定用法上调整为规范字。《北京晚报》中涉及到了 9 个字，分别为“喆、甦、邨、堃、淼、絜、仝、頫、赀”。在《一异表》中，它们分别是“哲、苏、村、坤、渺、洁、同、俯、资”的异体字。但是《通用规范汉字表》规定当“喆、甦、邨、堃、淼、絜、仝、頫、祕”用于姓氏或人名时，属于规范字。“赀”用于姓氏、人名，或是表示计量义时，也作为规范字使用。从《北京晚报》语料，分析了这 9 个字在文中表示的意义，除了“仝”字，其他几个字均符合以上规定，所以都应看作规范字。“仝”字在语料中有两处是表示一个艺术团的名字，应该将其看作异体字。另外三处是用作姓氏、人名，是规范字。我们在判断是否为异体字时，一定要做到具体情况具体分析。值得注意的是，这些字在《北京晚报》中的使用频率并不低，“喆”字在语料中出现了 50 次，出现 20 次以上的有 5 个字，这也再一次证明了它们作为规范字使用的价值。

在《第一批异体字整理表》中，“捻”是“拈”的异体字，“拈”指“用手指搓捏或拿东西”，与“捻”的意思基本一致。但是现在“拈”一般只在“拈轻怕重”“拈花惹草”中使用，表示“拿东西”。“用手指搓捏”这个义项由“捻”来承担，如“捻麻绳”“揉捻”等。虽然《通用汉字规范表》并没有在异体字中调整这个字，但也已经把“捻”算作规范字，所以在这里将其单独算作一个字种。

总之，从上面的分析可以看出，《通用规范汉字表》对异体字的调整符合汉语实际和大众用字习惯，是值得肯定的。

3. 日本汉字及其他不规范用字情况

《北京晚报》中出现了 4 个日本汉字“宮(宫)、﨑(崎)、発(发)、圏(圈)”，每个日本汉字分别出现了一次，出现的原因主要分两类：一是客观描写，文章在介绍时需要用到日语，如“宫老本名‘宮﨑駿’”；二是讹误，如“微信朋友圏”很明显的就是错误地使用了日本汉字。

在语料中，我们还发现《北京晚报》一个很明显的用字错误，即“祇”和“祗”的错用。“祇”是多音字，在念“zhǐ”时，是“只”的繁体字；在念“qí”时，是古代所称的地神。而另一个字“祗”，音“zhī”，表“恭敬”，如“虔祗”“祗候”，同时也经常在姓名中出现。由此可见，“祇”和“祗”是不同的两个汉字。《北京晚报》里“祗”字共出现了6次，除了一处用在元代官员“胡祗遹”的姓名里，剩下5处分别是“神祗”（2次）、“地祗”（3）次，应该用“祇”而非“祗”。其实，这个错误不仅在《北京晚报》里出现，在日常生活中它也是一个常见错误。大概是因为“祇”和“祗”字形相近，“祇”在念“zhǐ”时与“祗”读音相近，且两个字都不是现代汉语常用字，所以才造成了两个字的混淆。

附录：《北京晚报》汉字使用的总体情况

1. 字量与字次统计

本次调查的全部语料用字（共计5627个汉字）形成了《北京晚报》2011—2014年的《用字总表》，表中包括了汉字在语料中出现的总字次、字频、累积字次和累积覆盖率，所有汉字根据字频由大到小排序。

（1）汉字总数：指全部语料中汉字出现的总字次，计5 494 196字次。

（2）字种数：指字形不同的汉字种数，共5627个。

（3）各年的总字次和字种数如表1所示。

表1　汉字使用情况

年　度	总字次	字种数
2011年	720 217	4578
2012年	2 310 898	5031
2013年	1 953 081	4807
2014年	510 000	4123
总　计	5 494 196	5627

从语料规模来看，2011年和2014年明显少于2012、2013年，前面调查说明已经提到过原因，这里就不多加赘述。2012、2013年的语料量200万字次左右。字种数方面，2012年最多，有5031个，这与其语料量最大有关。同样2011年和2014年略少。

2. 覆盖率分析

覆盖率是指具体一个汉字的累积字次在全部语料总字次中的比例，是反映汉字常用与否的重要指标，同时也能方便观察及衡量汉字在整个语料库中的分布情况和运用情况。其统计结果见表2。

表2 汉字对语料的覆盖情况

年度	达到50%的字种数		达到90%的字种数		达到99%的字种数		达到100%
	字种数	比例(%)	字种数	比例(%)	字种数	比例(%)	
全部语料	152	2.70	996	17.70	2595	46.12	5627
2011年	155	3.39	1059	23.13	2642	57.71	4578
2012年	152	3.02	982	19.52	2532	50.34	5031
2013年	149	3.10	962	20.01	2458	51.13	4807
2014年	149	3.61	986	23.91	2458	59.62	4123

从表2，我们可以看出，152个汉字的累积字次就占了全部语料总字次的一半，996个汉字的累积覆盖率已经高达90%，只要掌握了2595个汉字，就基本上能畅通无阻地阅读《北京晚报》了，说明《北京晚报》在用字上是适合普通大众阅读的。

而从累积频率的增长速度来看，我们发现前152个汉字的频率增幅是50%，平均每增加3个汉字，频率就增长1%。累积覆盖率在50%—90%的汉字字数有844个，平均每增加21个汉字，频率就增长1%左右。而从90%到99%，频率虽只增加了9%，汉字却有1599个，平均每178个汉字才能增加1%的频率。而处于最后这个区间的汉字有3032个，意味着3032个汉字对汉字覆盖率的贡献只有1%。这也印证了周有光提出的"汉字效用递减率"。① 汉字效用递减率，即汉字出现频度的不平衡规律，使用频率越高的汉字，覆盖面越广，效用越好，使用频率越低的汉字，覆盖面越窄，效用越差。在此次统计中的5627个汉字里，字频列第一的"的"字效用最高，以后的各个汉字，效用随频率的降低而递减。我们也可以按照累积覆盖率给汉字分为四个字区，分别为：核心字区（0—50%）、高频字区（50%—90%）、次高频字区（90%—99%）、低频字区（99%—100%），具体分布情况如表3所示。

表3 2011—2014年度汉字字区分布

字区		字种数量	比例(%)
核心字（0—50%）	全部语料	152	2.70
	2011年	155	3.39
	2012年	152	3.02
	2013年	149	3.10
	2014年	149	3.61

① 周有光《中国语文纵横谈》[M]，清华大学出版社1997年版。

（续表）

高频字（50%—90%）	全部语料	844	15.00
	2011 年	904	19.75
	2012 年	830	16.50
	2013 年	813	16.91
	2014 年	837	20.30
次高频字（90%—99%）	全部语料	1599	28.42
	2011 年	1583	34.58
	2012 年	1550	30.82
	2013 年	1496	31.12
	2014 年	1472	35.70
低频字（99%—100%）	全部语料	3032	53.88
	2011 年	1936	42.29
	2012 年	2499	49.66
	2013 年	2349	48.87
	2014 年	1665	40.38

从表 3 中，我们可以看出 2011—2014 年这四年里核心字区的字种数差不多都在 150 个汉字左右，所占比例也相差不多，在 3% 上下。高频字区的字种数相差较大，其中 2011 年的高频字有 904 个，占了 19.75% 的比例。2014 年的高频字虽然只有 837 个，但是却占全年字种数的 20.30%。2012 年、2013 年的高频字均不到 17%。而次高频字里 2011 年和 2014 年所占的比例明显高于 2012 年和 2013 年，分别为 34.58% 和 35.70%。低频字里 2011 年和 2014 年又以 42.29% 和 40.38% 的比例分别低于 2012 年的 49.66% 和 2014 年的 48.87%，相差的最大比例甚至超过了 8 个百分点。从这些结果我们发现 2012 年和 2013 年在各个字区的分布上，比例基本接近，而 2011 年和 2014 年在高频字区和次高频字区占的比例上，要比 2012 年、2013 年高，低频字区的比例又比它们低，这主要是由于 2011 年和 2014 年的语料较 2012 年、2013 年来说要少，所以在结果上呈现出这样的分布。如果单从 2012 年和 2013 年来看，各个字区的分布比例是基本一致的。

3. 各年度汉字共用、独用情况

表 4 2011—2014 年度用字总表共用、独用情况比较

类型 / 年度	字种数	共用字		独用字		独用字（按频次排序前 20 个字）
		字种数	比例(%)	字种数	比例(%)	
2011 年	4578	3698	80.78	167	3.65	靛䰰精秭啾骧墉嬰晁铳祜岜䕶谏艋坭舺缬珝骖
2012 年	5031		73.52	449	8.91	鳕衵辕疍甦朿祎虋泸韧闰缇弨娑涞裬袵鞣睾槿
2013 年	4807		76.93	885	18.41	阎嫖聂荻妃蚜庚锴碉塘懿琛倩茄帆镉娼丙铎仲
2014 年	4123		89.69	423	10.26	莅嵬蔺馍琦闵螳蟾堇靳缆谙繇蝽珏佤滁蜍圭磺

由表 4 可知，四年共用的汉字占全部字种数的大多数，2011 年和 2014 年的比例略高，与语料数量少有关，总的来说，《北京晚报》的用字是比较稳定的。独用的字多是低频字，2011 年、2012 年、2014 年的独用字都是低频字，只有 2013 年的独用字有一部分是次高频字。表 5 列出的是各年度使用频次最高的独用字在其用字总表中的序号，对比表 5，能看出这里的大多数字是处于低频用字的部分。

表 5 2011—2014 年度独用字出现位置

年 度	汉字	在年度用字总表中的位序号
2011 年	靛	3534
2012 年	鳕	2508
2013 年	阎	2044
2014 年	莅	3071

4. 高频字分析

高频字有较强的稳定性，表 6 比较了 2011—2014 年各个年度前 160 字（覆盖率在 50% 以上）、前 1000 字（覆盖率在 90% 以上）、前 2600 字（覆盖率在 99% 以上）三个字段的高频字。

表 6 2011—2014 年度高频字比较

	前 160 字	前 1000 字	前 2600 字
相同字数	139	875	2240

（续表）

2011 年度独现字	代十身书头女西又（8 个）	狗郑洁秋渊轴乱猴宋载牙慈鲁羊唐蓝漆汇灯幅盛扬闹婆悟怪移挂债尊恩禁殿寺储圣贪诚顿梁透嘴刺洞毯袁（46 个）	毯亥溥乞驯粥鹊拱妓妖孚浒豁屎擂琉猿锷咪勋宸滦鄂鸢俺靛沛嬉殷蓬仕褒锭筠暮菩吱沣沪俏吟宙缀馋嘭澜瓮崽钊喘绰稼贱慷迢朽矣樱盎焚缕掠荫爪鬃黛逗诲唧诫崛芹鲨狩凸莞苇鸦胄迭耤婪麓芮抒烁捂徙拙秭渺诧刁阜蝮呱烘拢莽钮譬悚（102 个）
2012 年度独现字	化（1 个）	股哈佛彩厅尚竞郭毒野鸟帝鲜鉴尼距汽刑皇欧迎雷掌射损庄延纷账献卷朱震聚盘莫（36 个）	昕乓禺肇峥卦脐鳕珂硅昶溶剖屹肪勺穗膳蛐肾灸铬穴袜幂蚓曦蚯絮婷炬讼啸辕亘橘粘榕巩滕泵菇哑漪苓濮馅彬棺颀裔嚣骤禾饪渗玺甦柬窟迄揉薛糙澄涤焕（67 个）
2013 年度独现字	考孩题（3 个）	租植庆晓困豪绩继餐恐私罚判括策骗核坛败绍筑典搞荣绿鼓授涉舍寻劳苏洲洗播墙兵露粮爆搬夏猪探虑借审茶烟逐异征陆妻叶抗洋涨妇胜架避惯抓伟托腐幼端威杜（71 个）	骏猩崎喀霄蟑嫖茗荻翡帘蚜庚蹄瑶坝锴曙矶霖碉煎懿琛耽瞒茄镉娼巫嗅濒矫昧龚戛畜溃茉浦娲枉陟诟黏妞汶匀蕉臼淇纤稚缅喆瞄砂陀粤爵眛篷鲟淤噪荏褂剑冕浦纬（71 个）
2014 年度独现字	电回记水她（5 个）	雪诗玉赵疗枪付虫择忙航患奶降轮您旅货库镇税奥辛冬脸亡波趣梦适索训乘迷休左敢妹互季递丰呼鹏贴冰附健麻孟松九雾昆琴输弟幕丝霾宁申销斗污折控聘娘辆伦梅泰封沙跳伴厚末俗墩束谓肥聊痛徐摆虎伙守祥拥冷抢屋圆操减届龄篇融祖雕售述贝豆净席鞋隐耳翻粉违域慧俩烈暖桥映峰（125 个）	倪瓢裘莅尧嵬蔺釉馍悼溉蝴沁赃楷篡莓闵螳闫琥柄蟾咕拣钧嘎堇靳栈卿唇胳戎吾冈憨缆伺皱谙鲍瞪鬲羹菁烙娄靡璞嵩酥坨郇咽繇哎蝽甫珏嚼亢葵呐掐侨蚀佤犀硝腌卑哺绸滁蜍叨圭磺洵倦黔暇腥焰蚤竺锥拌磅甬阐椿侗缎竿焊鲸锯捆漓僚镂蟒珀洽蜗汹俨冶佣枕蜘卞阀枫敷晗亟笺荆郡炕咳邈玟疟惬攘淌剔淅（132 个）

由上表可知，高频字中共用的部分在数量上占绝大优势，前 160 字，共用部分占 86.9%。前 1000 字，共用部分高达 87.5%。前 2600 字，共用部分达到 86.2%。这也说明了《北京晚报》在高频字的使用上是有较强的稳定性的。

而独现字部分，它们绝大多数的笔画都比较多，尤其是在后 1600 个高频字里出现的独现字，笔画几乎都在 9 画以上，而且在《北京晚报》四年的用字总表里绝大多数都是中频字甚至是低频字，其出现具有很强的偶然性，往往与当年的社会热点息息相关。如 2011 年"浒""梁""婆"等字的出现是因为当年由张涵予、李宗翰等主演的新版《水浒传》问世，引起了全民议水浒的热潮。而"股"在 2012 年成为高频字与中国股市在这一年创出了近四年的新低，上证指数年线收出三连阴，成为全球表现最差的股市之一这个热点息息相关。2013 年的"崎""骏"则反映了 2013 年宫崎骏退出影坛的重磅新闻。2014 年 3 月 1 日给社会造成极大震撼的昆明恐怖暴力事件也使"昆"成为了 2014 年的高频字。虽然社会生活靠语言生活来反映，但它对语言生活的影响也是不可估量的。

（王立军，北京师范大学文学院；李秋逸，教育部语言文字应用研究所）

《北京晚报》高频用词与语言的社会制约因素

本文和《〈北京晚报〉特殊用字与社会语言生活》是姊妹篇，运用的语料是完全一样的。需要特别说明的是，本次统计区分词性，即一个词在语料中出现了两种及以上词性时，词种数按照词性来计数。例如“报告”，在语料中既作名词，又作动词，那就应该将“报告”算作两个词种，分别统计词频。周有光曾将 90% 的覆盖率作为高频的界限，参照此，本次统计中将词覆盖率达到 90% 的所有词称为高频词。

一　高频词的统计与分析

1. 基本情况

表 1　2011—2014 年度高频词词种数比较

年　度	高频词种数	比例(%)
2011 年	10 342	27.92
2012 年	10 707	19.09
2013 年	10 147	19.8
2014 年	8745	30.17
全部语料	11 683	14.76

从表 1，可以看出 2011—2013 年度的高频词种数量差不多，都在 10 000 词左右，2014 年只有不到 9000 个高频词种，这是因为 2014 年只统计了前三个月，总词种数还不到 30 000 个词。总的来说，《北京晚报》这几年的高频词数量比较稳定。

2. 高频词用字统计

在 11 683 个高频词中，排除掉阿拉伯数字，共使用汉字 21 863 字次，计 2764 个字种，占全部字种数的 49.12%。平均每个词由 1.87 个汉字构成，每个汉字平均使用 7.91 次。

表 2　高频词用字分布

构词数	≥100	99—80	79—50	20—49	19—10	9—3	2	1	字种数
字数	6	3	40	230	375	961	418	731	2764
比例(%)	0.22	0.11	1.45	8.32	13.57	34.77	15.12	26.45	100

表 2 是 2764 个字种在高频词中的构词情况，构成 100 个及以上高频词的字种有 6 个，分别为“年、人、大、不、一、子”，在下面会有对它们具体的分析。构词数在 2 个以内的字种高达 41.57%，其中只构成 1 个词的字种有 731 个，占字种数的 26.45%，而这些字种在字区分布上主要处于低频区或靠近低频区的中频区，如“艾”(2096)、“掰”(2612)、“盏”(3031)、“钊”(3224)等，由此，我们可以推断出构词能力弱是字种使用频率低的一个重要原因。表 9 列出了在高频词中构词能力最强的前 10 个字种及其分布情况。

表 3　构词能力最强的前 10 个字种

序号(用字总表)	字种	构词数	分布情况		
			前 410(50%)	411—4543(50%—80%)	4544—11 683(80%—90%)
13	年	187	5	67	115
6	人	170	6	62	102
10	大	145	3	53	89
5	不	136	5	31	100
2	一	125	10	46	69
33	子	110	2	31	77
16	上	92	2	40	50
19	生	88	5	39	44
15	学	87	6	42	39
30	出	79	3	33	43

从表 3 可以发现，在《北京晚报》用字总表中，这 10 个字种的频率排在前 20 位的共有 8 个，其中排在前 10 的就有 4 个。只有“子”和“出”是排在第 30 位和第 33 位。虽然“子”和“出”的字频并不是最靠前的，但是这两个字的构词能力都很强。首先说“子”，“子”在古代汉语中指儿女，发展到现代汉语中，“子”有多个词义，而且“子”经常附加在名词、动词和形容词后，使之具有名词性，如“房子、院子、样子、椅子”，这类名词在日常生活中经常使用，因此“子”在高频词中属于构词能力最强的前 10 位也很正常。“出”在现代汉语中有 13 个义项，就词义而言，比另外 9 个都要多。除了具体的实义外，“出”还经常放在动词后，表示趋向或效

果，如“展出”“播出”“派出”等，大大增强了它的构词能力。另外，“年”是高频词中构词能力最强的字种，这主要是由《北京晚报》的报刊性质决定的，因为新闻追求真实性、时效性、准确性，所以内容中涉及到很多时间词，“年”排在第一位就不难理解了。

就分布情况而言，这 10 个字种集中分布在累积覆盖率的 80%—90% 之间，比例均在 50% 以上，最高的“不”字在这一段的比例甚至达到了 73.5%。其次是在 50%—80%之间，分布最少的是在核心词区，即累积覆盖率大于等于 0%，小于 50%。这 10 个字种总共构成了 47 个核心词，占全部核心词的 11.46%，其中“一”一个字种就构成了 10 个核心词，占核心词的 2.44%。

3. 高频词词长分析

高频词词长最短为 1 字词，最长为 8 字词，6 字词在高频词中并没有出现。词长为 7 字和 8 字的高频词各有 1 个，分别为“中华人民共和国”和“中央人民广播电台”，均属于专有名词。词长在两个字的高频词最多，有 7900 个，占所有高频词的 67.62%，其次是 1 字词、3 字词，词长在 4 个字及以下的高频词累积比例高达 99.27%，符合现代汉语用词特点。另外，词长为 5 个字的高频词共 83 个，除了“笔记本电脑”“人民大会堂”“中国共产党”“高尔夫球场”“奥斯瓦尔德”“泰坦尼克号”“皮斯托瑞斯”“中央电视台”这 9 个专有名词外，其余 74 个全是“1996 年”“2014 年”这种模式的时间表达式。高频词不同词长词种数的具体比例详见表 4。

表 4　高频词不同词长的词种数

词长	词种数	比例(%)	累积比例(%)
1	2614	22.37	22.37
2	7900	67.62	89.99
3	875	7.49	97.48
4	209	1.79	99.27
5	83	0.71	99.98
7	1	0.01	99.99
8	1	0.01	100.00
总计	11 683	100.00	100.00

在高频词中的 430 个核心词里，长度最短为 1 字，最长为 3 字。其中 1 字词有 223 个，2 字词有 205 个，3 字词只有 2 个，分别为“为什么”和“越来越”两个短语。而在前 2000 个高频词中，1 字词 739 个，2 字词 1203 个，3 字词 48 个，4 字词

2个，5字词虽然有8个，但均为时间表达式。由此也可以看出，使用频率越高、词长越短的大致规律。

4. 高频词词性分析

表5列出了高频词不同词性的词种分布情况，高频词中名词仍然占了绝大比例，接近高频词词种数的一半。动词、形容词分别以25.38%、7.58%的比例紧随其后。副词、介词、连词、助词、语气词等虚词和实词中偏功能性的叹词、拟声词的比例总和为7.15%左右，还不如形容词一种词类所占的比例。由此可见，高频词中具有实在的词汇意义的实词占了绝大多数，而意义比较虚泛，且偏功能性、语法性的其他词比例甚少。而高频词中熟语的使用也很少，只有57个，占了不到0.5%的比例，这大概是受熟语词长的影响。

表5 高频词不同词性词种数

类别	词种数	比例（%）
语素	645	5.52
名词	5661	48.46
动词	2965	25.38
形容词	885	7.58
数词	243	2.08
量词	209	1.79
代词	167	1.43
叹词	3	0.03
拟声词	3	0.03
副词	603	5.16
介词	70	0.60
连词	106	0.91
助词	29	0.25
语气词	20	0.17
量词词组	17	0.15
熟语	57	0.49
总计	11 683	100.00

二 年度高频词与社会生活热点

高频词具有稳定性，因此历年来的高频词统计中，相同的词种占了绝大部分，且多为基本词汇，独用词种数较少。

1. 基本情况

从表 6,我们可以看出 2011—2014 年的高频词独用词种数比例不一,其中 2011 年最高,接近 20%。2013 年最低,不到 13%。独用词中名词,尤其是专有名词居多。

表 6 2011—2014 年度高频词词种数比较

年 度	独用词种数	比例(%)
2011 年	1997	19.31
2012 年	1769	16.52
2013 年	1313	12.94
2014 年	1222	13.97

独用词种数的出现往往取决于当年大众的关注焦点,也就是社会生活的热点。因此我们通过比较历年来的独用词种数,不仅可以了解当年的用词情况,还能知晓当年的"大事记"。由于数量众多,这里以高频词独用词中使用频率的前 120 位为范围,从中挑选出特色词,并以此为基础,挖掘出语言生活中的社会现象。详情如表 7 所示。

表 7 2011—2014 年度高频独用词中的特色词

年度	前 120 个高频独用词中特色词示例
2011	郑渊洁、辛亥革命、溥仪、袁世凯、油价、辛亥、紫禁城、冯玉祥、王妃、梁山、1911 年、汪精卫、哈利、卢作孚、清政府、革命党、好汉、同盟会、水浒传、武昌起义
2012	火星、法医、雷雨、火柴、赛事、陈祖德、林兆华、小剧场、莫言、焦菊隐、围棋、京味、雷锋、索马里、突击队、胶囊、末日、龙年、摩加迪沙、瑞典、火炬、海啸、婚姻法、明胶、开幕式
2013	段振豪、外援、张国荣、贝克汉姆、足协、卡马乔、达喀尔、助学金、恒大、肯尼迪、恐怖主义、伊拉克、斯诺登、奥斯瓦尔德、郑晓龙、冤假错案
2014	几内亚、医疗队、付丽、张昆鹏、童星、姚贝娜、速递、邓波儿、家风、北约、英拉、反贪、轨道、交通、医护、值班、华约、净化器、大操大办

2. 辛亥革命纪念活动与 2011 年度高频词

2011 年正好是辛亥革命 100 周年。10 月 9 日,人民大会堂举行了纪念辛亥革命 100 周年大会,全国媒体都聚焦于辛亥革命及其纪念活动,所以《北京晚报》在 2011 年出现了"辛亥革命、溥仪、袁世凯、辛亥、紫禁城、冯玉祥、1911 年、汪精卫、卢作孚、清政府、革命党、同盟会"等词。2011 年 4 月 19 日,英国威廉王子和凯特王妃的世纪婚礼同样举世瞩目,故 2011 年独现词中出现了"王妃"。"油价"

反映了2011年不稳定的原油价格。另外,“梁山、好汉、水浒传”和“哈利”则分别反映了2011年的电视剧《新水浒传》和“哈利·波特”系列电影终结篇《哈利·波特与死亡圣器(下)》的火热程度。这些无一不是当年国际国内的热点事件。

3. 北京人艺院庆活动、莫言获奖等与2012年度高频词

2012年是北京人民艺术剧院(简称“北京人艺”)成立60周年,从2012年年初就启动了北京人艺建院六十周年的系列庆祝活动,《北京晚报》里出现了“雷雨、林兆华、小剧场、焦菊隐、京味”等词,它们或是北京人艺上演的剧目,或是北京人艺的导演,或是北京人艺的特色,都与北京人艺密切相关。2012年10月11日,瑞典文学院授予莫言诺贝尔文学奖,这是迄今为止第一个真正意义上属于中国的诺贝尔奖,引发了全国轰动,“莫言”也成为《北京晚报》2012年的高频词。2012年是雷锋逝世50周年,全国上下纷纷开展了“学雷锋”活动,“雷锋”在2012年成为高频词正是反映了这一现象。“赛事、火炬、开幕式”等词的出现则是与2012年伦敦举办的第30届奥运会有关。“索马里、摩加迪沙”反映了2012年2月8日发生在索马里首都摩加迪沙的汽车炸弹袭击事件。“胶囊、明胶”则与引发热议的“毒胶囊”事件和“老酸奶、果冻添加工业明胶”事件有关。另外,“婚姻法”反映了2012年社会热点事件之一,即新《婚姻法》的颁布。而“火星、末日、火柴、瑞典”则涉及到2012年的“末日”传言,这一传言宣称地球将在2012年12月21日发生重大灾难,或出现“连续的三天黑夜”等异象,因此“移居到火星”“世界末日”“疯抢火柴、蜡烛”“瑞典火柴销售额大幅增长”等相关新闻便接踵而至。

4. 足坛要闻、助学金政策等与2013年度主题词

“外援、贝克汉姆、卡马乔、足协、恒大”等的出现反映了2013年足坛的重大新闻,比如2013年5月16日,贝克汉姆正式宣布将退出职业足坛,引起全世界关注。6月,国足主教练卡马乔与中国足协解约;8月,北京律师熊智向中国国家税务总局提交实名举报,举报卡马乔团队偷逃税款,要求严惩足协;11月,广州恒大足球俱乐部获得了亚冠联赛的冠军,取得了历史最好成绩。2013年也是美国总统肯尼迪遇刺身亡的50周年,“肯尼迪、恐怖主义、奥斯瓦尔德”的出现就是基于这一事件。2013年司法机关平反了5起涉及14名当事人的冤假错案,并启动防冤案机制,响应了十八大以来习近平总书记在法治建设工作中强调“要努力让人民群众在每一个司法案件中都感受到公平正义”的号召,“冤假错案”成为2013年的高频词便是由于这个原因。另外,“助学金”则反映了2013年财政部、

教育部将研究生普通奖学金调整为研究生“国家助学金”，并规定博士生的标准为每生每年不低于 1 万元，硕士生的标准为每生每年不低于 6000 元的教育政策。

5. 社会热点事件与 2014 年度主题词

2014 年只统计了 3 个月的语料，所以独用词也较少。“付丽、张昆鹏、速递”和“医护、值班”分别反映了中通速递员张昆鹏入室谋财害命和 2014 年 2 月 25 日南京医护人员被打这两个恶性社会事件。“反贪、大操大办”则是由于习近平总书记颁布的关于《加强党员领导干部廉洁自律严禁大操大办宴席的规定》。2014 年，姚贝娜登上中央电视台马年春晚，并在零点钟声敲响前献唱压轴歌曲《天耀中华》，成为人们关注的焦点，“姚贝娜”成为 2014 年的高频词也与此相关。2014 年 2 月 10 日，美国曾经的著名童星邓波儿去世，引发了人们对她的怀念和追忆，“童星、邓波儿”则是这一事件的关键词。

前面已经提到，2011—2014 年高频词中的独现词以专有名词居多，而这些专有名词往往反映了当年社会的热点、焦点人物或事件。这些焦点、热点来自社会生活的方方面面，既囊括国际焦点，又含有国内热点；既涵盖政治、经济热点，又网罗社会、生活事件；既涉及体育、娱乐焦点，又包括文化、教育热点。总而言之，语言生活不仅来自于社会生活，也全面反映了社会生活。

附录：《北京晚报》词的总体使用情况

一　基本情况

1. 词的年度使用情况

（1）分词单位总数：由分词软件对语料切分得到的字符串的总数为 4 209 587 次。其中标点符号出现 649 969 次，其他分词单位出现 3 559 618 次。

（2）总词次：在排除纯阿拉伯数字后，得到总词次共计 3 530 389。

（3）词种数：79 158 个。

（4）2011—2014 年度词使用情况：和汉字的使用情况相似，由于 2011 年、2014 年的语料较 2012 年、2013 年少，因此 2011 年、2014 年得出的总词次和词种数明显要少于另外两年。而 2012 年、2013 年的词种数都稳定在 50 000 词以上，其中 2012 年的词种数比 2013 年多了 4833 个。具体数据见表 1。

表1 2011—2014年度词语使用情况

年　度	总词次	词种数
2011年	473 368	37 038
2012年	1 476 810	56 080
2013年	1 248 944	51 247
2014年	331 267	28 985
总计	3 530 389	79 158

2. 词种覆盖率

表2分别统计了不同覆盖率的词种数。

表2　不同覆盖率的词种数

覆盖率(%)	词种数	比例(%)
10	3	0.00
20	20	0.03
30	65	0.08
40	173	0.22
50	430	0.54
60	962	1.22
70	2054	2.59
80	4543	5.74
90	11 683	14.76
91	13 081	16.52
92	14 734	18.61
93	16 708	21.11
94	19 102	24.13
95	22 077	27.89
96	25 859	32.67
97	30 898	39.03
98	38 161	48.21
99	50 330	63.58
100	79 158	100

由表可知,"的""是""在"是频率最高的前3个词,它们占词种数的比例几乎为0,却覆盖了全部语料的10%。仅430个词种,就已经覆盖了语料的一半左右。而不到15%的词种,累积覆盖率已经高达90%。覆盖率在99%—100%这一段的词种数有28 828个,占词种数的36.42%,却只覆盖了语料的1%。由此可见,读者只要掌握一万多个词,就可以顺畅地阅读《北京晚报》了。

除此之外，我们也可以看到，词种数的第一次大幅增长出现在80%以后，共增加了7140个词种，提升约9.02个百分点。接下来90%—98%这段，词种数稳步增长，增长幅度在2%—9%之间。最后98%—100%这段，词种数迅速增长了41 001个，增长幅度超过51个百分点。这意味着，超过一半的词种数只占了全部语料的2%。由此得出，频率越高的词种，效用也越大。

根据累积词频，可以将词种分到四个不同的词区。累积频率不超过50%的词处于极高频词区，这一词区的词虽然数量少，但使用频率却极高，可以说是《北京晚报》里的核心词。累积频率大于50%，但却不超过90%的词是高频词。为了方便称呼，可以把极高频词区和高频词区里的词都统称为高频词。累积频率在90%—99%的词是中频词，使用频率在高频词和低频词之间，累积频率越靠近99%，使用频率越低。最后99%—100%这一段的词是低频词，数量占了极大部分，但使用频率却最低。词区的具体分布情况见表3。

表3　2011—2014年度词区分布

字　　区		词种数量	比例(%)
核心词区（0—50%）	全部语料	430	0.54
	2011年	407	1.10
	2012年	433	0.77
	2013年	419	0.82
	2014年	407	1.40
高频词区（50%—90%）	全部语料	11 253	14.22
	2011年	9 935	26.82
	2012年	10 274	18.32
	2013年	9728	18.98
	2014年	8338	28.77
中频词区（90%—99%）	全部语料	39 077	48.82
	2011年	21 963	59.30
	2012年	30 604	54.57
	2013年	28 610	55.83
	2014年	16 927	58.40
低频词区（99%—100%）	全部语料	29 828	36.42
	2011年	4734	12.78
	2012年	14 769	26.34
	2013年	12 490	24.37
	2014年	3313	11.43

从上表，我们可以看出高频词（包括核心词区和高频词区）中占总词种数的

14.76%，却覆盖了全部语料的 90%，其中的核心词区以 0.54% 的比例覆盖了一半的语料，其使用频率之高显而易见。中频词区比例达到了 48.82%，接近词种总数的一半，低频区也高达 36.42%。由此可见，《北京晚报》的词种集中在中频词区和低频词区，高频词数量少，低频词占了绝大多数。如果排除 2011 年和 2014 年，单看 2012 年和 2013 年，高频词稳定在 10 000—11 000 个左右，比例在 19%—20% 之间，其他几个词区总体来说也比较稳定。

3. 不同频次范围的词种情况

从表 4 中，我们可以看出在全部语料中只使用过一次的词语就占了 28.25%。频次不超过 5 的词种数占全部词种的 60% 左右。频次不超过 20 的词种数占 81.96%。频次在 100 以下的词种就已经达到 94.67%。频次不超过 1000 的词种高达 99.48%，接近 100% 了。频次在 1000 以上的词种不到 1%。低频词的词种数有很多，极高频词只有极少一部分，不到 500 个。

表 4　不同频次范围的词种数

频次	词种数	比例（%）	累计（%）
1	22 356	28.25	28.25
2	9987	12.62	40.86
3	6341	8.01	48.87
4	4707	5.95	54.82
5	3483	4.40	59.22
6—10	10 030	12.67	71.89
11—20	7990	10.09	81.96
21—100	10 047	12.69	94.67
101—1000	3803	4.80	99.48
1001 以上	414	0.52	100.00

（李秋逸，教育部语言文字应用研究所）

第三部分

资　　源　　篇

老北京商业叫卖(吆喝)文化状况调查

北京商业叫卖流传了数百年，是老北京语言文化的重要组成部分。中华人民共和国成立以后，随着商业形式的变革和胡同的改造，老北京叫卖调赖以存在的社会环境发生了根本变化，已经退出商业推广和传播领域，完全沉淀为非物质文化遗产。近些年来，过去走街串巷的叫卖商贩和会叫卖调的老艺人年事已高，有些相继离世，老北京叫卖调已经成为一种渐行渐远的“京味儿”文化声音，亟待全社会发掘、抢救和整理。

一　老北京叫卖(吆喝)文化的前世

老北京叫卖俗称“吆喝”“告君知”，是一种初级的口头形式的广告。旧时北京城处于社会底层的小商贩基于胡同这一独特的民居形式，为了更好地推销自己的商品和手艺，自发创作了这种带有鲜明韵律模式和情感特点的言语形式。[①]老北京叫卖以其独特的曲调、生动的语言成为旧时代北京的一道亮丽风景，是别具特色的老北京风俗。

史书中很早就有关于叫卖的记载，《韩非子·难一》载：“楚人有鬻楯与矛者，誉之曰：‘楯之坚，莫能陷也。’又誉其矛曰：‘吾矛之利，于物无不陷也。’”小商贩在叫卖自己的矛和楯(盾)时，为了凸显矛的锋利无比就说自己的矛可以穿透世间所有的盾，为了显示盾的坚固就吹嘘这个盾可以阻挡世间所有矛的进攻。这个“自相矛盾”的历史故事，可以说是叫卖在典籍中的最早记载。老北京叫卖在明代已有记载，到清代末期和民国时期发展至鼎盛。[②]从元代熊梦祥《析津志》、明代史玄《旧京遗事》，直到清代潘荣陛《帝京岁时记胜》、富察敦崇《燕京岁时记》等作品都有与老北京叫卖相关的记载。从中我们发现，老北京叫卖自产生后，一

①② 许筱言《老北京的胡同叫卖声》，《神州》2011年第1期，第104页。

直保持着旺盛的生命力。尽管历史上政权更迭，老北京叫卖始终扎根于幽深的胡同，枝繁叶茂。

北京的胡同多为正东正西，宽度一般不过九米，串如豆腐，方方正正，两边一般是四合院，一个紧挨着一个。胡同这种形制为旧时游商活动创造了很好的条件，小商贩一声吆喝、一串器响，大小四合院里的居民就被吸引到胡同里来。这里除了生活贫苦的老百姓外，东、西城胡同内许多深宅大院里的太太小姐是更具消费潜力的顾客。如何做到让深宅里的消费者听到？除了借助响器，最重要的办法就是增强叫卖的效果、扩大商品的影响力。在长期实践和不断地借鉴他人叫卖方式的过程中，小商贩们运用连音、顿音、滑音和尾音等方法，增强叫卖的吸引力、延长声音传布的时间。叫卖要做到具有吸引力，必须悦耳动听，并且拉长传布的时间，自然也要讲究合辙押韵。这样就产生了基于老北京胡同、极具特色的韵律形式和曲调模式的民间语言文化形式——老北京叫卖调。所以说叫卖调是旧时京城社会底层的小商小贩基于北京胡同这一特殊的居住形式，为招揽生意、推销商品和出卖手艺的需要，在街头巷尾之间自发口头创唱的一种带有一定韵律和别样情感的语言方式。[①]

老北京叫卖反映了明清两代乃至民国时期北京独具特色的商业文化。自元代以来北京逐渐成全国的首善之区，郡州来朝，各族交汇，五方杂处。后经明清两代的发展，北京不仅是全国的政治中心，同时也是商业中心。各地货物汇集京城，大小商贾蜂拥而至，使北京的市廛较之全国任何一个城市都丰富。在老北京的商业交易中，本土风味儿的商品事关老百姓日常生活，最具老北京特色。史料记载，“京城五月，辐凑佳蔬名果，随声唱卖，听唱一声而辨其何物品者、何人担市也。”“于今惟卖麸者一声，而他物重叠，其词不止一句，盖此以曼声为招，彼以感耳而引。”[②]“二月下旬，则有贩乳鸡、乳鸭者，沿街吆卖，生意畅然。”[③]清代闲园菊农《一岁货声》[④]中对北京商业叫卖声进行了摹声记录，详加注释，共42篇，包括了饮食、娱乐、服务、占卜等82个方面，极为丰富。

正因为老北京叫卖是旧时小商小贩沿街推销商品而产生的一种又叫又唱的特殊的语言形式，随着现代商业模式的发展，尤其是当今互联网时代商品购销方

① 许筱言《老北京的胡同叫卖声》，《神州》2011年第1期，第104页。
② 〔明〕史玄《旧京遗事》，北京古籍出版社1986年版，第23页。
③ 〔清〕富察敦崇《燕京岁时记》，北京古籍出版社1981年版，第57页。
④ 《一岁货声》，周建设主编，首都师范大学出版社2015年版。

式的变迁,使得老北京叫卖所表现的传统文化的价值便更加突显,它越来越成为讲述老北京故事、传达正在消失的“京味儿”文化的一种载体,具有很丰富的文化内涵。

二 老北京叫卖(吆喝)文化的语言特点

(一)用词特色

第一,突出商品来源,说明商品的正宗。如:

“洋烟卷儿,老刀牌儿洋烟卷儿,粉包儿的,哈德门洋烟卷儿,谁买烟卷儿?三分钱两颗啦。”

“高桩的柿子呗,涩了你就别要嘞。高桩的柿子呗,涩了你就别要嘞”。

第二,着重渲染视觉味觉,引诱消费者的购买欲望。如:

“哎~~~~~,包了圆儿的西瓜哦~~~~,管大嘞,包圆儿的西瓜~~~,今年这西瓜呀~~~这比每年可贱一半儿欸。”

“冰激凌来,雪花儿酪~好喝凉来,尝尝口头~~~,一分我也尝来,二分我也卖~~~,不用那机器,用人来拽~~~,冰激凌,败心火~~~。”

第三,强调商品的季节变化,告诉消费者应随季而变。如:

“买冰棍儿的败火的~败火的冰棍儿哦~~~买冰棍儿的败火的~败火的冰棍儿哦~~~。”

第四,炫示提供方便和优惠,迎合消费者比价和从简心理。如:

“喂~~~这碗大块了~小枣儿豌豆黄儿,切的那一块儿欸~~~,喂~~~这碗大块了~小枣儿豌豆黄儿,切的那的块儿欸~~~您要是嫌少啊,自个儿拿刀切!切完了,咱们另讲价儿欸~~~。”

这些叫卖词的灵活运用都是叫卖者为遵守合作原则而使用的商业策略。

(二)叫卖词中的名物

叫卖者所提供的日常用品或食品也是老北京文化的一个重要组成部分,从所采集的叫卖名物来看,有:

(1)家庭服务类:焊洋铁壶、锔碗、钻镰锅、修房、搭锅台、查抹房、搭热炕、摇煤球、锯木头、劈柴、修理钢精锅、修雨伞、打竹帘、修皮鞋等;

(2) 家庭日用品类：换取灯、换肥子、收首饰、换油鸡子、卖布头、卖糕干、卖画儿、买破烂、卖报纸、卖小蝌蚪和小金鱼、卖估衣、卖刨花、卖红头绳、卖网子、卖盆和碗、卖支锅碗、卖夜壶等；

(3) 特色食品或水果蔬菜类：糖麻花、蜜麻花、芝麻烧饼、马蹄烧饼、焦圈、大米粥、艾窝窝、豆面糕、驴打滚、热面茶、卤丸子、豌豆饼、芸豆饼、羊肉、发面包、黄米面、小枣、切糕、小白菜、胡萝卜、萝卜、韭菜、茴香、圆茄子、老倭瓜、葱头、西葫芦、扁豆、茵陈、大蜜桃、白花藕、西瓜、枣、葡萄、苹果、柿子、大石榴、鸡头、莲蓬、莲子、荸荠、地灵儿、槟子虎拉、果子干、玫瑰枣、大海棠、青杏、桑葚、黄鱼、鲤鱼、羊头肉、熏鱼肉、刮骨肉、牛蹄筋、豆汁、烤白薯、煮白薯、粽子、糊烧活、扒糕、酥皮铁蚕豆、凉粉、硬面饽饽、麻豆腐、糊涂糕、豌豆黄、炸灌肠、羊霜肠、老玉米、莲花白、酱豆腐、臭豆腐、酱菜等。

这些都是老北京的物质文化，有些已经消失的“京味儿”食品、名称及制作方法至今还被老北京人怀念，叫卖词中保留这些名物无疑是对北京传统物质文化最好存档和传承。

(三) 韵律节奏

老北京叫卖是一种以实现商品推销为目的的营销行为，它包括两个部分：节奏鲜明的响器发声和有说有唱的语言行为。

根据发音人介绍，老北京叫卖讲究响器的使用，有大货郎鼓(卖百货)、唤头(剃头师傅用，图 1)、铁拨楞鼓(焊铁壶)、转铃(郎中看病用)、惊闺(磨剪子磨刀小贩用，图 2)、串铃(又称虎掌)、铜盏(卖酸梅汤用，图 3)、小铜锣(卖碗豆糕用)、大梆子(卖油用)、小梆子(卖烧饼用)、竹板儿(卖耳挖勺儿用)、长把小鼓(卖布用)，寸许小鼓儿(收买旧物用)、吹唢呐(卖耗子药用)等，这些响器都是北京商业文化的老物品，每一件背后都隐藏着一段老北京民间文化的故事。

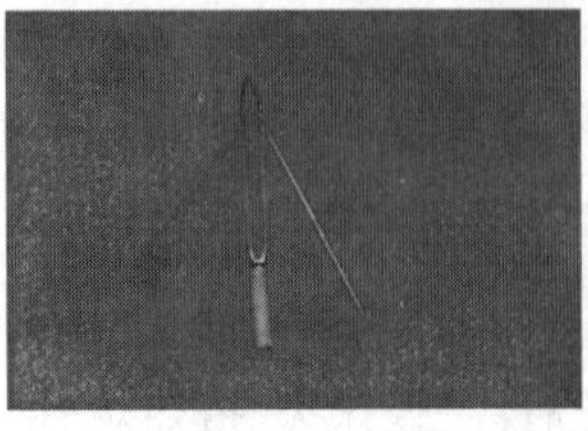
图 1 唤头

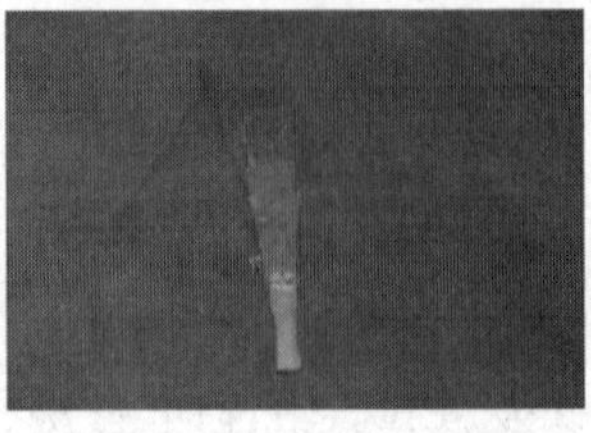
图 2 惊闺

图 3 铜盏

以“惊闺”为例。磨剪子磨刀小贩使用的响器是一个带木把、五六片串在一起的铁片,有一个好听的名字叫“惊闺”。据说,旧时女子平时以做针线打发时间,做针线用的剪子用钝了需要磨,当小姐听到“哐啷哐啷”的声音,就知道是磨剪子磨刀的小贩来了,急忙差丫鬟或老妈子拿着剪子去磨。这样便有了“惊闺”的响器名称,意思是声音大得惊动了闺房里的小姐。

叫卖词和叫卖调是叫卖者营销行为的主要形式,也分为两种:无旋律的叫卖声(俗称的干吆喝)和有旋律的叫卖调。如:“买炊帚笤帚,扫炕笤帚~ 地笤帚~ 买笤帚啦~ ~ ~ 。”(发音人:杨长和)“耗子药~ 耗子药~ ,我这耗子药是赛狸猫~ ,让你睡个消停觉~ ;耗子药~ 耗子药~ 吃了药就赛狸猫~ ,让你睡个消停觉~ 。”(发音人:崔燕民)“驴肉,肥;驴肉,肥。”(发音人:郭振明)其特点基本是一字一字地说,其中字音有轻重之分,这就是“干吆喝”。

语音上采用叫唱形式的叫卖称叫卖调,它在声调方面多使用平调和升调,句中或句末多衬音和滑音,这些音多为开口度较大的单元音或复元音[ ][ai][ei][a][o]。如:“玉米花儿哦[ ]~ ~ ~ ,凉炒豆儿哦[ ]~ ~ ~ ,玉米花儿哦[ ]~ ~ ~ ,凉炒豆儿哦[ ]~ ~ ~ 。”(发音人:杨长和)“鲜菱角~ 哎哎哎[ai] ~ ~ ~ ~ ,卖老菱角哎哎哎[ai] ~ ~ ~ ,鲜菱角嘞卖~ 。”(发音人:杨长和)“葫芦儿,冰糖的,蜜儿哎[ai] ~ ~ ~ ,葫芦儿,冰糖儿多嘞[ei] ~ ~ ~ ,大串的冰糖葫芦儿刚蘸得的。蜜来,葫芦儿冰糖儿多嘞[ei],哎嘿,葫芦儿。”(发音人:吴占俊)“约甜核儿嘞[ei] ~ ~ ,杏儿嘞[ei],老梨嘞[ei]。”(发音人:赵荣祥)这种语调升降变化的衬音、滑音有利于发声,使得叫唱响亮又动听,容易被别人接受。

从老北京叫卖调的特点上看,老北京叫卖调近似“说话”却不属于语言学范畴,近似民歌却不属于音乐学范畴,处于二者的交界地带。从语言学角度来看,叫卖与我们日常的说话有明显的差别,是一种被夸张了的语言形式,具有“宣叙调”①的一些特质。老北京叫卖调的旋律走向和节奏的安排,与唱词有着紧密的关系。

(四)广告性修辞

从功能上看,老北京叫卖词和叫卖调具有现代广告的性质,它的语言结构已

① “宣叙调”是西方音乐中的一种曲调,它的旋律和节奏是依照歌词的强弱变化而产生的,在表演过程中常出现在“咏叹调”之前。见陈树林《老北京叫卖调》,人民音乐出版社 2010 年版。

经初步具备了广告语言的基本特征：多用短语，少用长句；大量使用省略句；句法成分倒装；使用反复、夸张、押韵、顶真回环、对比等修辞方法。

(1) 哎~ ~ ~，这斗大的西瓜啊，我切的都是船大的块哎~ ~ ~，这沙啦您那口儿甜嘞，这两个大嘞~ ~，来吧，闹快尝吧您哪。(夸张)

(2) 哎~ ~ ~，冰激凌来、雪花酪，好吃多给您尝尝口头，教你尝来你就尝，冰糖桂花我往里头攮，叫你喝来你就喝，冰糖桂花我往里头搁，冰激凌来、雪花酪，好吃多给您尝尝口头。(反复、押韵)

(3) 开了锅的炸豆腐，炸丸子开锅；开了锅的炸豆腐，炸丸子开锅。(顶真回环)

(4) 呜呜~ ~ ~ 哎~ ~，大小~ ~ ~ 哎~ 小金鱼儿来嗨~ ~ ~，蛤蟆骨朵儿，大田螺蛳啦。呜呜~ ~ ~ 哎~ ~，大小~ ~ ~ 哎~ 小金鱼儿来嗨~ ~ ~，蛤蟆骨朵儿，大田螺蛳啦。(反复、对比)

(5) 哎~ ~，吆喝了买了吧~ 买了这个吧，你瞧瞧这个吧~ 瞧瞧这个里儿来，瞧瞧这个面儿，打了架了还了价了也不能卖了它~，它怎么这么黑呀~，它就是这么黑！黑了过的二掌柜的吧？你就买不着的怎么样的这么好的布的幺儿哒~，我禁铺又禁盖，禁拉又禁拽！多么快的剪子你绞不动它呀~ 没法儿绞动啊~；哎~ ~，吆喝了买了吧~，买了这个吧，你瞧瞧这个吧~，瞧瞧这个里儿来，瞧瞧这个面儿，打了架了还了价了也不能卖了它~，它怎么这么黑呀~，它就是这么黑！黑了过的二掌柜的吧？你就买不着的怎么样的这么好的布的幺儿哒~，我禁铺又禁盖，禁拉又禁拽！多么快的剪子你绞不动它呀~ 没法儿绞动啊~ 。(夸张)

(6) 哎~ ~，山里红噢~ 还有两挂~，两挂的山里红哦~ 哎~；山里红噢~ 还有两挂~，两挂的山里红哦~ 。(顶真、回环)

(7) 谁喝碗热茶哎~，我新沏的~；谁喝碗热茶哎~，我新沏的~ 。(句法成分倒装)

(8) 爆肚啰~，刚开锅~；爆肚啰~，刚开锅~ 。(句法成分倒装)

老北京叫卖以商品的有效推销为目的，除了遵循买卖双方之间合作交易的基本原则以外，还要考虑通过一定的言语句式和修辞打动消费者，因此具有广告用语的一些特点。此外，它还运用了流行于北京地区的传统曲艺中的一种表现形式——“贯口”，来丰富叫卖内容，增强叫卖语的感染力。如：

(1) 百年的老字号，稻香村嗯嗯嗯嗯嗯哪~ 稻香村的东西，就是全~ 有大八件儿,小八件儿啊~ 外捎着,还有那焦排叉儿哪~ 有八宝儿的大年糕啊~ 先生们,每年季节净吃的什么,有元宵,有粽子,还有多种的月饼啊~ 您往前一走啊,有窝头,有丝糕,有三角儿,还有馒头,还有多种的面包啊~ 您往前一看,走杂儿八儿！有什么呢？有豆制品,还有那素什锦哪~ 先生们,您往前一看,有烟,有酒,有酱猪肉酱爪儿肠子,有肚子,外捎着还有米粉烧啊~ 您再往前看一看哪~ 有什么呢？有王致和的臭豆腐和酱豆腐,天源的八宝儿酱咸菜呀~ 再往后边儿走那么一点点哪~ 有猪肉,有猪爪儿,有肠子,有肚子,有心,还有大块儿的肝儿啊~ 您往前一看,有水果儿,有香蕉,有橘子,有苹果,有梨,还有大个儿的西瓜哪~ 您这儿的工人,身体健康,精神愉快！多快好省,你们再加油儿干一干哪~ 中国人民哪,都欢迎你百年老字号——稻香村哪~ 市民怎么？买东西,就全都放了心哪~ 您这儿领导,做事儿办事儿就是好得很！市民怎么？全都放了心~ 中国人民哪,都欢迎百年老字号——稻香村哪~ 隆个儿里个儿里个儿隆的咚~ 哈哈哈哈！

(2) 有钢种锅、破烂儿,我买~ ;有刷牙把儿、洋瓶子,我买~ ;有铜铁锡,我买~ ;有刷牙子、把儿、洋瓶子,我买~ ;有罐头盒儿,我买~ ;有破烂儿,我买~ 。

三 老北京叫卖(吆喝)文化的今生

老北京叫卖调是老北京的民间艺术形式,是“京味儿”文化的重要组成部分,是一种口传的语言文化资源。根据许筱言的研究,中华人民共和国成立后,随着国营和集体经济成分对个体商贩的吸收和改造,老北京叫卖很快趋于绝迹;20世纪80年代以后,由于政府对传统文化的重视,老北京叫卖从一种商业营销文化变为可供传承的民间艺术形式,逐渐得到发掘和恢复,出现了臧鸿、武荣璋、张振元、张桂兰等一批民间叫卖艺人;2007年,老北京叫卖被正式列入第二批北京市级非物质文化遗产保护名录。[①] 老北京叫卖已经成为一种鲜活的表演形式,并吸引了一大批早年走街串巷叫卖销售的老艺人,广泛开展传承保护和展示活动。老北京叫卖声又重新展现在京城百姓的生活中。

但是,随着现代化、国际化进程的加快,特别是由于城市规模的扩大,过去遍

① 许筱言《老北京的胡同叫卖声》,《神州》2011年第1期。

布北京的大小胡同在逐渐消失，老北京人也有不少迁徙异地，作为传统文化的老北京叫卖所赖以生存的环境出现了巨大变化，加之为数不多的传承人大多年事已高（如张桂兰、杨长和、崔燕民、郭振明、武绪增等），有一些传承人已经去世（如臧鸿、张振元、武荣璋等），年轻一代愿意学习并继承老北京叫卖调的少之又少，作为民间艺术形式的叫卖的传承和发展成为日益突出的问题。抢救性地发掘和整理老北京叫卖刻不容缓。

为此，北京市语委设立重大项目“北京语言文化资源信息库建设”，委托北京语言文化建设研究中心展开老北京叫卖的调查、采集和整理工作。项目 2011 年 11 月正式启动，筛选十余名土生土长于北京、会商业叫卖的旧时小商贩或者学习过商业叫卖的老北京人作为发音人，调查内容包括：(1)调查员询问被调查人个人基本情况，发音人进行 30 分钟的个人生活自述；(2)填写调查问卷；(3)调查员与被调查人沟通，了解叫卖名目；(4)请被调查人表演，同时调查员录音、录像；(5)搜集与叫卖条目、响器相关名物简介和图片；(6)整理叫卖内容，并按照录音、录像顺序整理条目；(7)完成集视频、音频、图片、文本为一体的“老北京叫卖资源数据库”。整理后的数据库是“北京语言文化数字博物馆”的重要部分。

调查中共采集了老北京叫卖传人杨长和、崔燕民、陈守安、高寿全、郭秀敏、郭振明、梁凤英、孟雅男、王淑萍、吴占俊、武绪增、战淑明、赵荣祥 13 人的叫卖视频和音频文件分别长达 4 个多小时，搜集叫卖词条及名物图片 130 个、叫卖语 678 条、叫卖响器的声音 19 种。在后期视频和音频数据中，课题组采用老照片与调查所获数据叠加的方式，还原老北京叫卖的旧时场景，使其体现出旧有的时代感。

老北京叫卖（吆喝）文化是一种濒危的“京味儿”文化，亟待加以科学地保护。“北京口传语言文化资源数据库建设”课题组正是通过多模态技术，建立起“老北京叫卖资源数据库”，原汁原味地保护了这一渐行渐远的“京味儿”文化瑰宝。

（张维佳，北京师范大学；张文丽，厦门大学嘉庚学院；
王梓霖，北京市八一学校玉泉中学）

北京皇家园林楹联匾额资源调查

北京有着八百多年的建都史，皇家园林遍布京城，尤其是西郊，其中的楹联匾额多为帝王先贤所书，字字珠玑，蕴含着独特的政治、历史和文化内涵，是一笔非常宝贵的资源。

一　分布现状

据已有的文本性成果和实地的田野调查，除去不对外开放的园林古刹，北京皇家园林楹联匾额资源的分布现状如下表所示：

表1　北京皇家园林楹联匾额资源分布现状

景点名称	所属区域	小景点数量	楹联匾额数量
故宫	东城区	116	227
太庙	东城区	1	1
雍和宫	东城区	10	31
国子监	东城区	9	18
孔庙	东城区	4	15
地坛	东城区	5	20
天坛	东城区	7	19
中山公园	西城区	8	10
景山公园	西城区	10	15
北海公园及团城	西城区	32	58
恭王府	西城区	20	40
月坛	西城区	7	7
清华园	海淀区	4	5
圆明园	海淀区	35	35

（续表）

颐和园	海淀区	129	234
香山公园	海淀区	15	27
日坛	朝阳区	12	4
八大处	京郊	29	79
潭柘寺	京郊	12	24
戒台寺	京郊	4	6

需要说明的是，我们的调查对象以明清时期的楹联匾额为主，少数是保存下来的原样，多数为后来的复制品，这既能反映皇家园林的特色，同时又呈现了部分近现代名家的书写作品。其中，故宫保留了少数清代匾额楹联的原貌，我们得以于斑驳的字迹和匾额色彩中遥想曾经的明丽恢宏；其余景点的楹联匾额资源以复制为主，其中还有许多新增加的匾联。如，我们根据明清时期《日下旧闻考》《帝京景物略》《京城古迹考·日下尊闻录》等文献记载考证，恭王府现存 43 副楹联匾额中，有 32 副属于明清时期旧有的。

二 内容主题

楹联匾额一直以来被视为园林艺术的点睛之笔，是对园林景观的升华。《红楼梦》中贾政曾发表过这样的见解："偌大景致，若干亭榭，无字标题，恁是花柳山水也断不能生色。"楹联匾额不仅渲染了自然风景的意境，更是一种寓情寄意、托物言志的手段，抒发了题写者心中的心性志趣、政治追求和人生哲学。北京皇家园林楹联匾额资源的主题大致可以分为以下几类。

（一）绘景状物，篇题觞咏，渲染自然景色

亭台楼阁多具有观景和休憩的功能，其中悬挂的楹联匾额多为吟咏美景之作。比如：

谢朓诗情摹霁景，仲淹记语写澄空。（颐和园·景明楼）

窗迎紫翠千峰月，帘卷玻璃万顷秋。（颐和园·文昌阁）

明月清风无尽藏，长楸古柏是佳朋。（故宫·古华轩）

瑞霭晓迎荷盖露，晴曦低映竹溪云。（故宫·猗兰馆）

风月清华赢四季，水天朗澈绕三洲。（北海公园·云袖亭）

石缝若无路，松巢别有天。（北海公园·写妙石室）

日辉雨润云石古树，月影茶香府苑斜廊。（恭王府·蝠厅）

景自天成。（中山公园·兰亭八柱亭）

南方私家园林贵在小巧玲珑，精致细腻，其楹联匾额所描绘的景色自然也契合这样的特点。皇家园林虽然在设计上吸取了苏州园林的造景艺术，但整体上气势恢宏，其楹联匾额所描绘的景色不仅有广阔的视线，更有巍峨浩荡的意境。

（二）澄心正性，体仁弘义，寄托修身之道

儒家文化提倡修身、齐家、治国、平天下，中国古代的帝王研读过“四书五经”，浸濡过儒家的思想，因而在皇家园林的楹联匾额中能看到不少有关修身之道的表达。比如：

逊志好学以希圣，自强不息以希天。（故宫·体元殿）

澄心正性。（故宫·钟粹宫）

庄敬日强。（天坛·无梁殿）

康度春秋融贯古今百岁生，健行天地兼修内外七分养。（地坛·养生坊）

诚心堂。（国子监·诚心堂）

澡身浴德。（圆明园·九州景区）

（三）敬天爱民，表正万邦，抒发政治理想

从三代之治到明清之世，帝王治理国家的理念与原则是一脉相承的。这样的胸襟和情怀不仅见于典籍文献，也可以在楹联匾额中窥得一斑：

中正仁和。（故宫·养心殿）

表正万邦，慎厥身修思永；弘敷五典，无轻民事维艰。（故宫·乾清宫）

绍闻祗遹。（景山公园·西牌楼）

昭格惟馨。（景山公园·南牌楼）

钦若昊天。（天坛·无梁殿）

慎独谨几旦明怀帝载，思难图易宵旰念民依。（天坛·无梁殿）

林月映宵衣察采一堂师帝典；松风传昼漏农桑四野绘豳图。（香山·勤政殿）

这类楹联匾额平和中正，多取儒家五经中的语典，尤其是《尚书》，后代帝王以此表达对尧舜禹仁政的继承，勉励自己敬天顺时，勤政爱民，体现皇家园林楹联匾额的重要特点。

（四）国泰民安，福寿无疆，祈求美好愿望

“福、禄、寿”自古以来就是中国人的三大愿望，以“福”为首。《尚书·洪范》：“五福：一曰寿，二曰富，三曰康宁，四曰攸好德，五曰考终命。”“福”一直是汉民族推崇的文化，也被清朝统治者吸收。比如：

松牖乐春长，既安且吉；兰陔宜昼永，曰寿而昌。（故宫·翊坤宫）

天杯献寿齐南岳，圣藻光辉动北辰。（故宫·益寿斋）

崧岳大云垂九如献颂，瀛洲甘雨润五色呈祥。（颐和园·排云殿）

寿永山河升恒日月，祥临斗极景庆星云。（颐和园·介寿堂）

拜福求福祈福请福福寿无疆，得福聚福载福戴福福禄绵长。（恭王府·听风阁）

同德延釐。（恭王府·多福轩）

这类楹联匾额主要集中在故宫的西六宫、颐和园和恭王府。慈禧太后书写的匾额楹联中多带有“寿”字，恭王府存有乾隆皇帝书写的“福”字碑，并围绕着这个“福”字形成了独特的“福”文化，这些特点值得我们注意。

（五）对儒释道文化的兼收并蓄

儒释道之间的沟通、交融，伴随着中国传统文化的发展。清代统治者继承了对儒学的尊崇，同时又推崇藏传佛教，对道家思想也不排斥。这点在皇家园林楹联匾额资源中也很突出。比如：

万世师表。（孔庙·大成殿）

气备四时与天地鬼神日月合其德，教垂万世继尧舜禹汤文武作之师。（孔庙·大成殿）

恒久咸和，迓天休而滋甚；关雎麟趾，立王化之始基。（故宫·交泰殿）

无为。（故宫·交泰殿）

濠濮间。（北海公园·濠濮间）

妙境庄严。（北海公园·极乐世界）

十地圆通。（雍和宫·品字形牌楼）

福海珠轮。（潭柘寺·大雄宝殿）

北京孔庙是元、明、清三代帝王祭祀孔子的地方，楹联匾额中也突显了对孔子和儒家文化的推崇。故宫中也有不少楹联匾额化用儒家经典，传递儒家修身治国的理念。清代统治者推崇藏传佛教，雍和宫、北海公园、香山、潭柘寺、戒台寺等寺庙的楹联匾额为我们了解当时的佛教文化提供了一个窗口。道家无为、清静的理念和率性逍遥的修身方式也散见于皇家园林楹联匾额。

三　资源价值

楹联和匾额虽仅尺幅之大，却涵千里之势。北京皇家园林楹联匾额更因其特殊的性质，在文字、语言、文学、书法等领域都具有重要价值。

（一）语言文字学价值

从文本整理的角度来说，对楹联匾额的汉字材料进行统一的认读、转录、注释，有助于当代人更准确地理解它们的内容，使其不再只是游客走马观花的景点，而是一个寓学于乐、了解古代汉语知识、体味园林文化的平台。比如颐和园澄鲜堂楹联“澹沱溪烟接六桥，双湖夹镜荡兰桡”，其中的“澹沱”是形容水波荡漾的样子。“澹”字一度被简化为“淡”，但其实二者含义有一定区别。“澹”形容水波慢慢起伏荡漾之貌，由此而引申出安定、安静之意。颐和园中的“澹宁堂”表达的就是这个意义。而“淡”则是味道不浓的意思。两字虽然在引申上有相似之处，但造字的含义和意境有很大的差别，所以这里的“澹”字不能直接简化成“淡”字。

从文字整理的角度来说，对这笔汉字材料进行字样的提取、字位的归纳、单字属性标注，有助于大家准确了解单个字词的读音、结构等属性，了解字际之间的关系，体会汉字的性质和演变发展的趋势。比如：北海公园·承光左门的匾额，“光”作“灮”。按《说文·火部》：“光，明也。从火在人上，光明意也。”当小篆构件“人”位于汉字下方时，便隶定作“儿”，“灮”完全符合构形理据的形体，“光”则是后来演变的结果。虽然现在我们把“光”看作规范的书写，但只有追溯它形体演变发展的过程，我们才能更好地理解“光”的构形理据，理解为什么“光”字可以用来记录明亮之义。

恭王府·香雪坞景点室内悬挂的对联“安排月白花红句，趁辨橙黄橘绿天”，其中的"趍"字是"趁"的俗字。解除了"趍"字认读上的困难，大家就不难理解这副对联传达的意境了，"香雪坞"自然是个观赏自然美景、吟诗联句的好地方。

像"光"和"兊"、"趍"和"趁"这样的异体字在整理时可以归纳为一个字位，从而方便检索查询。

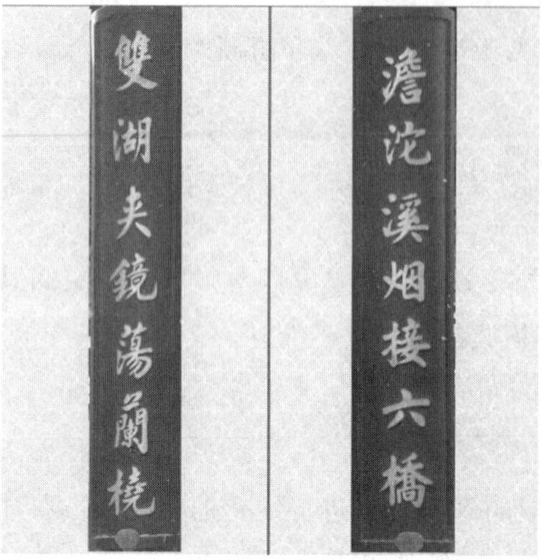

图 1　颐和园・澄鲜堂楹联

图 2　北海公园・承光左门匾额

（二）书法学价值

北京皇家园林楹联匾额也是不可多得的书法作品，其中保存了不少帝王御笔和名家真迹，从书法风格我们也多多少少可以领略他们的胸怀、意气和诗情。

北京皇家园林楹联匾额中保存最多的便是清代帝王的书法，以康熙帝和乾隆帝为甚。康熙帝在论书法时曾有"人果专心于一艺一技，则心不外驰，于身有益"之说，他的作品颇有帖学的风范，足见他书写时的心正气和。康熙帝崇尚董其昌的书法，结构舒朗而不失严谨，清丽而不轻佻，散发着端庄大气、温润仁厚的气质。楹联匾额中保存的康熙御笔多为正楷，兼及行楷，相比之下，乾隆御笔则楷书、行书、草书都较常见。乾隆帝崇尚赵体，又位处盛世，因而其书法圆润而不失秀气。马宗霍先生曾评价说："高宗（即乾隆帝）袭父祖之余烈，天下晏安，因得栖情翰墨，纵意游览，每至一处，必作诗纪胜，御书刻石，其书圆润秀发，盖仿松雪，惟千字一律，略无变化，虽饶承平之象，终少雄武之风。"[①]我们常说"字如其

① 马宗霍，《书林藻鉴 书林记事》[M]，北京：文物出版社 1984 年版，第 194—195 页。

人”，书法作品的特点受到政治经济环境、为人处世特点、个人风格偏好等多种因素的影响，也因此复杂而具有魅力，楹联匾额上的书法可谓给了我们一个窥视帝王为人为政的特殊角度。

图 3　孔庙・大成殿康熙御笔匾额

图 4　孔庙・大成殿乾隆御笔匾额

（三）文学价值

楹联缘于对仗句，和诗词有着密切的关系，自然具有极高的文学价值。北京皇家园林楹联匾额中蕴藏着多样的文学手法、丰富的文学意象、风雅的文学典故，挖掘其中的文学价值，有助于我们领略花草树木间的诗情画意，走近帝王将相和文人墨客的内心世界。比如颐和园・景明楼“谢朓诗情摹霁景，仲淹记语写澄空”一联，上联指谢朓《晚登三山还望京邑》“余霞散成绮，澄江静如练”二句，描写的是快要消失的晚霞就像一匹散开的锦缎那样绚烂，澄澈的江水平静得好像白色的绸缎一般，这种既有云霞又有夕阳的美景，一般是在雨过天晴之后才能出现。下联指范仲淹《岳阳楼记》中“至若春和景明”一段描写，在景中寄寓了宠辱偕忘的态度。这副对联引用文学典故，衬托出登上景明楼所能见到的瑰丽澄澈的景色，更借此抒发了与自然融为一体，不为一时得失所羁绊的人生态度。

楹联匾额的文学价值不仅体现在对仗的手法和风雅的典故，用“字字珠玑”来形容一点不为过。比如颐和园・延清赏楼“邃馆来风，清檐驻月；丹墀聚叶，镂栏飞花”一联极其巧妙，此联其实是集句联，上联出自北魏元苌的《温泉颂》，下联出自梁简文帝萧纲的《七励》，虽然四句诗并非出自一人之手，但合在这里却浑然天成。更巧妙的是四个动词的运用，“来”“驻”“聚”“飞”本来是“风”“月”“叶”“花”发出的，这里采用倒置的修辞，更显动静之间的张力。就拿“清檐驻月”来说，我们仿佛能看到月亮升起，在宫殿的飞檐之上停驻逗留的景象，富有趣味，别具画面感。

（四）文化学价值

北京皇家园林楹联匾额还具有更广泛意义上的文化学价值，包括民俗文化、建筑文化等。楹联本就是从“画桃符”这一民俗演变而来的，楹联匾额中的不少内容也反映了民俗文化，尤以神话传说为代表。天坛·无梁殿“钦若昊天”匾额就和神话传说中羲和这一人物有关。此匾额出自《尚书·尧典》：“乃命羲和，钦若昊天，历象日月星辰，敬授民时。”羲和在古代神话传说中是驾驭日车的神仙，测定日月星辰的运行规律，给大家制定出计算时间的历法。“钦若昊天”表达了对上天的敬意和对自然规律的遵循。

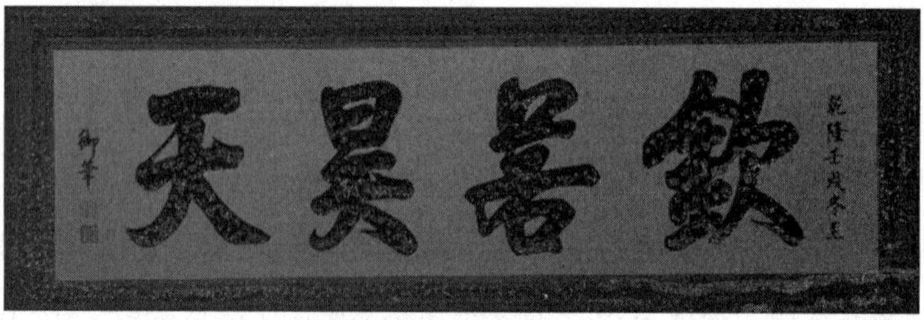

图5　天坛·无梁殿匾额

图6　孔庙·大成门匾额

楹联匾额的形式和内容还往往和建筑的规格、结构、功能相适应。比如孔庙的“大成门”匾额，“大成”二字，出自《孟子·万章下》“孔子之谓集大成，集大成也者，金声而玉振之也”，本是古代奏乐的用语。古乐一章为一成，九章则乐曲演奏完毕，称为大成。孟子用“集大成”来形容孔子的思想汇集了前人学说的精华，形成了完整的思想体系。大成门上的装饰极为讲究，门面为朱红色，每组扇门按照皇宫礼制共有一百零八颗门钉，左右各五十四颗，为五和九相乘所得之数，取“九五之尊”的含义，又九是阳数之极，九的倍数一百零八在礼制中为最高，以此表示孔庙建筑规格之高。可见“大成”之义和孔庙建筑的规格、功能都是相适应的。

（王立军、梅茹瑜，北京师范大学文学院）

北京清代皇家园林御制诗资源调查

“三山五园”是我国近代皇家园林文化的集大成者，其中除了建筑、湖泊等历史遗存外，历代留下来的大量楹联、匾额、御制诗也辑录了近代皇家园林文化的精华，尤其是清代皇帝的御制诗。整理清代御制诗对研究“三山五园”历史文化变迁、政治风云变幻、生态文化建设等都有着十分重要的意义。

一　清代皇家园林御制诗的规模和类别

清代共十二位皇帝。入关前努尔哈赤、皇太极戎马天下，无意于诗。最后一位皇帝溥仪，幼龄即位，无力于诗。自第三代顺治至第十一代光绪，共九位帝君，皆有诗作传世。清代九位皇帝的御制诗作，主要保存在《四库全书》《续修四库全书》《清实录》及清代众多文人笔记中，具体情况如下表所示：

表1　清代帝王御制诗作一览表

书　名	著者姓名与年号	在位时间	编　者	集、卷、诗作数量	刊刻年代
万寿诗	爱新觉罗·福临（顺治）	1644—1661		1卷，诗30首	顺治十三年
清圣祖御制文集（含诗）	爱新觉罗·玄烨（康熙）	1662—1722	张玉书、允禄等	4集180卷，诗1146首	前三集康熙五十三年，第四集雍正十年
清世宗御制文集（含诗）	爱新觉罗·胤禛（雍正）	1723—1735		30卷，诗544首	乾隆三年
清高宗御制诗集	爱新觉罗·弘历（乾隆）	1736—1795	蒋溥、于敏中、梁国治、王杰、彭元瑞等	初、二、三、四、五、余集458卷，诗42 640首	乾隆十四、二十四、三十六、四十八、六十年，余集刻于嘉庆五年

（续表）

清仁宗御制诗集	爱新觉罗·颙琰（嘉庆）	1796—1820	庆桂、托津等	初、二、三、余集 182 卷，诗 11760 首	嘉庆八、十六、二十四年，余集道光年间
清宣宗御制诗集	爱新觉罗·旻宁（道光）	1821—1850	曹振镛等	初、余集 36 卷，诗 2008 首	初集道光九年，余集咸丰年间
清文宗御制诗文集	爱新觉罗·奕詝（咸丰）	1851—1861	许寿彭等	8 卷，诗 373 首	咸丰年间
清穆宗御制诗文集	爱新觉罗·载淳（同治）	1862—1874	李鸿藻等	6 卷，诗 321 首	光绪年间
清德宗御制诗文	爱新觉罗·载湉（光绪）	1875—1908		不分卷，诗 345 首	未付梓，抄本

除了光绪帝诗集未分卷，其余八位皇帝的诗集共 901 卷，诗作 58 822 首，如再加上乾隆为皇子时所作《乐善堂全集》1080 首，光绪存诗 345 首，清代九位皇帝的御制诗作达六万余首。

世祖顺治皇帝时期，“三山五园”的皇家园林尚不具规模，且福临《万寿诗》系为母祝寿之作：“兹当圣诞之辰，谨制诗三十首随表进呈，恭申祝颂。”（《万寿诗序》）。其余八位皇帝，大多在“三山五园”小住过，且留下大量诗篇。其中，清高宗乾隆存诗最多。

乾隆帝“平生结习最于诗”（《题郭知达集九家注杜诗》），“几务之暇，无他可娱，往往作为诗、古文、赋”（《初集诗小序》），存诗最多。这位寿近九旬的一代雄主，一生约三万个日夜，却留下四万余首诗篇，详见下表：

表 2　清高宗乾隆御制诗作一览表

集　名	卷数	诗作数量	编　者	刊刻年代
乐善堂全集定本	30	1080	蒋溥等	乾隆二十三年
清高宗御制诗集·初集	44	4150	蒋溥等	乾隆十四年
清高宗御制诗集·二集	90	8470	蒋溥等	乾隆二十四年
清高宗御制诗集·三集	100	11 620	于敏中等	乾隆三十六年
清高宗御制诗集·四集	100	9700	梁国治等	乾隆四十八年
清高宗御制诗集·五集	100	8700	王杰等	乾隆六十年
清高宗御制诗集·余集	20	750	彭元瑞等	嘉庆五年

考察乾隆四万余首御制诗，其中以“三山五园”为题材的诗作近七千首。这些诗作大致可分成以下三大类别：

一是从皇宫到御园的沿途景观诗。这主要包括从陆路策马或乘舆而经由的西直门（149首）、高梁桥（10首）、青龙桥（26首），从水路泛舟而经由的广源闸（7首）、麦庄桥（5首）、长春桥（2首）、火器营（5首）及泛舟漫游不及景点之作（84首）。沿途行宫，如乐善园（32首）、含清斋（13首）、蕴真堂（12）、鸾举轩（4首）、倚虹堂（7首）。沿途寺庙，如万寿寺（48首）、圣化寺（108首），泉宗庙（168首）。

二是“避喧听政”于“三山五园”时的诗作。其中乾隆赋诗最多的是圆明园，诸如长春园、绮春园、熙春园、春熙院、藻园、紫碧山房、若帆之阁以及圆明园四十景等，凡所到处，皆有诗作，共得诗2300首。其次是万寿山清漪园，诸如万寿山（瓮山）、昆明湖、惠山园、仁寿殿等等，以这些景点为题的诗作达1500首。第三是香山静宜园，如静宜园二十八景、带水屏山、松坞云庄、佛国寺宇等，共1338首诗。第四是玉泉山静明园，诸如静明园十六景、古塔、名寺等等，共1200首诗。第五是御园畅春园，共125首。

三是“三山五园”周边景点诗，如黑龙潭（41首）、大觉寺（17首）、潭柘寺（2首）、广仁宫（2首）、万泉庄（23首）等。

晚年退居大内的乾隆，面对词臣细心编纂的洋洋洒洒数万首诗，兴奋不已：“予少时即喜作诗，不喜为风云月露之词。自御极以来，虽不欲以此矜长，然于问政敕儿，一切民瘼国事之大者，往往见之于诗……今予诗五集，厘为四百三十四卷，总计四万一千八百首。而《乐善堂全集》在潜邸时所著者，尚不在此数。是予以望九之年，所积篇什，几与全唐一代诗人篇什相埒，可不为艺林佳话乎！”（《御制诗·余集》卷十九《鉴始斋题句跋》）康熙年间编纂的《全唐诗》九白卷，收录唐三白年间两千两百多位诗人作品四万八千余首，乾隆一人之诗，“几与全唐一代诗人篇什相埒”，确为“艺林佳话”！尽管这些诗作中不少是词臣捉刀之作，乾隆对此亦不讳言：“自今以后，虽有所著作，或出词臣之手，真膺各半，且朕亦不欲与文人学士争巧，以转贻后世之讥。”但即便捉刀之作，也是经由乾隆审定入书的，这从乾隆四万余首御制诗作风格的一致性上可得到证明。

二　清代皇家园林御制诗数据库建设的意义和内容

“三山五园”是清代帝王的主要游憩之所，也是这些帝王御制诗的中心题材，统观清代帝王的御制诗作，其中以“三山五园”为题的作品近两万首，仅乾隆一人便达六千余首。尽管学界对清代帝王的御制诗作颇多微词，但主要是着眼于审美视角的批评，不满其雍容华贵之气，空洞板滞之风，但对这些诗作背后所蕴含的历史文献价值，却几都持肯定态度。从清代帝王的御制诗作中，将以“三山五园”为题之作单独勾辑成集，并建立图像和文字数据库，起码有三个方面的意义。

首先，从这诸多帝王游山题园诗作中不难发现隐于其后的时代风云和社会气候，尤其是清帝作诗，常附序注，于诗作之时、事多有交代，这对于喜好和研治清代政治史、社会史、园林史等的当代学者而言，本数据库的建立，其文献价值自不待言。

其次，“三山五园”作为皇家园林，其帝都文化不只是体现在作为物质遗存的山林园苑中，清代帝王们游览之余的兴致所至，其所闻所感，可说是一种特殊的历史记忆。激活这些尘封的历史记忆，并将之融入今天的“三山五园”景观中，既可为今大的游览者提供一个历史的参照视角，也充实和丰富了“三山五园”的历史底蕴。

第三，中国古代帝王好作诗，汉高祖《大风歌》，汉武帝《秋风辞》，魏武帝曹操《龟虽寿》，以及隋炀帝、唐太宗、李后主、明太祖等，均有诗作存世。与前代帝于诗道或偶一为之（如汉高祖、唐太宗）或浸淫有成（如曹操、李后主）且多名篇佳什不同，清宫十二帝，九主皆有诗，尤其乾隆、嘉庆所留诗作过万首。缘何满清帝主多钟情汉诗且终生不辍？清宫九帝的“三山五园”之游，仅仅只是“避喧听政”？“三山五园”御制诗背后所隐含的帝王心态该如何解读？更让人感叹且要追问的还有，为何九位帝主数万首诗中竟未见有一篇或一句脍炙人口之篇什？通过对这些诗作的挖掘，后世可以了解清代帝王处事为政的心路历程及诗歌创作过程中鲜为人知的细节。

北京市语委重大项目"北京语言文化资源信息库·清代皇家园林御制诗资源数据库建设"这一子项目包括三个子库：

1. 清世祖（顺治）、圣祖（康熙）、世宗（雍正）"三山五园"御制诗数据库；

2. 清高宗（乾隆）"三山五园"御制诗数据库；

3. 清仁宗（嘉庆）、宣宗（道光）、文宗（咸丰）、穆宗（同治）、德宗（光绪）"三山五园"御制诗数据库。

三个子库均有图文两类数据，包括：

1. 图像数据，将作为楹联、匾额的一些御制诗作，对其所涉景观均采录图像。

2. 文字数据库，将清代九位帝王"三山五园"御制诗按时序、路线分类编排，每首诗均作题解，简要介绍其写作时间及其他相关背景资料。

本数据库的三个子库中，鉴于乾隆皇帝"三山五园"题材的御制诗最多，所以优先建设。所依据的文献材料主要有：

1. 文渊阁本《四库全书》所收：《乐善堂全集定本》，《御制诗集》初集、二集、三集、四集、五集、余集。

2.《清高宗（乾隆）御制诗文全集》，中国人民大学出版社 1993 年版。

3.《清实录·高宗实录》，1500 卷。

本数据库目前已完成了清高宗乾隆御制诗集的《乐善堂集》、初集、二集、三集的全部搜辑，共得有关"三山五园"御制诗作 3105 首，尚有四集、五集及余集正在建设中。

三　清代皇家园林御制诗数据库建设的方法

本课题全面搜集清代九位皇帝的御制诗作所有文献材料，分类整理并扫描入库。除了文人笔记的记录外，"三山五园"还有一些楹联、匾额、碑林等刊有一些帝王的御制诗作，其中还有一些未曾收入御制诗集中的，对这些材料，我们也做了全面搜寻，分类整理，并制作图文数据库。

在图文材料的整理中，数据库以单篇诗为一个整理单位；诗作所涉景观，尽可能以历史文献中本有的图画配诗呈现，做到图文对应。如图 1：

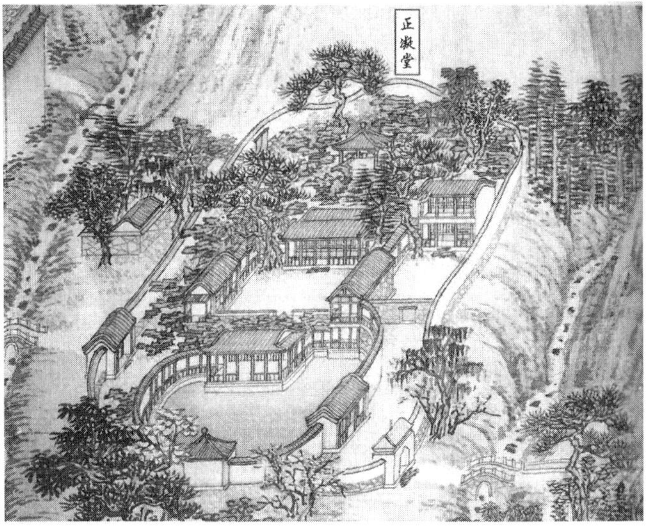

图 1　乾隆六十年御制题正凝堂诗：

选胜为堂合有额，循名责实数年仍。

林无籁处观山正，池不波时对水凝。

遊目去私庶克当，悦心于理乃相应。

七言补詠亦偶耳，道学宋儒羞比称。

对楹联、匾额及所涉景观，写出相关背景的介绍材料。如图 2：

图 2　乾隆十一年御制晞阳阿诗：

我初未来此，雾壑尔许深。

扫石坐中唐，一畅平生心。

仰接天花落，俯视飞鸟沉。

自惟昔岂昔，乃知今匪今。

【注文】睎阳阿名源于屈原《九歌·少司令》之诗句："与女沐兮咸池，睎女发兮阳之阿"，为静宜园二十八景之一，建于乾隆十年(1745)，原建筑由唏阳阿、延月亭和朝阳洞等组成。朝阳洞为一石穴，外有乾隆御题朝阳洞三字，朝阳洞内奉龙神，乾隆在此祈雨。其建筑于1860年被焚毁。旁边的峭壁上有御制诗八首，史载，乾隆曾制诗十首咏睎阳阿，可见高宗对此情有独钟。

对那些文献中没有景观图片的御制诗，我们采用实地拍摄的方法，尽可能补上与此诗相关的图片。如图3：

图3 乾隆四年御制望西山积雪诗：

天然图画开屏障，琼树瑶葩不识名。

记得河阳生动笔，直教人在座中行。

本课题是学术界首次全面收集和整理清代帝王的"三山五园"御制诗作，建立了图像数据和文字数据的互动性关联，可按图查文，也可按文找图。但由于涉及清代九位帝王的"三山五园"御制诗，不仅文献资料都是大部头的类书，阅读量大，搜辑不易。不少诗作需查询文人笔记，探访"三山五园"诸多名胜景点，工作量也很大。缺漏之处在所难免，还需以后进一步完善。

（汪龙麟，首都师范大学）

北京核心城区地名文化资源调查

本报告以《北京地名典》中原东城、西城、崇文、宣武四区所辖地名为基础数据，对2012年12月31日尚存的街巷地名重新做了调查核验，并查阅《北京胡同志》等资料，对现存地名进行回溯，由地名的命名、更名理据梳理出北京核心城区的地名文化资源。

一　地名中的通名

通名，是代表地理实体、地物类别属性和特征的，包括表示自然地理实体的通名居民聚落的通名人工建筑物的通名行政区划的通名等。

北京核心城区共有2183个街巷地名，包含20个通名，其中“故宫东门外”这条街巷，没有通名。详见表1。

表1　街巷地名通名统计

序号	通名	数量	所占比例(%)	序号	通名	数量	所占比例(%)
1	胡同	890	40.73	11	里	183	8.38
2	街	383	17.54	12	大院	17	0.78
3	大街	56	2.56	13	河沿	5	0.23
4	小街	9	0.41	14	区	18	0.82
5	斜街	4	0.18	15	庄	4	0.18
6	巷	289	13.24	16	园	3	0.14
7	条	173	7.92	17	沟	2	0.09
8	路	116	5.31	18	庵	2	0.09
9	道	2	0.09	19	村	1	0.05
10	夹道	25	1.15	20	窝	1	0.05

“街”类通名包括“街”及其派生出的“大街”“小街”“斜街”，“大、小”用以区别

街巷的宽窄,"斜"表明街道的形状不直。

以"巷""条"这两个为通名的街巷多是由某一大的地名衍生出来的,多在其前面附加有数词表示一定的序列,因此多呈东西向或南北向规则排列。带"条"的多为细长形的街巷,如东四头条至十四条,草厂头条至十条,长巷头条至五条,龙潭北里头条至八条。

"夹道"意为"左右都有墙壁的狭窄小道",也有一侧是高墙,一侧是民居的情形。

"里"最初大多本是不通的小巷,小巷两侧筑屋,在小巷入口构筑西式门洞,门洞起券(xuàn),券上砌女墙。中华人民共和国成立以后,在北京老城内外建设了许多新的居民小区,一些小区仍用"里"来命名。

"大院"意为多户居民聚集的院子,以"大院"为通名的街巷原来多为大杂院。

"河沿"指明街巷位于护城河沿岸。

几处原表示居民聚落的通名"园""村""庄"是原有的城郊村。随着城市化的推进,它们成为了城中村、城中园,融入城市后,仍沿用以前之名。

二 地名中的专名

从文化内涵的角度考察专名,既可以了解历史上北京地区的社会经济发展、民族迁徙与融合、宗教信仰、军事活动与政治变革,也可以窥探中华民族的思维特点、思想观念、心理特征、审美特点等各个方面的内容。

(一)反映社会意识和社会心理的街巷名

反映在地名用字上,主要有"吉、祥、安、康、福、禄、寿、仁、义、富、俭、和"等。

反映儒家思想的有:爱民街、爱民一巷、爱民三巷、爱民四巷、安德路、安德里北街、博学胡同、博兴胡同、诚实胡同、崇善里、恭俭胡同、弘慈巷、弘善胡同、建功东里/西里/北里/南里、恭俭一巷至五巷、广义街、华仁路、东智义胡同、感化胡同、教育夹道、建学胡同、教育街、教子胡同、里仁街、里仁东街、民丰胡同、民康胡同、七贤巷、文华胡同、文明胡同、文兴胡同、文兴西街、文兴街、儒福里、仁民路、仁寿路、慎业里、扬威胡同、西智义胡同、贤孝里、孝友胡同、辛勤胡同、扬俭胡同、裕民路、裕民东路、裕民中路。

表示向往光明、渴望和平安定的有:光明路、光明西街、光明中街、和平里东街/西街/中街/南街/北街、安居里、安康胡同、平安里、平安巷、东安福胡同、定居胡同、太平街、永宁胡同等。

表示对福寿、康泰、吉祥追求的有:千福巷、幸福巷、幸福大街、幸福南里、幸福北里、延年胡同、延寿街、五福里、福长街、禄长街、寿逾百胡同、永康里、新康街、寿长街、南吉祥胡同、北吉祥胡同等。

表示和顺、美满的有:永胜巷、永宁巷、丰盛胡同、善果胡同、百顺胡同等。

表示希望经济兴隆繁荣的有:富强胡同、兴旺胡同、华丰胡同、兴盛街、兴隆街、大兴隆胡同等。

地名改名反映求雅心理的有:粪厂胡同→粉厂胡同、粪场大院→奋章胡同、大脚胡同→达教胡同、小脚胡同→晓教胡同、大哑巴胡同→大雅宝胡同、小哑巴胡同→小雅宝胡同、小豆腐巷→多福巷、驴市胡同→礼士胡同、蝎虎胡同→协和胡同、熟皮胡同→寿比胡同、北墙缝胡同→北翔凤胡同、南墙缝胡同→南翔凤胡同、粑粑楼胡同→八宝楼胡同、干鱼胡同→甘雨胡同、汤锅胡同→汤公胡同、猴尾巴胡同→侯位胡同、北灌肠胡同→北官场胡同、鸡市口路→吉市口路、岔子胡同→察慈胡同、鬼街→簋街,等等。

(二)反映经济生活的街巷名

这类地名可以大致分为传统手工类和商贸类地名。反映商业的,或以商铺、市场为专名,或直接以交易的商品为专名。

反映传统手工业的有:缸瓦市、前铁匠胡同、琉璃厂东街、前细瓦厂胡同、染坊胡同、造纸胡同、赵锥子胡同、油坊胡同、盆儿胡同、皮库胡同、后铁匠胡同、后细瓦厂胡同、小糖房胡同、西砖胡同、西铁匠胡同、糖房大院、油坊胡同、大糖房胡同、大酱坊胡同、小酱坊胡同、香炉营东巷、香炉营头条、炭儿胡同、铜铁厂胡同、琉璃厂西街、琉璃巷、桦皮厂胡同、黑窑厂街、黑窑厂东街、黑窑厂东头条、黑窑厂西里、粉房琉璃街(粉坊街)、白纸坊胡同、白纸坊街、白纸坊西街、白纸坊北里、白纸坊中里、白纸坊南里、白纸坊东街、烧酒胡同、韶九胡同、大席胡同、小席胡同、东打磨厂街、西打磨厂街、石板胡同、景泰路、刘家窑路、东绦胡同、中绦胡同、顶银胡同、东裱褙胡同、方砖厂胡同、前炒面胡同、后炒面胡同、上国强胡同、笔杆胡同、手帕胡同、汪芝麻胡同、黑芝麻胡同、铁营胡同,其中国强是锅腔的谐音,芝麻是纸马的谐音。

反映商业的有:廊房头条、廊房二条、廊房三条、醋章胡同、珠市口东大街、珠市口西大街、珠宝市街、毡子胡同、羊房胡同、羊角灯胡同、羊毛胡同、羊皮市胡同、羊肉胡同、烟袋斜街、小市口胡同、菜市口胡同、石灯胡同、闹市口北街、闹市口中街、闹市口南街、铺陈市胡同、南礼士路、骡马市大街、煤市街、小绒线胡同、米市胡同、米粮库胡同、粮食店街、腊竹胡同、后马厂胡同、红土店胡同、红线胡同、东煤厂胡同、东铁匠胡同、定阜街、大钱市胡同、葱店胡同、小茶叶胡同、牛街、大茶叶胡同、大红罗厂胡同、阡儿胡同(蜡阡胡同)、灯草胡同、鲜鱼口街、布巷子胡同、西草市街、肉市街、果子胡同、东棉花胡同、大纱帽胡同、小纱帽胡同、东交民巷、礼士胡同(驴骡市场)、刷子市胡同、东晓市街、西晓市街、大市胡同、北羊市口街、东花市大街、南小市口街,其中交民是江米的谐音,珠市原为猪市。

(三)反映宗教信仰的街巷名

这类地名中往往带有"寺""庵""庙""宫""观"等标识。

与佛教关联的有:千福巷(千佛寺)、前圆恩寺胡同、隆福寺街、安国胡同(安国寺)、净土胡同、雍和宫大街、普渡寺东巷、普渡寺西巷、普渡寺前巷、普渡寺后巷、法华寺街、法华寺东街、法华南里、夕照寺街、夕照寺中街、夕照寺西里、三源胡同(三元庵)、延庆街(延庆寺)、清华街(清化寺)、洪福胡同(弘福寺)、嵩祝院北巷、嵩祝院西巷(嵩祝寺)、黑塔胡同(黑塔寺)、云居胡同(云居寺)、兴盛胡同(兴盛寺)、龙泉胡同(龙泉寺)、响鼓胡同(响鼓寺)、善果胡同(善果寺)、莲花胡同(莲花寺)、正觉胡同(正觉寺)、兴华胡同(兴化寺街)、承恩胡同(承恩寺)、保安寺街、国英胡同(观音寺)、玉芙胡同(玉佛寺)、青塔胡同(青塔寺)、永祥胡同(永祥寺)、地昌胡同(地藏庵)、朝阳庵、双寺胡同、石灯胡同(石灯庵)、天宁寺东里、天宁寺前街(天宁寺)、弘善胡同(弘善寺)、宝产胡同(宝禅寺)、地藏庵、地藏庵南巷、地藏庵北巷、地藏庵中巷(地藏庵)、报国寺东夹道、报国寺西夹道、报国寺前街、护国寺大院、护国寺街、护国寺东巷、护国寺西巷、长椿街、长椿街东里、长椿街西里、长椿里(长春寺街)、法源里、法源寺前街、法源寺后街三条(法源寺)。

与道教关联的有:灵光胡同(灵官庙)、青龙胡同(青龙庵)、文章胡同(文昌宫)、弘通巷(弘通观)、玉阁胡同(玉皇阁)、玉阁巷、玉阁一巷、玉阁二巷、玉阁三巷、玉阁四巷、北极阁胡同、北极阁路、北极阁东巷、北极阁头条至四条(娘娘庙)、红岩胡同(真武庙)、春雨胡同(火神庙)、兴旺胡同(药王庙)、精忠街(精忠庙)、下宝庆胡同(宝庆庵)、大玉胡同(大玉皇阁、玉皇阁)、白云路(白云观)、白云观街、白云观街南里、白云观街北里、白云观街西里、宫门口东岔、宫门口西岔、宫门口头条、宫门口二条、宫门口三条、宫门口四条、宫门口五条、宫门口横胡同(朝天宫)、真武庙路、真武庙一里至六里、真武庙头条至四条、真武庙路及其头条至四条、成方街(城隍庙)、灵佑胡同(灵佑宫)、宏庙胡同(红庙、关帝庙)、铁鸟胡同(铁老鹳庙、关帝庙)。

与伊斯兰教关联的有:春松胡同、牛街、牛街路、牛街四条、教子胡同。

与马神祭祀关联的有:培英胡同(大马神庙)、南文昌胡同(马神庙)。

与萨满教关联的有:堂子胡同、北堂子胡同、南堂子胡同等。

(四)反映外来移民及其宗族观念的街巷名

以移民原住地命名的有:山西营、汾州营、蒲州巷、陕西巷、陕西巷头条、陕西巷二条、小安澜营胡同、小安澜营头条、小安澜营二条、小安澜营三条、四川营。

以少数民族族名命名的已全部更名。

以同宗移民姓氏命名的有:史家胡同、杨家园路、东唐街、西唐街、戴家胡同、前肖家胡同、苏家坡胡同、驹章胡同(居张儿胡同)、郝家湾、贾家胡同、潘家胡同、高家寨胡同、姚家井胡同、蔡家楼胡同、蔡家楼一巷、姚家井三巷、裘家街、梁家园胡同、梁家园东胡同、梁家园西胡同、梁家园北胡同、鲍家街、温家街、姚家胡同、何家胡同、臧家桥胡同、佘家胡同、刘家胡同、大齐家胡同、施家胡同、蔡家胡同、燕家胡同、韩家胡同、朱家胡同、小齐家胡同、罗家胡同、金家大院、邱家胡同、后毛家湾、中毛家湾、前毛家湾、果家大院、大杨家胡同、小杨家胡同、林家胡同。

(五)以历史人物、历史事件和传说取名

以历史人物和民族英雄命名地名,是为了纪念。命名形式,或取其姓名,或取其官职,或取其封号。此类地名有:三不老胡同、文丞相胡同、张自忠路、佟麟阁路、赵登禹路、遂安伯胡同、西颂年胡同(明代称宋姑娘胡同)、山老胡同(明代称山青太监胡同)、前永康胡同、銮庆胡同(明代称銮敬胡同)。

以历史事件命名的地名有五四大街。

以传说命名的地名有:晓顺胡同(明代称孝顺碑胡同,清代简称为孝顺胡同)、南晓顺胡同、北晓顺胡同、黄化门街、白桥大街、东四块玉南街、东四块玉北街、八宝坑胡同等。

（六）以驻军营卫等命名的街巷名

表示崇尚武力、武功、武备的：武定侯街、武定胡同、武功卫胡同。

表示军营驻扎情况的：校尉胡同、校尉营胡同、达官营一巷、西壁营胡同、大外廊营胡同、东壁营胡同等。

表示军队平时操演或比武的：教场胡同、校场口胡同、校场头条、校场口街等。

营房类街巷名有：西营房胡同、东营房八条、东营房九条、五道营胡同、南弓匠营胡同、利薄营胡同、前营胡同、后营胡同、西湖营胡同、西利市营胡同、东利市营胡同、营房东街、营房宽街、营房西街、南营房、南营房中街、阜外南营房、北营房中街、北营房北街、北营房西里等。

以军事器械命名的有：盔甲厂胡同、炮局胡同、炮局头条、炮局二条、炮局三条、炮局四条、火药局胡同、火药局二条、火药局六条、弓箭大院等。

（七）以封建衙署、内府供用库名命名的街巷名

以衙署命名的有：府学胡同、贡院西街、贡院东街、贡院头条、贡院二条、东厂胡同、北兵马司胡同、本司胡同、内务部街、观马胡同、国子监街、钱粮胡同、织染局胡同、报房胡同（皇宫养豹的地方）、武学胡同、国学胡同、东厅胡同（巡捕厅）、西厅胡同、老钱局胡同（铸钱）、油漆作胡同（官邸）、惜薪胡同、兵马司胡同、会计司胡同、大六部口街、马相西巷、大石作胡同、房钱库胡同、南官房胡同、东官房胡同、兵部洼胡同、冰窖口胡同、前公用胡同（供用库胡同）、米粮库胡同（明米盐库所在地）、教育街（清宣统学部所在地）、马相胡同（御马监官房胡同）、府右街（中南海总统府之右）、官园胡同（官菜园）。

以储存内务府用品的仓库命名的有：清代储草之所，草厂胡同、大草厂胡同和小草厂胡同；供皇家御膳房所需蔬菜之所，菜厂胡同；清宫储存、晾晒干果之所，亮果厂胡同；明代储存取灯（引火物）的仓库，大取灯胡同和小取灯胡同；明代内府供用库，纳福胡同；明清时期的磁器库胡同、灯笼库胡同、帘子库胡同、腊库（储存蜡烛）胡同、缎库胡同等。

（八）反映五色五行观念的街巷名

五色指青、白、赤、黑、黄，其中黄色含金色，赤色含红色。五行指金、木、水、

火、土，与五方五色对应。

青为东方色，与五行中木相配。青风巷、青竹巷、青竹夹道、前青厂胡同等。其中青风，即春风，春季当令之风。春属木，色为青，故名。

白为西方色，与五行中金相配。白塔寺东夹道、白云观街、白纸坊街等与白色相关。

红为南方色，与五行中火相配。地名有大红罗厂、红居街、红居东街、红莲南路、小红庙等。

黑为北方色，与五行中水相配。窑厂及易引起火灾的地方均配黑色，有：黑窑厂街、黑塔胡同等。黑塔胡同因黑塔寺得名。

黄为中央正色，与五行中土相配。黄寺大街因其北侧的黄寺而得名。黄寺，为藏传佛教寺庙，瓦皆黄色。

（九）反映民族融合的街巷名

“海”（海子）与“胡同”借自蒙古语，包含“海”的地名有17处：北海、南海、中海、海滨胡同、前海东沿、前海南沿、后海南沿、前海西街、北海北夹道、后海夹道等。以“胡同”为通名的有890个。

（十）以地标建筑物取名

以天坛、地坛、鼓楼、钟楼等建筑命名的有：天坛路、天坛东路、天坛西里、天坛南里、天坛东里、天坛西胡同、祈年大街、旧鼓楼外大街、鼓楼外大街、鼓楼东大街、前鼓楼苑胡同、后鼓楼苑胡同、钟楼湾胡同。

北京核心城区地名文化信息丰富，从政治、文化理念到政治、经济、军事、宗教等实体，几乎囊括了社会生活的方方面面；“东富西贵，南贱北贫”的原有城市生态格局，在地名中有明显的反映，地名雅俗并存。因城门而得名的街巷稳定性强；与市民日常生活密切相关的市场、店铺等街巷名稳定性较强；表示王侯、官衙及具有人文色彩的街巷地名也有一定的稳定性。低俗地名大多通过谐音雅化更名，宗教类地名色彩相对淡化。

（杨建国，北京语言大学）

北京话语音史文献述评

北京话始于何时？北京话的历史层次如何？各历史层次的北京话是同质的还是异质的？这些问题学术界尚有不同意见。我们暂且认为北京话始于唐代，其发展可以分为八期，即：(1)唐代的幽州话；(2)北宋时期的北京话；(3)辽金时期的北京话；(4)元代的大都话；(5)明代的北京话；(6)清代的北京话；(7)民国时期的北京话；(8)当代北京话。需要特别说明的是，这个分期主要是根据反映北京话语音的历史资料所做出的。要想全面而准确地把北京话的历史分期问题解决妥当，除了语音方面的资料外，还要考虑反映北京话词汇、语法方面的资料。由于现有资料的限制，辽金以前反映北京话的资料主要是音韵学资料，从辽金时期开始，出现了可供对当时北京话语法和词汇方面研究的文献。由于篇幅限制，本文主要介绍和评述唐至清北京话语音史的相关文献。

一　唐代的幽州话文献

(一)唐人卢藏用的音切

唐代是北京话音系的源头，这主要是以唐人卢藏用的音切和河北道幽州地区的诗人用韵为依据的。卢藏用(670？～722？)，字子潜，幽州范阳(今河北涿县)人，新、旧《唐书》有传，著有《春秋后语释文》，该书现存残卷有注音 511 条，加上又音 10 个，共有音 521 字次。卢藏用的音系特点虽与《切韵》音系相去不远，但显示某些音变现象已开始发生，呈现出音系简化的趋势。这当是最早系统记录唐代北京地区方言的重要语音资料。①

唐代汉语方言可分为六大方言区，其中北方有西北方音和中原方音两大方言区，唐代北京地区的汉语方言可暂称为幽州话。这里的幽州话是独立于中原方音的一个大方言区还是中原方音内的一个次方言，由于资料所限，尚待进一步

① 郑荣芝《唐人卢藏用音切研究》，载《李新魁教授纪念文集》，中华书局 1998 年版，第 147—163 页。

研究。①

(二) 唐代河北道幽州地区的诗人用韵

幽州地区韵部的突出特点在于《广韵》的"东冬钟"同部和元韵字的归属上。"东冬钟"同部体现了时音的特征,幽州地区"东冬钟"三韵的合用反映出了近代音的特点。《中原音韵》已将"东冬钟江"分成了东钟韵与江阳韵,即通、江二摄不混,并且通摄内部"东冬钟"三韵已合为一部。该地语音另外一个显著的特点就是元韵分别与臻摄、山摄寒桓韵、先仙韵混用,而从段玉裁、戴震、孔广森、江有诰等清儒对古韵的分部上来看,元韵古音应是与山摄相同或相近的,之所以出现同样的元韵字分别与不同韵字相押的情况,很可能在幽州地区元韵部分字的读音正在发生着变化。②

二　北宋时期的北京话文献

《皇极经世声音唱和图》

反映北宋时期北京话的重要音韵资料是邵雍(1011～1077)的《皇极经世声音唱和图》。此图早有学者研究(陆志韦、周祖谟、李思敬③),认为是当时的洛阳话,俄罗斯著名汉学家雅洪托夫④,认为该图反映的是北宋时期的北京话音系。

三　辽金时期的北京话文献

(一) 汉语与民族语译音对音文献

1. 契丹汉对音

契丹大、小字的使用,在当时只限辽代贵族,如《辽史》"列传"中提到通习契

① 冯蒸《唐代方音分区考略》,《龙宇纯先生七秩晋五寿庆论文集》,台湾学生书局 2002 版,第 301—382 页。

② 韩祎《唐代河北道赵州定州幽州三地诗人用韵考》,陕西师范大学 2006 年硕士学位论文。导师:胡安顺。《唐代河北道赵州地区诗人用韵考》,《汉字文化》2008 年(5):22—31。

③ 陆志韦《记邵雍〈皇极经世〉的"天声地音"》,《燕京学报》1946 年第 31 期;周祖谟《宋代汴洛语音考》,《辅仁学志》1943 年 12 卷 1、2 期合刊,第 221—285 页;李思敬《宋初汴洛音》,《中国大百科全书·语言文字卷》,中国大百科全书出版社 1988 年版,第 371—374 页。

④ 雅洪托夫《十一世纪的北京语音》,见雅洪托夫《汉语史论集》,北京大学出版社 1986 年版,第 187—197 页。

丹字的人，是耶律倍、耶律庶成、肖韩家奴、肖音乐奴、耶律大石等上层人物，这些人都精通汉文。辽代的对外正式公文、朝廷诏令奏议、对中原和西夏的所有文件，都用汉文。佛经的解释、著述，士人的科场考试，契丹文学家的诗文集等，也都用汉文。这说明汉文在当时是通用文字，契丹字的使用范围实际上并不广泛。据考古发现，契丹文的使用仅限于哀册墓志方面，并且常常同时对照刻写汉文。

沈钟伟[①]根据已发表的墓志和碑文摹本及考释中的22种契丹小字材料，来研究辽金时期的北京话。其中《郎君行记》《萧仲恭墓志》和《金代博州防御使墓志残石》三种都是金代（1115～1234）的材料，并不是辽代（907～1125）的作品。通过内部对比发现北方官话有五个特征：(1)唇音声母唇齿化；(2)知组声母和照组声母合并；(3)全浊声母清化；(4)塞音韵尾失落；(5)带-k韵尾的音节复元音化。这些特征也是当时北京话的特征。康丹(Daniel Kane)论文亦可参考。[②]

2. 女真汉对音

可供研究的女真文材料只有为数有限的几种碑刻中的汉语借词。沈钟伟[③]通过分析九种女真文材料，发现现代北方官话的语音特征同样有以下五个特征：(1)唇音声母唇齿化；(2)知组声母和照组声母合并；(3)全浊声母清化；(4)塞音韵尾失落；(5)带-k韵尾的音节复元音化。这五个特征与契丹汉对音的特征相同。这些特征也是当时北京话的特征。另见康丹的有关论著。[④]

郑张尚芳先生认为八思巴字与《蒙古字韵》记录的是金代的汉语[⑤]，如依此观点，下文的这项资料应移至此处，但多数学者仍认为该项资料反映的是元代音，本文亦暂置于元代。特此说明。

---

① 沈钟伟《北方官话探源》，《山高水长：丁邦新先生七秩寿庆论文集》，台北：中研院语言学研究所2006年版，第573—594页；《辽代北方方言的语音特征》，《中国语文》2006年第6期，第483—498页；Sino-Khidan phonology.《中国语言学集刊》2007年第1、第2期，第147—211页；The Origin of Mandarin 1，载 *Journal of Chinese Linguistics* 39. 2011(1)：1—31。

② KANE，Daniel. 2009a. *The Kitan language and script*. Leiden/Boston：Brill.；《辽代汉语及北京话的起源》，2009年12月14日在北京清华大学清华国学院做的学术报告。

③ 沈钟伟《辽代北方方言的语音特征》，《中国语文》2006年第6期，第483—498页。

④ KANE，Daniel.1989. *The Sino-Jurchen Vocabulary of the Bureau of Interpreters*. Uralic and Altaic Series Vol.153.Bloomington：Indiana University Research Institute for Inner Asian Studies.

⑤ 郑张尚芳《〈蒙古字韵〉所代表的音系及八思巴字一些转写问题》，《李新魁教授纪念文集》，中华书局1998年版，第164—181页；《从〈切韵〉音系到〈蒙古字韵〉音系的演变对应规律》，《中国语文研究》2002年第1期，香港中文大学出版社2002年3月版，第53—61页；柳霞《中国古代的"普通话"：访音韵学家郑张尚芳》，《光明日报》2006年12月26日"国学版"（总第23期）。

（二）纯汉语文献

1. 辽金时期幽燕地区的诗人用韵

辽金时期幽燕地区的诗人用韵研究成果主要是魏建功、丁治民、崔彦的论著[1]，他们对当时幽燕地区的诗人用韵做了深入探讨。但这些诗文用韵是否具有方言特征，尚待进一步研究。

2. 诸宫调的用韵

我们把诸宫调独立出来是因为它与辽金时期的诗人用韵有所不同。诸宫调盛行于宋金时期，现存有三种：《刘知远诸宫调》《董西厢诸宫调》和《天宝遗事诸宫调》。除了《天宝遗事诸宫调》是元代作品以外，其他两种通常认为是金代作品，而以《刘知远诸宫调》为最早。有关研究见周大璞《〈董西厢〉用韵考》[2]、廖珣英《诸宫调的用韵》。[3] 此前，承吉林大学王昊教授面告，《刘知远诸宫调》非金代作品而是辽代产物。如此说成立，则诸宫调所反映的音韵现象时代亦应提前，举例来说，《中原音韵》有支思韵和车遮韵，这两个韵的形成时代通常认为是元代，但根据周大璞和廖珣英的研究，则诸宫调亦有独立的支思韵和车遮韵。其形成时间更应提前。可与前述沈钟伟对车遮韵的研究互证。我认为支思韵和车遮韵是反映北京话韵母的重要特征，研究诸宫调的用韵是考证北京话形成的又一思路。

四　元代的大都话文献

（一）纯汉语文献

1.《中原音韵》

元代最重要的音韵资料是《中原音韵》，关于《中原音韵》音系的性质，学界一直有不同意见，王力、宁继福、唐作藩均主《中原音韵》代表元代大都音，笔者亦赞

---

① 魏建功《辽陵石刻哀册文中之人声韵》，《魏建功文集》第三卷，江苏教育出版社 2001 年版，第 381—391 页；丁治民《唐辽宋金北京地区韵部演变研究》，黄山书社 2006 年版；崔彦《〈全金诗〉韵部研究》，大连出版社 2011 年版。

② 周大璞《〈董西厢〉用韵考》，《武汉大学学报》1963 年第 2 期。

③ 廖珣英《诸宫调的用韵》，《中国语文》1964 年第 1 期。

同此说。① 这里面实际包含两个问题：(1)《中原音韵》是否代表元代大都音？(2)现代北京话是否直接源自元代大都话？如俞敏先生就认为现代北京人不能说是元大都人的后代②，持北京话形成异质说。

2.《中州乐府音韵类编》

元代卓从之的《中州乐府音韵类编》(1351)，又名《中原音韵类编》《北腔韵类》。学界通常认为该书也是反映北京音的重要韵书。与《中原音韵》相比较，该书有三个特点：(1)《中原音韵》所收的字多，《音韵类编》所收的字少；(2)《音韵类编》平声分三类：阴、阳、阴阳，所谓“阴阳类”，是指阴类和阳类可以两两相配的一类；(3)《中原音韵》中有两韵并收的字，《音韵类编》中无。此外，从它的书名为《北腔韵类》以及作者是燕人卓从之来看，该书当为研究北京话语音的重要资料。③

3. 元杂剧的用韵

研究这一时期及其前后用韵的论著主要有廖珣英《关汉卿戏曲的用韵》、鲁国尧《白朴曲韵与〈中原音韵〉》《白朴的词韵和曲韵及其同异》、赵变亲《元杂剧用韵研究》。④

(二) 汉语与民族语译音对音文献

1. 八思巴字与《蒙古字韵》

《蒙古字韵》是元代用八思巴字拼写汉语的一部韵书，共分 15 韵。它全面、系统地体现了当时汉语共同语的语音面貌，是研究元代汉语语音的重要文献。

---

① 陆志韦《释〈中原音韵〉》，《陆志韦近代汉语音韵论文集》，商务印书馆 1988 年版；李新魁《〈中原音韵〉音系研究》，中州书画社 1983 年版；宁继福《中原音韵表稿》，吉林文史出版社 1985 年版；杨耐思《中原音韵音系》，中国社会科学出版社 1985 年版；王力《汉语语音史》，中国社会科学出版社 1985 年版；唐作藩《普通话语音史话》，语文出版社 2000 年版；宋洪民《金元词用韵与〈中原音韵〉》，中国社会科学出版社 2008 年版；冯蒸《〈中原音韵〉有 7 个单元音音位和 3 个前响复元音音位说 》，《首都师范大学学报》(社会科学版)2016 年第 1 期，第 100—109 页。

② 俞敏《现代北京话和元代大都话》《现代北京人不能说是元大都人的后代》。二文见《俞敏语言学论文二集》，北京师范大学出版社 1992 年版。

③ 陆志韦《释〈中原音韵〉：附释〈中州乐府音韵类编〉》，《燕京学报》1946 年第 31 期，第 35—70 页；冯蒸《〈中州乐府音韵类编〉评介》，《明、清、民国时期珍稀老北京话历史文献整理与研究》(周建设主编)，首都师范大学出版社 2015 年版。

④ 廖珣英《关汉卿戏曲的用韵》，《中国语文》1963 年第 4 期；鲁国尧《白朴曲韵与〈中原音韵〉》《白朴的词韵和曲韵及其同异》，《鲁国尧自选集》，河南教育出版社 1994 年版；赵变亲《元杂剧用韵研究》，中国社会科学出版社 2014 年版。

关于《蒙古字韵》的音系基础虽然没有统一的意见，但是沈钟伟等学者力主该书反映的就是元代的大都话语音。关于《蒙古字韵》的主要论著有：龙果夫 1939/1959；罗常培、蔡美彪 1958/2004；照那斯图、杨耐思 1987；李立成 2002；(韩)郑光 2013；沈钟伟 2015 等。[①]

2. 元代的波斯语—汉语对音

元代的波斯语—汉语对音资料主要有三种：1.王叔和《脉诀》的波斯文译本；2.《回回药方》；3.拉施特《史集：中国史》中的波斯语－汉语对音资料。我们认为这些对音资料的音系基础就是当时的大都音。[②]

五　明代的北京话文献

（一）音韵类资料

1.《菉斐轩词林韵释》

又名《词林要韵》。共分十九韵，入派三声。该书通常认为是词韵书，经赵荫棠先生[③]考证，此书很可能是陈铎在明成化十九年(1483)编的《词林要韵》，非词韵书，而是曲韵书。

《词林要韵》音系反映的是不是北京音，学界并无一致意见。我们知道该音系与《中原音韵》相差无几，除了字数的增加外，二者基本上完全相同。如果《中原音韵》能够反映元代北京话音系的话，也可以认为《词林要韵》音系反映了那个时期的北京音，李荣先生认为不妨假设它跟《中原音韵》一样，"可以指明北京语音前身的情况"。[④] 这个问题还有待进一步的研究。

2.《合并字学篇韵便览》

作者徐孝。该书是一部记录明代北京话语音系统的典籍，对研究北京话语

① 〔苏〕龙果夫，A.《八思巴字与古汉语》，唐虞译，科学出版社 1959 年版；罗常培、蔡美彪《八思巴字与元代汉语(增订本)》，中国社会科学出版社 2004 年版；照那斯图、杨耐思《蒙古字韵校本》，民族出版社 1987 年版；李立成《元代汉语音系的比较研究》，外文出版社 2002 年版；(韩)郑光《〈蒙古字韵〉研究：训民正音与八思巴文字关系探析》，民族出版社 2013 年版；沈钟伟《〈蒙古字韵〉集校》，商务印书馆 2015 年版。

② 蒋冀骋《阿汉对音与元代汉语语音》，中华书局 2013 年版；远藤光晓《元代音研究：〈脉诀〉ペルシャ語訳による》，东京：汲古书院 2015 年版；沈钟伟《拉施特〈史集：中国史〉中所见元代官话口语特征》，首都师范大学文学院编《燕京论坛(2013)》，社会科学文献出版社 2015 年版。

③ 赵荫棠《菉斐轩词林韵时代考》，《(北平)晨报(学园)》1930 年 12 月 18 日；《菉斐轩词林要韵的作者》，《(北平)晨报(学园)》1931 年 4 月 1 日 67 期。

④ 李荣《论北京话"荣"字的音》，《方言》1982 年第 3 期，第 161—163 页。

音史有着极其重要的价值。该书包括四部分：(1)字书——《合并字学集篇》；(2)韵书——《合并字学集韵》；(3)韵图——《重订司马温公等韵图经》；(4)反切总汇——《四声领率谱》。①

3.《音韵集成》

《音韵集成》成书年代和作者不能确考。赵荫棠先生"韵略堂"曾藏有一部抄本，他推断成书年代为明末。②《集成》韵字录自《字汇》。《汇通·凡例》四次提到《集成》，可知《集成》成书于1615年至1642年间。

《集成》音系的性质学界多认为反映的是明代的北京话音系。③

4.《元曲选·音释》

《元曲选》所收100种杂剧，除《看钱奴》第三折外，每一折后都有《音释》，绝大部分楔子后也有。中华书局1989年重排本《元曲选》共有这样的音释7856条，为2017字(字形同而音义不同的，算作不同的字)注释了音读。注音形式为直音和反切。这些被释字有四分之三只出现一次，少量的重复出现多次。

目前戏曲学界多认为《元曲选·音释》是继承《中原音韵》而来，该注音应该反映的是《中原音韵》一系的音，最大的可能性就是明代北京音。元代的北京地区戏曲演唱最盛，明代继承元代在北京演唱元曲，应该使用北京音，不太可能使用其他地区的音演唱。但汉语音韵学界却对该书的音系性质迄无明确的统一意见。④

5.《四声通解》中之"今俗音"

《四声通解》成书于16世纪，是朝鲜学者崔世珍用正音文字转写汉语语音的一部韵书，其中的"今俗音"反映了当时的北京音，对人们了解16世纪的汉语官话音有一定的价值。⑤

---

① 陆志韦《记徐孝〈重订司马温公等韵图经〉》，《燕京学报》1947年第32期，第169—196页；郭力《〈重订司马温公等韵图经〉研究》，《古汉语研究论稿》，北京语言大学出版社2003年版；周赛华《合并字学篇韵便览研究》，湖北人民出版社2005年版。

② 赵荫棠《等韵源流·新序》，商务印书馆1957年，第15页。

③ 李子君《十七世纪北京话声母系统》，《古汉语研究》2003年第3期；《论〈音韵集成〉对中古入声韵的合并》，《古籍整理研究学刊》2003年第3期；《〈音韵集成〉对〈韵略汇通〉的影响》，《中国语文》2003年第3期，第284—286页。

④ 金周生《元代北劇入聲字唱唸法研究》，《輔仁學誌(文學院之部)》1986年第15期，第227—322页；陈东有《〈元曲选音释〉研究》，中国社会科学出版社2002年版；郭莹莹《〈元曲选·音释〉入声字研究》，首都师范大学2005年硕士学位论文(导师：冯蒸)；洪梅馨《〈元曲选音释〉音韵问题研究》(上下)，花木兰出版社(台北)2015年版。

⑤ 张晓曼《〈四声通解〉研究》，齐鲁书社2005年版；孙建元《〈四声通解〉今俗音研究》，中华书局2010年版。

6.《翻译老乞大》《翻译朴通事》中的右音

《翻译老乞大》《翻译朴通事》是朝鲜王朝(1392～1910)使用较为广泛的汉语会话教材。是朝鲜的著名语言学家崔世珍所编撰的。这两本书是《老乞大》和《朴通事》系列中最早的韩文注音本。在书中出现的所有汉字下面左右两侧各有不同的韩文对音(即"左音"和"右音"),而大部分的研究都认为,右音反映了16世纪初的中国时音;左音是依据《洪武正韵》的"《通考》之音",与编撰《翻译老乞大》《翻译朴通事》当时的时音有较大的差异。右音记录的可能是北京音。①

(二)词汇类资料

1.《宛署杂记》

《宛署杂记》二十卷,成于1593年,作者沈榜,现藏日本尊经阁文库。北京出版社1961年出版的《宛署杂记》是根据中国科学院图书馆收藏的日本尊经阁文库的摄影胶片排印的。该书卷十七中记载了民风方言,从中可以看出今天北京土话的许多影子,不少词汇可以窥见明代北京话的面貌。

2.《燕山丛录》

《燕山丛录》,二十二卷,徐昌祚撰,《四库提要》认为是其官刑部时所作。《四库全书》置于子部小说家类。书中多载京畿之事,故以燕山为名。该书中的"长安俚语"记录的无疑就是明代的北京话,很多词语与今天的北京话无甚区别。

六　清代的北京话文献

(一)中国本土文献

1.《拙庵韵悟》

《拙庵韵悟》成书于康熙甲寅年间(1674)。作者赵绍箕,字宁拙,河北易水(今易县)人。学界均认为该书反映的是当时北京话的等韵图。该书设二十二字母,除去两个虚设的无字之音,实际的声母音位是二十个,比《元韵谱》二十一母少一个[ŋ],其余的相等。韵母系统分六独韵、十四通韵。声调为五声,即"天(阴

① 朱星一《15、16世纪朝汉对音研究》,北京大学2000年博士学位论文。导师:何九盈。

平)、平(阳平)、上、去、入"。[①]

2.《三教经书文字根本》和《谐声韵学》

赵荫棠根据家藏《三教经书文字根本》所题"阿摩利谛订集十二摄;汉人虞嗣订集《韵学》"认为"《谐声韵学》该书即依《三教经书文字根本》而作,作者为虞嗣"。《续修四库全书》则据此题作者为"(清)释阿摩利谛"。关于这两本韵书和韵图的性质,陆志韦认为它们是反映北京话的书,说:"我把徐孝以后的好几种北京韵书详细比较过一次。从徐孝到《三教经书文字根本》,《谐声韵学》,以至《李氏音鉴》,没有两本在清入声的配列上全然一致的。《三教经书文字根本》跟《谐声韵学》把清入声派在阴平跟上声(派在阳平跟去声的占极少数)。"[②]可见陆志韦对这两本书的态度,不但认为它们是反映当时北京话语音的书,而且在反映清入声的演变上占有重要地位。但有学者对此持不同意见。[③]

3.《五音通韵》

《五音通韵》(1712),是一部不早于康熙年间的清代韵书,作者无考。目前所知清初等韵著作《五音通韵》是抄本,仅存两部:一部是韵图和韵书相结合的本子,现藏于日本庆应义塾大学图书馆永岛荣一郎文库,另一部是韵图单行本,收存在台北市台湾师范大学图书馆特藏室。学界认为该书音系反映的是当时的北京话语音。[④]

4.《康熙字典》注音中的北京音

《康熙字典》注音中的直音反映当时的时音,其中主要是当时的北京话注音,《字典》成书于康熙五十五年(1716),因此我们可以据以研究 18 世纪初年前后的北京音。[⑤]

5.《元音改正》

清人刘世英的《元音改正》(1779)一书十分罕见,目前看到的均是抄本,未见刻本。最早提及这本书的是著名音韵学家陆志韦先生,他在《国语入声演变小

---

① 赵荫棠《清初审音学家赵绍箕及其贡献》,《辅仁学志》1936 年第 8 期;(日)永岛荣一郎《近世支那語特に北方語系統に於ける音韻史研究資料に就いて》,《言語研究》1941 年第 7、第 8 號,第 147—161 頁;第 9 號,第 17—79 頁;刘巍《〈拙庵韵悟〉研究》,中州古籍出版社 2012 年版;冯蒸《〈拙庵韵悟〉评介》,《明、清、民国时期珍稀老北京话历史文献整理与研究》(周建设主编),首都师范大学出版社 2015 年版。

② 陆志韦《记〈三教经书文字根本〉(附谐声韵学)》,《燕京学报》1948 年第 34 期,第 15—20 页。

③ 周赛华《谐声韵学校订》,中华书局 2014 年版。

④ 秦曰龙《清抄本〈五音通韵〉研究》,吉林大学 2011 年博士学位论文。

⑤ 邵荣芬《〈康熙字典〉注音中的时音反映》,《邵荣芬语言学论文集》,商务印书馆 2009 年版。

注》中说："最近这几十年来，清入声的读音还在那里改变。我们可以比较刘世英的《元音改正》(1779)，王璞的《京音字汇》(1913)，张洵如的《北平音系十三辙》(1936)，还是各有分别。"并且加脚注说："刘是汉军。王是宛平人。张是河北东光人，然而他的书是经过说地道北京话的人校订过的，并且书里清入声的调别完全跟黎锦熙、白涤洲的《国音分韵常用字表》(1934)相同。"[①]从中可知，该书对研究北京话的入派四声问题，尤其是清入声字的演变有重要的参考价值。

6.《李氏音鉴》

《李氏音鉴》(1805)，李汝珍撰。全书共六卷，前五卷是问答体，共33章，评述了音韵学的基本理论和方法；后一卷是《字母五声图》，这是一个以33个字母和22个韵部相配合生出的单字而组成的音节表，每个单字都注明反切和射字暗码，根据这个音节表可以求出该书所反映的书面音系。

《李氏音鉴》反映出来的音系是18世纪末的北京音系的基础，兼列当时海州音中与北京音相异的部分，即在叙述处于北京官话地域内的北京音同时，兼采处于下江官话地域的海州音。李汝珍匠心独运地设计了一个音系框架，而容纳了基本上是两个彼此有区别的音系，即所谓南北音兼列，一个是"北音"，即李汝珍"童而习之"并一直保持着的故乡大兴话音系；一个是"南音"，即李汝珍所熟悉的海州板浦话音系。[②]

7.《音泭》

《音泭》是清末北京人徐鉴所编的一本蒙学韵书。在卷首有赵由忠于嘉庆二十二年(1817)年写的序。该书以韵图为主，分三十六韵，声母十九个，与徐孝《等韵图经》相当。该书的声调分为阴、阳、上、去、入五声。入声兼配阴声韵和阳声韵，但是，配置于阳声韵中的入声字居多，也有专为入声而设置的韵目。[③]

8.《南北方音》中的北音

《南北方音》是清末夏鸾翔所撰的一部反切韵书，目前只见收藏于北京大学图书馆古籍室的两个版本——稿本及手抄本《南北方音》，成书的时间不早于1863年。

---

① 陆志韦《国语入声演变小注》，《燕京学报》1948年第34期，第21—28页。

② 杨自翔《〈李氏音鉴〉所反映的北京音系统》，《语言研究论丛》(四)，南开大学出版社1987年版；杨亦鸣《〈李氏音鉴〉音系研究》，陕西人民教育出版社1992年版。

③ 周赛华《近代北音音韵文献〈音泭〉述要》，《古汉语研究》2004年第3期；冯蒸《〈音泭〉评介》，《明、清、民国时期珍稀老北京话历史文献整理与研究》(周建设主编)，首都师范大学出版社2015年版。

《南北方音》是作者将近十年写成的一部反映南北时音的反切韵书，全书共五卷，按照阴平、阳平、上声、去声、入声分别排列，收录汉字 8344 个。作者在凡例中写道："方音随时变迁是编概用今音"，可见这部韵书记录的当是 19 世纪中期的语音。书中的北音以当时的顺天（今北京）音为主，间有齐、鲁、晋等地的方音，可为近代北京话语音史研究提供较为详尽的资料。

《南北方音》北音的声母有二十二个，已经与现代北京音的声母完全相同。北音中的韵部有十六个，《南北方音》依调分卷，卷一为阴平、卷二为阳平、卷三为上声、卷四为去声、卷五为入声。作者在凡例中说道："北音无入声所知也"，当时的北音有四个声调，平声分阴、阳，上声与去声。[①]

（二）满汉对音译音文献

1.《圆音正考》

《圆音正考》，存之堂撰，成书于 1743 年（或以前），这是一本辨析尖团字的书。全书用满文标音，共收 96 组 48 对 1647 个汉字。对研究当时北京话的尖团合流情况很有价值。《圆音正考》是反映"尖团音"合流的最早文献。

2.《音韵逢源》

《音韵逢源》，满族人裕恩（号容斋）著。在卷首有禧恩的道光庚子（1840）序。该书的特色是用满洲文字来注音，把所有的字都制成韵图，与只用一个字作为例字的韵图不同，在韵图中就记载了许多同音字。另外，入声不独立，派入到平、上、去各声等，特别是入声被派入到平、上、去三声（实际上平声被两分，所以是四声）。该书的资料价值不容忽视。该书声母系统没有严格从北京实际语音归纳，共立二十一母，并且不反映已出现的"尖团不分"现象。这是兼顾满文的结果。韵母分十二部。声调系统入派四声，接近于现代北京音而与《等韵图经》差异较大。

3.《正音切韵指掌》中的"今俗音"

《正音切韵指掌》为清广东人莎彝尊撰，现见有咸丰庚申年（1860）刊本。该书的"正音"有可能是当时的南京话，而北燕俗音应肯定是当时的北京话。就是《指掌》十一个字韵中有写在圆圈内的字。这些字重见于别的字韵，不加圆圈。

---

① 胡豫洁《〈南北方音〉北音（北京音）的入声归调初探》，《汉字文化》2013 年第 2 期；冯蒸《〈南北方音〉评介》，《明、清、民国时期珍稀老北京话历史文献整理与研究》（周建设主编），首都师范大学出版社 2015 年版。

《指掌》凡例第二条说:"间有写圈内者,乃北燕相沿成俗之语音也。"可知写在圈内的字是北燕俗音,不是《指掌》所认定的正音。北燕俗音与正音在有无-i-介音、入声与非入声、轻唇音字的开口与合口、-yŋ与-uŋ、-ei与-i、阴平与阳平和只有北燕俗音而无正音等七个方面有系统性差别,而这些差别在北京话语音史的研究中有重要参考价值。

(三)正音文献

1. 袁一州《官语详编》(1729)
2. 张玉成《别俗正音汇编大全》(《南北官话汇编大全》)(1785)
3. 蔡奭《新刻官话汇解便览》(原名《官音汇解》)(1794)
4. 高静亭《正音撮要》(1810)
5. 莎彝尊《正音辨微》(1837)
6. 莎彝尊《正音咀华》(1853)
7. 莎彝尊《正音再华旁注》(1867)
8. 潘逢禧《正音通俗表》(1870)

以上几种正音文献,均与北京话音系有关,但是,除了高静亭《正音撮要》(1810)、莎彝尊《正音咀华》(1853)和潘逢禧《正音通俗表》(1870)三书有极少学者进行研究外,其他文献基本上无人探讨,有些书名都是首次公开。此中《正音撮要》是目前所见清代较早的"正音课本",之后的"正音课本"如《正音咀华》《正音通俗表》等皆有模仿该书之痕迹。《正音撮要》对研究清代的"正音观念"以及清代官话语音基础的性质很有价值。

(冯　蒸,首都师范大学)

北京话语料概述(辽—民国时期)

北京话有着悠久的历史。但是，学术界对于北京话的形成时间和嬗变情况观点不一。确认记录北京话历史的文献情况也就会因人而异。关于北京话语料的分类，尚无全面的探讨，目前已有的几家分类，基本上是对清代至今的北京话文献的分类，未涉及清以前的文献。

其实，辽金元明清民国时期以北京方言为基础创作的作品甚多，多为文艺作品。本文将按照时代顺序分别概述。

一　辽金时期北京话语料

诸宫调

诸宫调是一种古老的汉族民间艺术，属于中国北宋、金、元时期的一种大型说唱文学。诸宫调以说唱为主，又因为它用琵琶等乐器伴奏，故又称弹词或弦索。据说诸宫调是由北宋神宗熙宁至哲宗元年间，泽州(今山西晋城)艺人孔三传来到文艺演出百花竞放的东京，最先创造了诸宫调。诸宫调由韵文和散文两部分组成，演唱时采取歌唱和说白相间的方式。诸宫调为后世戏曲音乐开辟了道路。宋代已用诸宫调的曲调来演唱宋杂剧了。至元代，它的重要的艺术手段，都为元杂剧所吸收。现存的诸宫调三种中的《董西厢诸宫调》中就有北京话的语汇。

二　元代北京话语料

元曲资料

反映元代北京话的语料文献主要是全元戏曲，以元杂剧为主。在元杂剧中我们可以找到不少现今北京话词汇的影子和源头。顾学颉、王学奇的《元曲释词》[①]是我们研究元曲词汇与北京话关系的重要资料，弥松颐的《京味儿夜

---

① 顾学颉、王学奇《元曲释词》(全四册)，中国社会科学出版社1983—1990年版。

话》[①]考释了168个北京话词语,对元曲也多有引用。关于元代大都话语音的情况,方彪推测此时元代大都音的底层应该是洛阳正音。北宋王朝以洛阳为西京,首都是东京汴梁。洛阳正音涵盖了汴梁正音。金、元两王朝攻破汴梁时,均迁城中人口于燕京,洛阳正音也随之散播到了大都,被迁到大都的洛阳正音融合了多民族、多地区的语音之后,发展成为大都正音。[②]

三　明代北京话语料

(一) 白话小说

1.《金瓶梅》

《金瓶梅》,成书约在明朝隆庆至万历年间,作者署名兰陵笑笑生。该书现存三种版本:(1)绣像本;(2)词话本;(3)张评本。由于《金瓶梅》的语言口语化,所以其方言属性一直是学界关注的对象。关于《金瓶梅》所用方言的属性,主流性看法当然是山东方言说,但是学界一直对此有不同意见。据张玉萍在《〈金瓶梅〉方言问题研究综述》一文中的统计,计有山东方言说、北京方言说等十多种说法。[③] 此中北京方言说特别值得重视。北京话研究专家弥松颐力主此说,他在专著《京味儿夜话》一书中多次引用《金瓶梅》的语汇证明《金瓶梅》所用方言的属性应该是明代的北京话,书中对"摭溜子""爱窝窝"的词汇说明都颇有说服力。[④]但说《金瓶梅》完全用北京话所写,恐不可信,说该书中有若干北京话的词汇成分,应不为过。根据日本太田辰夫先生在《汉语史通考》中提出来的鉴定文献材料是不是北京话的七条标准,只有(5)有禁止副词"别"一条符合,其余六条均不符合,他认为《金瓶梅》的语言应该不是北京话,但是他又指出,《金瓶梅》中有不少特殊词汇与《儿女英雄传》一致,很值得注意。[⑤] 而且,他的鉴定北京话的7条标准是对清代语料说的,对于明代的语料,恐怕还需要再做考虑。这里列出《金瓶梅》一书,不是说该书的语言就是北京话,只是想介绍一个与北京话有关的

---

①④　弥松颐《京味儿夜话》,人民文学出版社1999年版。

②　方彪《北京简史》,北京燕山出版社1995年版;《北京士大夫》,京华出版社2000年版。

③　张工萍《〈金瓶梅〉方言问题研究综述》,《明清小说研究》2009年第4期。

⑤　〔日〕太田辰夫《中国語史通考》,中国语学会编,白帝社1967年版;《中国语学新辞典》,东京:光生馆1988年版。"金瓶梅"条,撰写人:太田辰夫。

颇有影响的观点备参。

（二）朝鲜时代的汉语教科书

《翻译老乞大》和《翻译朴通事》

《翻译老乞大》《翻译朴通事》是朝鲜王朝（1392～1910）使用较为广泛的汉语会话教材，朝鲜著名语言学家崔世珍编撰。《翻译老乞大》（上、下）约刊行于1507—1517年间。崔世珍用谚文将每句话翻译成朝鲜语，就是所谓的谚解。[①]《翻译朴通事》是迄今所见最早的《朴通事》版本，只存上卷。其中的汉语部分大体反映了明初的北京话口语，也许还杂有南方方言成分。[②]这两部学习汉语的教科书不仅为我们研究明代汉语留下了珍贵详细的口语材料，也是我们了解当时北京话词汇、语法的重要线索。

四　清代及民国初期北京话的语料

（一）白话小说

1.《红楼梦》（1760年庚辰本）

《红楼梦》反映清代早期的北京话，乃众所周知。《红楼梦》有两大版本系统，一是脂批本系统，一是程刻本系统。所谓脂批本，指在小说上留有作者的亲友脂砚斋等人（至少还包括畸笏叟）批语的本子。这类本子的书名通常是“脂砚斋重评石头记”，这些本子都是作者曹雪芹原作的80回本，一开始以抄本的方式流传的。脂批本发现于20世纪的20年代，数十年间陆续发现十余种，最重要的本子有《甲戌本》《己卯本》《庚辰本》《梦稿本》《王府本》《戚序本》《甲辰本》《列藏本》等。程刻本是指苏州书商程伟元请人补葺整理成120回，在乾隆五十六年（1791）辛亥冬以萃文书屋名义用活字排印的本子，书名题为《新镌全部绣像红楼梦》。此书的前80回与脂批本系统十分接近，而在两个多月以后，进入乾隆五十七（1792）年初春，程伟元又搜集各种本子作了汇校改订，再度排印出版。人们称前一种为程甲本，后一种为程乙本。程伟元所邀补葺之人是高鹗。但是无论是80回本还是120回本，反映的都是当时的北京话。俞敏先生甚至认为高鹗的语

①② 参汪维辉《朝鲜时代汉语教科书丛刊》（一），中华书局2005年版，第53、208页。

言比曹雪芹的话更像北京话。[①] 有关《红楼梦》语言研究论著甚多，关于《红楼梦》中的北京话口语语汇研究，近年成就较大，主要表现在多种《红楼梦》语言辞典的编纂上，按照时间顺序，主要有下列一些：

(1)《语言艺术皇冠上的明珠:〈红楼梦〉俗语概说和汇释》，林兴仁著，内蒙古教育出版社 1986 年版。

(2)《红楼梦辞典》，主编：周汝昌；副主编：晁继周。广东人民出版社 1987 年版。

(3)《红楼梦语言词典》，周定一主编，商务印书馆 1995 年版。

(4)《〈红楼梦〉四字格辞典》，高增良编著，北京语言文化大学出版社 1996 年版。

(5)《红楼梦成语辞典》，高歌东、张志清编著，天津社会科学院出版社 1997 年版。

(6)《红楼梦鉴赏辞典》，孙逊主编，汉语大词典出版社 2005 年版。

(7)《〈红楼梦〉方言及难解词词典》，刘心贞编著，东方出版社 2010 年版。

(8)《红楼梦大辞典》，冯其庸、李希凡主编，文化艺术出版社 1990 年版；《红楼梦大辞典》(增订本)，冯其庸、李希凡主编，文化艺术出版社 2010 年版。

(9)《红楼梦里的北京土语》，吕长鸣著，中国书籍出版社 2011 年版。

(10)《红楼梦鉴赏词典》，裴效维编著，中央编译出版社 2013 年版。

(11)《红楼梦与民俗美》，宋德胤著，首都师范大学出版社 2015 年版。该书第 85—228 页是《红楼梦俗语汇释》，就是一部检索《红楼梦》俗语的工具书。

2.《施公案》(1798)

《施公案》又名《五女七贞》，是一部清代民间通俗公案小说(收入《古本小说集成》，道光庚寅(1824)夏镌文德堂藏本，版本较好，上海古籍出版社 1995 年版)。由于该书长期被评书家所演绎，现存的版本口语性很强，是公认的清代北京话语料。

3.《红楼梦补》(1819)

《红楼梦补》，清代小说，四十八回，归锄子撰，成书于嘉庆二十四年(1819)。(收入《古本小说集成》，嘉庆二十四年乙卯(1819)藤花榭刊本原版影印，上海古籍出版社 1995 年版)。该书基本上是用当时的北京话口语创作，但仍然有些文

① 俞敏《高鹗的语言比曹雪芹更像北京话》，《中国语文》1992 年第 4 期。

人气息。

4.《品花宝鉴》(1848?)

《品花宝鉴》的作者陈森道光中寓居北京，熟悉梨园旧事，遂以清代乾隆、嘉庆中优伶生活为题材，写出《品花宝鉴》前三十回。道光二十九年(1849)作者自广西返京，始成全书，共六十回。学界公认《品花宝鉴》的语言是当时的北京话，但是专门的语言研究论著甚少，齐如山的《北京土话》、弥松颐的《京味儿夜话》对该书的词汇例句颇有引用。①

5.《红楼梦影》(1861)

《红楼梦影》是清代著名满族女词人顾太清晚年撰写的一部北京话小说，在语言风格上有一定特色。关于该书的专门语言研究甚少。

6.《儿女英雄传》(1878)

《儿女英雄传》是由清代满族文学家文康所著，四十回，是反映清代晚期的一部影响极大的京话小说，研究论著甚多。该书的代表性版本有如下三种：

(1)《儿女英雄传》三十九回钞本，一函十八册，国家图书馆分馆藏。

(2)《儿女英雄传》光绪四年刊本，北京隆福寺聚珍堂书房，木活字本。

(3)《儿女英雄传》光绪六年刊本，北京隆福寺聚珍堂书房，木活字本。

7.《三侠五义》(1879)

《三侠五义》，作者石玉昆，是古典长篇侠义公案小说的经典之作。由于该书基本上是一部评书，用北京话讲述，是研究北京话的重要语料。

8. 晚清民初的京味小说作者群

清末民初的京味小说不仅生动地描绘了当时的市井风情、满族风俗，更重要的是它保留了当时的北京话，为后人留下了十分难得的语言史料。这里主要根据刘云的有关论述。②

(1) 蔡友梅(损公)

清末的京味儿小说《小额》早已为研究者熟知，其作者蔡友梅为汉军旗人。蔡氏作品一百余部刊载于各种早期北京白话报中，引录如下：

《顺天时报》：1913 年至 1919 年间，蔡友梅以“损”“损公”“退化”等笔名连载了数十部小说：《梦中赴会》《二十世纪新现象》《新侦探》《孝子寻亲记》《感应篇》

---

① 齐如山《北京土话》，北京燕山出版社 1991 年版。

② 刘云《早期北京话的新材料》，《中国语文》2013 年第 2 期，第 170—177 页。

《张军门》《家庭魔鬼》《潘老丈》《海公子》《汪大头》《大劈棺》《大小骗》《姚三楞》《苦儿女》《刘瘸子》《贺新春》《金永年》《两捆钱》《奉教张》《苏造肉》《王善人》《王小六》《粉罗成》《钱串子》《小世界》和《自由女》。

《益世报》:《益世报》于1915年在天津创刊,次年增刊北京版。蔡友梅以"梅蒐""老梅""亦我"等笔名发表了下述小说:《高明远》《张和尚》《怪现状》《过新年》《回头岸》《土匪学生》《八戒常》《王有道》《大车杨》《苦家庭》《恶社会》《贾万能》《刘阿英》《中国魂》《大兴王》《和尚寻亲》《谢大娘》《双料义务》《势利鬼》《店中美人》《以德报怨》《刘三怕》《王翻译》和《美人首》。

《京话日报》:1919年7月至1921年10月间,蔡友梅共连载了"新鲜滋味"系列小说27种,笔者所见的有26种:《姑作婆》(第一种)、《苦哥哥》(第二种)、《理学周》(第三种)、《麻花刘》(第四种)、《库缎眼》(第五种)、《刘军门》(第六种)、《苦鸳鸯》(第七种)、《张二奎》(第八种)、《一壶醋》(第九种)、《铁王三》(第十种)、《花甲姻缘》(第十一种)、《鬼吹灯》(第十二种)、《赵三黑》(第十三种)、《张文斌》(第十四种)、《搜救孤》(第十五种)、《王遁世》(第十六种)、《小蝎子》(第十七种)、《曹二更》(第十八种)、《董新心》(第十九种)、《非慈论》(第二十种)、《贞魂义魄》(第二十一种)、《回头岸》(第二十二种)、《方圆头》(第二十四种)、《酒之害》(第二十五种)、《五人义》(第二十六种)和《鬼社会》(第二十七种)。

《国强报》:蔡友梅晚年在《国强报》也连载了大量作品:《瞎松子》《忠孝全》《韩二刁》《连环套》《郭孝妇》《驴肉红》《新侠女》《郑秃子》《大樱桃》《白公鸡》《胶皮车》《二家败》《人人乐》《鞭子常》《山东马》《路三宝》《黑锅底》和《五百万》。

国家图书馆馆藏:《店中美人》《双料义务》《瞎松子》《姑作婆》《苦哥哥》《理学周》《麻花刘》《库缎眼》《刘军门》和《苦鸳鸯》。

天津市图书馆馆藏:《曹二更》《董新心》《方圆头》《酒之害》《五人义》《鬼社会》《苦哥哥》《库缎眼》《苦鸳鸯》《一壶醋》《鬼吹灯》《赵三黑》《张文斌》《搜救孤》和《王遁世》。

首都图书馆馆藏:《白公鸡》《二家败》《人人乐》《大樱桃》《郑秃子》《忠孝全》《郭孝妇》《连环套》《驴肉红》《胶皮车》《赛刘海》《小蝎子》《方圆头》《刘军门》《苦鸳鸯》《姑作婆》《贞魂义魄》《鬼吹灯》《曹二更》《张文斌》《搜救孤》《回头岸》《非慈论》《赵三黑》《库缎眼》《麻花刘》《理学周》和《小额》。

北京师范大学图书馆藏:《钱如海》《小姑毒》《义友记》和《奸淫报》,天津晚报社发行,署名"今睿"。

(2) 剑胆

剑胆本名徐济，别号哑铃、亚铃、涤尘和自了生，在当时是与蔡友梅齐名的京味儿小说大家，他的创作生涯超过四十年，作品有一百余部，引录如下：

《爱国白话报》：《李银娘》《魏大嘴》《盗中侠》《花和尚》《赛金花》《孝义节》《吴月娇》《珍珠冠》《白绫帕》《赵总兵》《贾斯文》《恶仆害主记》《陈烈女》《锡壶案》《杨结实》《张古董》《如是观》《卖国奴》《张烈女》《小美人》《珠玉缘》《巧奇缘》《偷生奴》《恶讼师》《抢婚奇案》《生死鸳鸯》《金闾艳案》《眼镜博士》《方承观》《香界寺》《夜游神》《小连生》《回头岸》《虎口余生记》《新房死尸案》《风流所长》《钓金龟》《何喜珠》《张观准》《仇幕娘》《小五通》《恶妇回头岸》《孝子寻亲记》《蒲葵扇》《妙判奇缘》《猴美人案》《毛阿贵》《狗头六》《李秃子》和《逆伦谋杀案》。

《白话捷报》：《金三郎》《何喜珠》《劫后再生缘》《李清风》《康小八》《元宵案》《煤筐奇案》《大报仇》《张黑虎》和《杨莲史》。

《北京白话报》：《孽海循还记》《同恶报》《祸国奴》《煤筐奇案》《英雄会》《美人祸水刘喜魁》《花鞋成老》《邓子良》《张小仙》《苏兰芳》《关公演义》《山海关》《春明梦影》《扁将军》《美人与伟人》《清宫十三朝秘史》《大骗案》《金刚钻》《金少梅》《家庭祸》《新毒计》《新风流医》《地藏庵》《赵妈妈》《恶奴欺主记》《方承观》《黄姑娘》《白话聊斋·罗刹海市》《义烈鸳鸯》《白话聊斋·贾奉雉》《白话聊斋·丁溪前》《狡猾报》《文字之孽》《白话聊斋·柳生》《亡国泪》《官场冤案》《白话聊斋·佟客》《白话聊斋·仇大娘》《宦途风波》《白话聊斋·阿英》《白话聊斋·张诚》《白话聊斋·庚娘》《眼睛博士》《白话聊斋·巩仙》《白话聊斋·竹青》《白话聊斋·王大》《葫芦梦》《恋爱孽镜》《金钱祸》《地藏庵》《故都黄粱梦》《新贪欢报》《美人梦》《奇巧循环》和《儿女英雄传》。

《北京小公报》：《李五奶奶》《石宝龟》《义烈鸳鸯》《杨翠喜》《神术》《自由潮》《刘二爷》《钟德祥》《血军刀》《七妻之议员》《文艳王》《白狼》《梦中梦》《逆伦惨杀案》《闷葫芦》和《陈厨子》。

《实报》：《天桥》《国贼》《一念差》《活阎罗》《义合拳》《红鬃烈马》《旧京黑幕》《苦口佛心》《贫女奇缘》《新华忆旧》《恶恋》《迷途》《报恩侠女》《欢喜冤家》《烟阀遭虐案》《双龙门》《鬼蜮社会》《血手印》和《阔太监》。

《实事白话报》：《金扁簪》《傅胜氏》《黑骚儿》《三命奇冤》《前世冤》《白脸常》《除夕之夜》和《七月生子》。

《北平日报》：《宦海腥膻录》《红粉骷髅记》和《满清亡国影》。

《群强报》:《泥人志》《可怜虫》。

吉林图书馆藏单行本:《新风流》《醒春居》《新贪欢报》《赵妈妈》《新毒计》《家庭惨史》《无头案》和《家庭祸》。

首都图书馆藏单行本:《凤求凰》《巧循环》《华大嫂》《李傻子》《阿玉》《余小辫》《范希周》《金茂》《唐大姑》《麻希陀》《翠花案》和《貌相奇缘》。

(3) 王冷佛

冷佛的白话小说有《春阿氏》《未了缘》《井里尸》等。冷佛因连载于《爱国白话报》的小说《春阿氏》声名鹊起。另外,在首都图书馆和国家图书馆还发现了《小红楼》《侦探奇谈》等作品。

(4) 穆儒丐

穆儒丐,名穆都哩,字辰公,出身旗人,曾任《国华报》编辑,小说《梅兰芳》先后连载于《国华报》《群强报》和《盛京时报》。1916 年后来到沈阳,在《盛京时报》上发表了《徐生自传》《同命鸳鸯》《北京》等作品。

(二) 戏剧材料

下列介绍参考了陈晓的论文。[①]

1. 京剧

京剧有着自身悠久的传统,有着固定的套路。尤其是很多剧本均基于元杂剧,自元代以来,唱词与口白几乎没有变化,但随着时代的变迁,为了适应观众的需求,念白就要改为当地人能听懂的语言,口白也要趋向当时的口语白话。京剧中有不少北京话成分。如所周知,京剧中的丑角使用北京话的口语。对京剧中的北京话成分进行系统研究的尚不多见。弥松颐的《京味儿夜话》中对 168 个北京话词语的考释多有引用京剧剧本。

2.《玉霜簃藏曲》等新材料

北京大学图书馆 2012 年新发掘的一系列戏曲剧本数量十分可观,原为程砚秋的世代家藏,每部剧本均钤有"玉霜簃藏曲"的印章("玉霜"为程砚秋的字)。由于此前一直为程砚秋家藏,因此这一系列剧本在学界从未有人使用,更无人研究。陈晓的论文首次报道了这批珍贵资料。这些剧本跨越的年代甚广,从清顺

① 陈晓《基于清后期至民国初年北京话文献语料的个案研究》,北京大学 2014 年博士研究生学位论文。导师:王洪君。

治年间到民国初年共二百余种，不仅包括工尺谱，也包括念白。

（三）曲艺（“说”类，旧属“俗曲”之一）

俗曲是五四运动以后，我国研究民间文艺的学者，对用一定曲调演唱的鼓词、弹词、琴书、牌子曲、时调小曲等类的曲艺形式和秧歌、花鼓、落子、滩黄等类的民间歌舞小戏的通称。用北京话演唱的俗曲概貌，可参李家瑞编的《北平俗曲略》，刘复、李家瑞所编的《中国俗曲总目稿》和傅惜华编著的《北京传统曲艺总录》等书。中华人民共和国成立后，文艺界明确地划分了戏曲、曲艺两种艺术的界限。民间小戏属于戏曲的范围。曲艺艺术，一般分为“说”（评书、相声等）、“唱”（大鼓、琴书、牌子曲、开篇、时调小曲等）和“说唱”（即评弹、说唱鼓书等说唱相兼的曲艺形式）三大类；后二者或称“鼓曲”。俗曲一词，遂不见使用。下面根据现行对曲艺的分类，但把“唱”和“说唱”合并为一类，统称“唱”类，分述相关材料对北京话研究的价值。

（1）相声

相声这种艺术形式定型于清末的北京，清末时期的相声作品有相当一部分已经失传，现今仍流传的一些传统相声作品已经被后世演员进行了改动，变成了当前的北京话，所以真正反映清末时期北京话面貌的作品并不多。现可查的作家作品为清末李德钖、焦德海、马德禄等“八德”，清末民初张寿臣、常氏家族，民初马三立、刘宝瑞、侯宝林等。现在少量的早期相声作品还保存录音，十分珍贵，一般为清末民初。若无录音材料，只好以文本材料为据。所以这项资料只能作为清代语言研究的辅助材料。

（2）评书

北京的评书，相传是明末清初江南说书艺人柳敬亭（1587～1668）来北京时传下来的。也有人说是清代北京鼓曲艺人王鸿兴去江南献艺时，拜柳敬亭为师，回京后改说评书，并于雍正十三年（1735）在掌仪司立案授徒。在北京的说书人基本上是以地道的北京话说演。清末民国时期评书的代表人物有王杰魁（1874—1960）、陈士和（1887—1955）等，他们的评书底本成为北京话研究的重要语料。

（四）曲艺（“唱/说唱”类，旧属“俗曲”之一）

1. 子弟书

子弟书是研究清代北京话的重要语料，现存的子弟书约有 440 种。资料方面,其集大成者为黄仕忠主编的《子弟书全集》(共 10 卷)(社会科学文献出版社 2012 年版)。

2. 岔曲

岔曲是八角鼓中最原始曲种,兴盛于清代乾隆朝,流行于北京城内外。岔曲也是研究清代北京话的重要语料。比较常用的语料除了清代的《霓裳续谱》外,就是《升平署岔曲》(外二种)。

对于北京俗曲的音韵研究,代表性的著作是罗常培先生的《北平俗曲百种摘韵》(北平:来薰阁,1950)。

(五) 早期白话报

清末民初全国的白话报刊有一百七十余种,而京津地区就有几十种之多。这些报馆出版了为数相当可观的白话报,这些白话报刊为京味儿小说提供了阵地,对京味儿小说的发展起了十分重要的作用。知名度较高的白话报有:《京话日报》《京话实报》《京话报》《京北民报》《北京女报》《北京新报》《北京小公报》《(北京)实事白话报》《(北京)进化报》《(北京)群强报》《北京白话报》《白话国强报》《竹园白话报》《公益报》《正宗爱国报》《神京白话报》等。这些白话报的大量栏目都是用纯正京话写就,蕴育了蔡友梅(损公)、剑胆、杨曼青、文实权(市隐)、文子龙(睡公)、丁竹园(国珍)、王泳湘(冷佛)、穆都哩(辰公、儒丐)、自了生、时感生、湛引铭、耀公、涤尘、钱一蟹、尹虞初等一批京味儿小说家。他们多为旗人,谙熟京师的逸闻掌故、风土人情,写了不少地道的京味儿小说,是研究当时北京话的珍贵语料。

(六) 域外北京话教科书和辞书

1. 西人所编的北京话教科书和辞书

在西方人编写的北京话教材中,当属威妥玛(Thomas Francis Wade)编的《语言自迩集》(1886)影响最大。该书的语言学价值是多方面的,既有音韵学上的价值,也有词汇、语法方面的价值。其他语料价值较高的西人教材还有:《京话指南》(法国领事于雅乐编译,光绪十三年)、富善(Chauncey Goodrich,1836～1925)的《华英袖珍字典》(1891)和《官话萃珍》(1916)。

2. 日本编写的北京话教材

1876 年后,日本兴起了北京话学习的热潮,出版了大批北京话教材。这些教材、读本和词典都极富语料价值，多数已收入《中国语学资料丛刊》(波多野太郎编)和《中国语教本类集成》(六角恒广编)。更多的书目可参看六角恒广的《日本中国语教学书志》及附录。张美兰编纂了《日本明治时期汉语教科书汇刊》(精装影印本，全 26 册)，李无未主编了《日本汉语教科书汇刊(江户明治编)》(全 60 册)。此中李无末教授主编的《日本汉语教科书汇刊》汇集了从享保元年(1716)到明治四十五年(1912)之间，即日本江户、明治两个时代日本汉语教育体系之下所采用的具有代表性的汉语教科书，总计 134 种，其中不乏反映当时北京话的文献，如《燕语启蒙》《清语独案内》《清语教科书》等，很有价值。

另外，《燕京妇语》是清末以日本女性为对象的汉语会话课本，用地道的北京话写就，日本早稻田大学的鳟泽彰夫先生架藏该书的抄本，1992 年 9 月日本好文出版社出版了经鳟泽先生整理后的排印本，此书遂得以披布于世。

3. 朝鲜时代编写的北京话教材

根据汪维辉主编的《朝鲜时代汉语教科书丛刊》(2005)和远藤光晓、朴在渊、竹越孝合编的《朝鲜时代汉语教科书丛刊续编》(2011)，以及朴在渊、金雅瑛编的《汉语会话书》和《汉语会话书续编》收录，可资研究北京话的教材有：

《老乞大谚解》(1670)、《朴通事谚解》(1677)、《老乞大新释》(1761)、《朴通事新释谚解》(1765)、《重刊老乞大谚解》(1795)、《骑着一匹》(18 世纪初，不晚于 1826 年)、《华音撮要》(1877)、《华音启蒙谚解》(1883)、《学清》(1885)、《关话略抄》(19 世纪后半叶)、《汉谈官话》(至迟 1902 年)、《交邻要素》(1906)。

(七)《圣经》的北京话译本

基督教传入中国后，《圣经》的各种汉语译本可以溯源甚早。游汝杰的《西洋传教士汉语方言著作书目考述》一书收录了西洋传教士的方言记录和研究，分为：《圣经》方言译本书目考录、方言圣经分地区解说、传教士汉语方言学著作考录等七个方面书目的考述。其中就有用北京方言或者北京官话翻译的《圣经》。张美兰对若干北京官话翻译的《圣经》有提要。

(八) 满蒙汉合璧文献

满汉合璧文献是研究北京话的重要语料。这些文献可分为三类：词典类、语法书类、会话书类。词典和会话书与北京话研究有直接关系。语法书类也对北京话研究有帮助。如清人舞格所著的《清文启蒙》是一部帮助满人学习满语的教科书,该书初版于清雍正八年(1730),成书时间比《红楼梦》还早数十年。全书分语音、会话、虚词和词形辨析四部分,会话部分的北京话翻译口语化程度极高,是十分珍贵的北京话语料。可资利用的此类文献有①:

1. 词典类

满:《御制清文鉴》(1708)

满蒙:《御制满蒙合璧清文鉴》(1717)

满汉:《御制增订清文鉴》(1772)

满蒙汉:《御制满珠蒙古汉字三合切音清文鉴》(1780)

满蒙汉藏:《御制四体清文鉴》(1780年前后)

满蒙汉藏回:《御制五体清文鉴》(1790年前后)

2. 语法书类

《满汉字清文启蒙》(1730)

3. 会话书类

《满汉成语对待》(1702)

《满汉字清文启蒙·兼汉满洲套话》(1730)

《清话问答四十条》(1758)

《满汉合璧集要》(1766)

《清文指要》(1789)

《庸言知旨》(1819)

《问答语》(1827)

《三合语录》(1829,满蒙汉)

(九)老北京叫卖与北京童谣

1. 老北京叫卖的记录

市声,老北京人称为吆喝。老北平的市声共有350余种,响器50余种。记录北京叫卖声的著作并不多,最有名的一本书就是《一岁货声》,有光绪丙午年(1906)序,现藏首都图书馆。本书按一年中的时序记述北京旧时街巷售物小贩的叫卖吆喝声及售物情况,是北京的下层人士卖货时的吆喝声,纯粹是口语,有

① 竹越孝《清代满汉合璧文献对汉语史研究上的价值》,2014年12月29日上午在中国社会科学院语言研究所做的报告。

很多拟声词、形容词、儿尾词、子尾词和老北京的口语词，吆喝时，一般随着叫卖物品的不同，而有不同的音乐旋律。

2. 北京童谣

北京童谣有顶针格、串话、绕口令、谣谚格、摇篮曲、谜语格、连锁调、数数歌、问答歌、排比格十种表现形式，是研究北京话的重要语料。

关于北京童谣的文本，就目前知见的有如下两种：一种是 1896 年由意大利人韦大列（Guide Vitale）编撰的《北京的歌谣》。全书收录了 170 余首"北京的童谣"。这些童谣中记录的北京方言俗语甚多，如"麻愣、厌物儿、蚂虎子、乍板儿鞋、把卜了（把尿之意）"等。

另一种是 1900 年由美国人何德兰（Isaac Headland）编辑的《孺子歌图》（*Chinese Mother Goose Rhymes*，Fleming H. Revell Company，New York. 1900，第 161 页）。收录了 152 首北京的儿歌，也记录了很多北京方言词语。

（十）其他材料：一些清人记录北京话的笔记

1.《燕说》(四卷)

清史梦兰著，清同治六年（1867）刊本。该书收集了当时的北京话，加注释并整理成四卷，收于《止园丛书》。全书收录了约 600 条词汇，引用的书目约 300 种，加注释的词语超过 1000 多条，引证非常详实。每条先是北京话，再是读音，然后考证。用直音或反切法标注。

2.《燕市积弊》(三卷)

作者庄荫棠，亦名荫堂，约生于 1869 年或 1870 年，卒于 20 世纪 30 年代后期。其以笔名待余生发表的《燕市积弊》三卷，是一部写作于晚清时的记述北京旧时社会民俗的专书，其最大特点是以生动流畅的当时北京话来介绍，所以也是一部反映当时北京话的语料书。与其所著内容性质相同并在 1940 年汇集印行的另一著作《都市丛谈》，同被以后的民俗学家在有关的著作和文章中多处多次引出，其参加撰写并署名"耀亭"发表的连载小说《说聊斋》和《白话聊斋》中篇目，很受人们重视。

（冯　蒸，首都师范大学）

第四部分

资　料　篇

北京市实施《中华人民共和国国家通用语言文字法》若干规定

（2003 年 5 月 30 日北京市第十二届人民代表大会常务委员会第四次会议通过，自 2003 年 8 月 1 日起施行）

第一条　为了实施《中华人民共和国国家通用语言文字法》，结合本市实际情况，制定本规定。

第二条　普通话和规范汉字的使用应当依据国家颁布的国家通用语言文字的规范和标准。

第三条　本市各级人民政府应当采取措施推广普通话和推行规范汉字。

市和区、县人民政府应当对语言文字工作部门开展工作所需人员和经费予以保证。

第四条　市和区、县语言文字工作部门管理和监督本行政区域内的国家通用语言文字的使用。

本市语言文字工作规划的制定以及普通话水平测试和培训工作，由市语言文字工作部门负责。

第五条　本市对在通用语言文字使用和管理工作中做出显著成绩的组织和个人予以表彰或者奖励。

第六条　本市国家机关的会议用语、公共场合的讲话用语、公务活动中的交际用语、机关内部的工作语言等应当使用普通话。

国家机关的名称牌、公文、印章、标牌、标志牌、指示牌、电子屏幕、标语等应当使用规范汉字。

第七条　本市学校及其他教育机构在教育教学、会议、宣传和其他集体活动中应当以普通话为基本用语。

学校及其他教育机构的名称牌、标志牌、标语（牌）、指示牌、电了屏幕、公文、印章、校刊（报）、讲义、试卷、板报、板书等应当以规范汉字为基本用字。

本市教育行政部门、劳动和社会保障行政部门以及有关的主管部门，应当将用语用字规范化列入对学校及其他教育机构进行检查和评估的内容。

第八条　本市各级广播电台、电视台应当以普通话作为播音、主持、采访基本用语。

本市制作的影视作品的印刷体厂名、台名、制作单位名称、栏目名称、片名、字幕、演职员表、广告等应当以规范汉字为基本用字。

第九条　本市各有关部门新录（聘）用以普通话作为工作语言的播音员、节目主持人和影视话剧演员、教师、国家机关工作人员时，应当进行普通话水平测试，达到国家规定的等级标准。

第十条　本市以汉语文出版的各类报纸、期刊、图书、电子和网络出版物、音像制品等出版物的报头（名）、刊名、封皮、内文、广告等应当使用普通话和规范汉字。

经批准使用的报名、刊名中含有异体字、繁体字的报纸、期刊，在本报刊其他地方再现其名称时应当使用规范汉字。

本市新闻出版行政部门应当将国家通用语言文字的使用纳入出版物编校质量考评和年度检查的内容，作为评选优秀出版物的条件。

第十一条 在本市从事商业、邮政、电信、网络、文化、餐饮、娱乐、铁路、交通、民航、旅游、银行、保险、医疗以及其他直接面向公众服务的行业的人员，应当以普通话为基本服务用语。

公共服务行业的名称牌、指示牌、标志牌、招牌、公文、印章、票据、报表、说明书、电子屏幕、广告、宣传材料等，应当以规范汉字为基本服务用字。

第十二条　本市公共场所使用的题词和招牌中的手书字，提倡使用规范汉字。

本市山川、河流等地名标志，行政区划名称标志，居民地名称以及路名、街名、站名、桥名、建筑物名称标志，名胜古迹、纪念地、游览地标志等公共场所的设施用字应当使用规范汉字。

违反第二款规定的，由有关行政部门责令改正；拒不改正的，予以警告，并督促其限期改正。

第十三条　企业名称、商品名称以及广告应当以国家通用语言文字为基本用语用字。违反规定的，由本市工商行政部门依据有关法律、法规进行处理。

第十四条　在本市销售的商品的包装、标志、说明等应当以规范汉字为基本用字;信息处理和信息技术产品中使用的国家通用语言文字应当符合国家的规范和标准。违反规定的,由本市质量技术监督行政部门依据有关法律、法规进行处理。

第十五条　以普通话作为工作语言的岗位,其工作人员应当在工作中坚持使用普通话。违反规定的,由所在单位对其进行批评教育,责令改正。

第十六条　违反本规定第六条、第七条第一款和第二款、第八条、第九条、第十条第一款和第二款、第十一条规定的,由市和区、县语言文字工作部门或者有关单位对直接责任人员进行批评教育,责令改正。

第十七条　语言文字工作部门和其他有关部门及其工作人员应当依法履行职责;滥用职权或者不履行法定职责的,由所在单位或者上级主管部门对直接负责的主管人员和其他直接责任人员依法给予行政处分。

第十八条　本规定自2003年8月1日起施行。

北京市公共场所用字管理暂行规定

（北京市人民政府令　1994年第2号）

第一条　为加强公共场所用字管理，维护国家文字的统一，促进社会主义精神文明建设，根据国家有关规定，结合本市具体情况，制定本规定。

第二条　凡在本市行政区域内的公共场所使用汉字的单位或者个人，必须遵守本规定。

第三条　本规定所称公共场所，是指社会公众活动的处所，包括学校、医院、街道、游览区、展览馆、影剧院、体育场馆、机场、车站、市场等。

本规定所称公共场所用字，是指在公共场所使用的汉字，包括牌匾、广告、橱窗、灯箱、霓虹灯、标语、标志、路名牌、站名牌、立交桥名牌等用字。

第四条　市、区（县）语言文字工作委员会办公室在同级人民政府语言文字工作委员会的领导下，具体负责监督本规定的实施。

第五条　公共场所用字除本规定另有规定者外，必须符合以下规范标准：

（一）简化字以1986年10月10日经国务院批准重新发表的《简化字总表》为标准；

（二）异体字中的正体字以国家文化部和中国文字改革委员会1955年公布的《第一批异体字整理表》中的选用字为标准；

（三）印刷用字以国家语言文字工作委员会和新闻出版署1988年联合发布的《现代汉语通用字表》为标准。

第六条　不符合规范标准的公共场所用字，有下列情况之一的，可以使用：

（一）建国前书写并延用至今的老字号牌匾用字；

（二）文物古迹中原有的文字；

（三）已注册的商标定型字；

（四）经市语言文字工作委员会批准使用的文字。

第七条　违反本规定在公共场所使用不规范字的，由市、区（县）语言文字工作委员会办公室责令责任单位或责任人限期改正；逾期不改正的，按每字每日

100 元处以罚款，直至改正。

第八条　外地或境外的单位、个人，委托本市广告设计制作者代理制作的广告招牌中使用不规范字的，本市广告设计制作者为使用不规范字的责任单位或责任人。

第九条　本规定执行中的具体问题由市语言文字工作委员会负责解释。

第十条　本规定自 1994 年 4 月 1 日起施行。

北京市教育委员会 北京市语言文字工作委员会 关于北京市实施《国家中长期语言文字事业改革和发展规划纲要（2012—2020）》的意见

京教语〔2013〕1号

各区县教委、语委，市语委各成员单位，各高等学校：

近年来，北京市语言文字工作全面贯彻国家语言文字法律法规和方针政策，以北京奥运会、新中国成立60周年和中国共产党成立90周年庆祝活动举办为契机，积极服务首都文化建设、经济发展和社会进步，语言文字工作逐步走向基层、覆盖行业，工作触角“横向到边、纵向到底”，工作体系合理布局，工作队伍不断壮大，首都语言文字社会应用规范化水平不断提高，国家通用语言文字在教育教学、新闻媒体和公共服务领域占据主体地位，中外语言交流日益加强，北京话方言保护工作受到重视，语言文字信息化工作成果丰硕，管理社会语言文字应用和服务社会语言文字需求能力不断增强，各项工作取得显著成效。

今后一个时期，北京将努力打造中国特色社会主义先进文化之都，首都城市功能定位和文化建设的目标任务及北京建设世界城市的发展战略，对语言文字工作提出了新的要求。党的十八大报告要求“推广和规范使用国家通用语言文字”“建设优秀传统文化传承体系，弘扬中华优秀传统文化”“繁荣发展少数民族文化事业”，为语言文字工作指明了方向。

语言文字工作要融入“爱国 创新 包容 厚德”的北京精神。通过扎实努力的工作，展现中华语言情怀，正确引导网络语言等新兴语言现象，着力化解社会语言生活领域的新矛盾，促进保护语言文化的多样性，建设规范、文明、高雅的语言文化环境，提升市民的语言文字应用能力和语言文化素质。

新时期北京语言文字工作如何完成从“走向”基层到切实“扎根”基层，从“覆盖”行业到有效“服务”行业的功能深化，如何处理好“中国语言文字与外国语言文字”“国家通用语言文字与少数民族语言文字”“普通话与方言”“规范汉字与繁体字”“外语主要语种与小语种”“主体语言需求与盲文手语等特殊语言需求”“汉语文化走出去与外语文化引进来”等各种语言关系，如何处理好社会语言应用领域的现实问题，如何使语言文字工作更好地融入首都经济、文化建设，服务北京世界城市建设，都需要我们进行深入思考和付出不懈努力。

首都语言文字工作者要树立和增强高度的社会责任感和历史使命感，践行北京精神，创新工作理念，拓展工作格局，探索国际化大都市和谐社会语言生活的构建机制，传承、弘扬中华语言文化，努力推进语言文字工作科学发展，为人文北京建设和北京世界城市建设贡献力量。

现就我市贯彻落实《国家中长期语言文字事业改革与发展规划纲要（2012—2020）》提出如下意见：

一　指导思想

高举中国特色社会主义伟大旗帜，以邓小平理论、“三个代表”重要思想为指导、深入落实科学发展观，按照推动“人文北京、科技北京、绿色北京”战略和建设中国特色世界城市的要求，全面贯彻《国家通用语言文字法》《北京市实施〈国家通用语言文字法〉若干规定》和《国家中长期语言文字事业改革和发展规划纲要（2012—2020）》，围绕中心，服务大局，拓宽视野，改革创新。大力推广和规范使用国家通用语言文字，科学保护各民族语言文字，构建和谐社会语言生活。实施“一体两翼、增量推进”战略，夯实语言文字常规工作，积极开发北京语言资源，加强语言文化建设，繁荣语言事业，发展语言产业，增强首都语言实力，为首都社会主义文化大发展大繁荣做出新的贡献。

二　工作目标

总体目标：到2020年，在全市范围内高水平普及国家通用语言文字的社会应用，国家通用语言文字的主体地位进一步强化；语言文字社会应用的监管与服务体系更趋完善，规范化和标准化水平进一步提高；市民的语言文字规范意识、法制意识显著增强，语言文字应用能力显著提升；语言文化建设得到加强，社会语言文字环境显著优化，社会语言生活和谐发展，语言文化事业走向繁荣，整体工作居全国前列。

北京市语言文字工作力争实现以下具体目标：

（一）组建200人的社会用字监督员队伍和100人的专家级普通话水平测试员队伍。

（二）新增130所市级语言文字规范化示范校，新增100个以上语言文字规范化达标单位，创建100个语言文字应用规范化示范街道、示范乡镇。建设一批规范汉字书写特色学校和中华经典诵读特色学校。

（三）推动全日制普通高校在校生、全市公务员全员参加普通话水平培训测试。2012年至2020年累计完成普通话水平测试量80万人次以上。2012年起全面实施计算机辅助普通话水平测试。实现语言文字测试及其管理工作的信息化。

（四）制定培训计划，分期分批提升中小学教师普通话水平等级标准，逐步使语文教师普通话水平普遍达到一级乙等，其他学科教师普遍达到二级甲等。

（五）汉字应用水平测试、汉语综合能力测试、汉语口语水平测试不断扩大试点规模，测试人数逐年递增。

（六）设立"北京市语言文字应用科研专项"。发布《北京语言生活年度状况报告》。建成北京市语言文字工作图书资料室。

（七）依托有关高校建立若干个研究中心。北京语言产业研究中心、北京语言文化建设研究中心进入国家语委科研基地体系。组织研制、培训推广教育、旅游、公交、商贸、医院等行业的语言文化建设标准。

（八）建成"中国语言资源有声数据库北京子库"和北京语言文化资源信息库。开展北京语言文化资源普查，绘制北京语言文化地图，建设北京语言文化网上博物馆。

（九）支持成立"北京语言文化建设促进会"，整合社会相关资源，推动成立语言产业科技园、中华语言文化博物馆和筹办北京国际语言文化博览会。

（十）建成以"北京语言文字网"为中心的语言文字工作网站群，实现语言文字工作政务信息化。

三　主要任务

（一）加大宣传教育力度

1. 丰富宣传教育形式。分期分批举办培训班，学习、宣传国家语言文字法律法规、规范标准和《国家中长期语言文字事业改革和发展规划纲要(2012—2020)》,全方位、多层次、宽领域开展宣传教育活动,营造浓厚的社会舆论氛围;精心组织每年的全国推广普通话宣传周活动,创新活动内容、载体和组织方式,扩大覆盖面和影响力;组织开展北京市示范中学教师语言文字基本功大赛;以《北京市实施〈国家通用语言文字法〉若干规定》颁布10周年为契机,开展执法检查等系列活动;结合全民终身教育体系和学习型城市建设,将语言文字教育培训纳入市民终身教育体系。

2. 加强宣传阵地建设。进一步办好市语委机关报《语文导报——语言文字工作专刊》;提高语言文字工作政务信息化水平,建成以"北京语言文字网""北京语言文字测试网"为核心的,由各区县语言文字工作网组成的北京语言文字工作网站群,强化其服务功能,完善"语言文字法规知识和语言文化常识在线测试系统";召开市语委宣传工作会议,加强信息员队伍建设;在有关平面媒体、有声媒体、网络媒体开辟语言文字工作宣传专栏和公益广告,引导全社会规范使用语言文字,普及语言文化知识。

(二)推进规范化创建工作

1. 加强语言文字社会应用的监管。充分发挥语委协调指导和语委成员单位"各司其职、分工协作、齐抓共管"工作机制的作用,加强对语言文字社会应用的依法管理;组建社会用字监督志愿者队伍,重点监测、督导公共场所、新闻媒体与重要领域国家通用语言文字和外文规范使用的情况;依法推进语言文字工作评估,开展创建检查,以点带面,以评促建,提升全社会语言文字应用规范化水平。

2. 新增130所示范校。巩固中小学语言文字规范化示范校创建成果,启动高等学校语言文字规范化创建工作,新增130所市级语言文字规范化示范校,发挥其示范引领作用;推进规范汉字书写特色校建设,加强义务教育阶段汉字书写训练和书法文化教学,促进学生书写水平的提高;开展中华经典诵读特色校创建活动,传承祖国优秀传统文化,促进学生语言表达水平的提高。

3. 命名100个示范街道乡镇。巩固国家一、二类城市语言文字工作评估和北京市语言文字规范化达标单位创建成果,启动创建语言文字规范化示范街道、示范乡镇,认定100个语言文字规范化示范街道和乡镇,使语言文字工作向社区、农村延伸,扩大工作覆盖面,完善工作网络;重点推进郊区市民、来京务工人员及其随迁子女的国家通用语言文字普及培训工作。

（三）拓展语言文字测试工作

1. 夯实基础工作。健全语言文字测试工作制度，加强北京市语言文字测试中心建设及对区县、高校、行业语言文字测试分支机构的指导，稳步提高测试工作质量；发挥市语委成员单位和高校的积极性，推动有关行业和高校建立语言文字测试分中心；加快推进语言文字测试工作信息化建设，全面推行计算机辅助普通话水平测试和测试管理信息系统的应用，不断改善测试工作条件；加强测试队伍建设，研制系列化的培训课程，坚持开展新任测试员、骨干测试员、测试管理人员年度业务培训，组建100人的测试专家团队；出版《北京市语言文字培训测试丛书》，建设语言文字工作专题图书资料室。

2. 拓展测试规模。创新机制，通过示范引领，积极推进全市各级机关公务员普通话水平培训测试工作；争取市财政支持，对全日制普通高校在校学生实施免费普通话水平测试，并对师范专业学生实施免费普通话水平测前培训；通过有计划的培训，提升中小学教师普通话水平等级标准，使语文教师普通话水平普遍达到一级乙等，其他学科教师普遍达到二级甲等；努力在部队、行业等领域扩大普通话水平测试覆盖人群，到2020年累计完成80万人次以上测试量；全面推进各项测试工作的健康发展，不断扩大汉字应用水平测试、汉语综合能力测试试点规模，积极推广面向外籍人士的汉语口语水平测试。

3. 提升服务能力。适应不断增长和日益多元的社会语言需求，多层次、全方位地设计并实施语言服务项目，努力构建语言文字公共服务体系，提升语言服务能力；广泛开展针对社会不同人群的语言文字知识与能力培训，满足市民对于语言文字学习及其水平能力认定的个性化、多样化需求；适应特殊人群语言需求，增强盲文、手语服务能力；支援少数民族地区“双语教育”，积极开展市语委援藏、援疆工作。

（四）加强科研创新工作

1. 制定科研规划。组织专家研究制定《北京市语言文字应用科研规划》，以高水平的科研成果提升语言文字工作的社会价值；设立“北京市语言文字应用科研专项”，积极组织申报国家语委科研规划项目，加强科研项目管理；开展社会语言生活调查、监测与研究，发布《北京语言生活年度状况报告》；召开市语委科研工作会议，加强语言文字应用科研队伍建设，充分发挥市语委专家委员会在政策研究、决策咨询、语言服务中的作用。

2. 建设科研基地。依托有关高校在语言产业、语言文化建设、语言文字社会应用监管、语言文字测试、语言文化传播、语言信息处理技术等方面分别建立研究中心作为市语委科研基地；发挥北京语言产业研究中心的作用，建设北京语言产业数据库，出版《语言产业研究丛书》和《语言产业通讯》，举办语言产业论坛，开展制定语言产业发展规划、建立语言产业科技园可行性研究，积极促进语言产业发展；发挥北京语言文化建设研究中心的作用，出版《语言文化建设研究丛书》和《语言文化建设通讯》，举办语言文化建设论坛，促进“语言文化建设与管理”学科建设及人才培养。

3. 建设北京语言文化资源数据库。增强全社会的语言资源观念和语言保护意识，有效保护和利用北京语言文化资源，形成健全的语言文字非物质文化遗产保护机制；协同市文化文物部门，开展北京语言文化资源普查，启动并完成中国语言资源有声数据库北京子库和北京语言文化信息库建设工作，在此基础上绘制北京语言文化地图，建设北京语言文化网上博物馆。

四　保障措施

（一）推进法制建设

依法管理语言文字社会应用，相关部门联合开展《北京市实施〈国家通用语言文字法〉若干规定》颁布10周年执法检查，推动《若干规定》的修订完善；将学校语言文字工作纳入北京教育督导工作范围；学习宣传、贯彻落实国家《通用规范汉字表》《外文使用管理规定》《公共服务领域外文译写规范 英文〈通则〉》等国家语言文字规范标准。

（二）完善工作机制

明确政府各部门依法管理本行业、本系统语言文字应用和区县、街道乡镇依法实施语言文字应用属地管理的职责；进一步将语言文字规范要求纳入文化建设规划、精神文明创建、普法宣传教育、机关行文规范、新闻出版编校、广播影视制作、工商行政监管和城市市容管理，形成长效工作机制；根据有关规定，每三年表彰奖励一次语言文字工作先进个人和语言文字规范化创优单位，健全激励机制。

（三）加强队伍建设

推动区县语言文字工作部门专职人员配备和语委成员单位、高等学校语言文字工作机构、人员配备的落实；着力建设语言文字工作六支队伍即管理队伍、宣传队伍、培训队伍、测试队伍、科研队伍、志愿者队伍；加强语言文字工作人员继续教育，完善培训制度，不断提高专兼职工作人员的政策水平、业务水平和依法行政的能力。

（四）加大经费投入

语言文字工作经费纳入市、区县财政预算，并逐年有所增长；设立市语委办日常工作经费专项、市语言文字测试经费专项、市级语言文字应用科研经费专项、市级语言文字规范化创建经费专项、北京语言文化资源数据库建设经费专项、行业领域语言文化建设标准研制专项，确保专项工作的经费投入。区县语委要积极争取区县政府和财政支持，在确保日常工作经费的同时，根据实际情况设立专项工作经费，体现区县工作创新与特色。

北京市教育委员会

北京市语言文字工作委员会

2013 年 5 月 21 日

北京市教育委员会
北京市语言文字工作委员会
关于加强高等学校语言文化建设的指导意见

京教语〔2015〕1号

各高等学校：

为进一步贯彻落实国家语言文字法律法规和《国家中长期语言文字事业改革和发展规划纲要(2012—2020年)》，现就加强高等学校的语言文化建设提出如下意见：

一　明确高校语言文化建设的内涵和意义

语言是国家和民族的重要特征，既是文化的核心内容，又是文化的主要载体。语言文化建设是文化建设的重要组成部分，学校的语言文化建设是学校文化建设的重要内容和途径，在全社会的语言文化建设中发挥源头、辐射和示范作用。作为文化生产和传播的重要源头，高等学校是语言文化建设的重要阵地。高校语言文化，是指在高校这一特定社会环境中人们运用语言符号系统所进行的生产、传承、创造活动及其成果。

高校语言文化建设的内容主要包括以下方面：语言资源建设、语言标准建设、语言学科建设、语言环境建设、语言技术建设、语言制度建设、语言机构建设、语言队伍建设、语言能力建设、语言和谐建设、语言安全建设、语言传播建设。

加强高校语言文化建设，对于提升国家和国民的语言能力、构建和谐的社会语言生活、确保国家的语言和文化安全、向世界传播国家语言及其所承载的文化具有重大意义；对于"讲述好中国故事，传递好中国声音"，特别是对助力我国"一带一路"建设具有重大意义；对于提高学校的文化创造力和综合竞争力具有重大意义。

二　认识高校语言文化建设的现状与存在的问题

高校语言文化建设是我们面临的一项新课题、新任务，具有较大的提升和发展空间。

（一）开展语言资源建设、对语言资源进行研发和利用的高校为数甚少。高校特别是拥有语言学科的高校一般都有着丰富的语言资源，如师生的方言资源、少数民族语言资源、来华外国留学生语言资源、语言学科资源等，但语言资源的意识或者说“语言资源观”未及树立。

（二）语言标准建设欠缺。一方面表现为师生的国家通用语言文字意识有待加强，对语言文字规范标准的知晓度尚待提高，校园用语用字的不规范现象还不同程度地存在着；另一方面，能够积极开展和参与制定国家语言文字规范标准的高校为数不多。

（三）语言学科建设方面，本市高校在全国名列前茅，涵盖汉语、若干少数民族语言、英语、法语、德语、日语、俄语、阿拉伯语、西班牙语等，但语种规划程度远远不够，距离“全语种”语言教学和人才培养体系仍有巨大差距。语言管理、语言战略、语言规划和语言政策学科及课程建设非常薄弱。

（四）语言环境建设与学校的形象和社会声誉直接相关，规范标准、文明得体而又具有个性化魅力的校园语言环境直接体现着师生良好的文化素养。但目前关注校园语言环境整体规划设计的高校，寥寥无几。

（五）语言技术建设与计算机学科、信息技术学科、语言工程学科密切关联。虽然拥有计算机学科、信息技术学科的高校为数众多，但有能力开展语音识别、语音合成、文字识别、文字设计、语言康复、机器翻译等语言智能技术研发的高校为数甚少。

（六）语言制度建设亟待加强。对于《国家通用语言文字法》及相关的法律法规和方针政策、全国推广普通话宣传周、语言文字规范化示范校的创建、国家语言事业的规划，在相当多的高校，宣传、参与和执行的力度极为薄弱。

（七）语言机构建设方面，在市语委的组织倡导下，一般在高校均设有语言文字工作领导小组，但都很虚化，基本上有名无实。高校语言文字工作极为边缘化、管理功能严重缺位。

（八）语言队伍建设致力于完成语言文字工作管理、语言教育培训、语言能力测评、语言科学研究、语言技术研发、语言志愿服务等任务，在不同的学校，其发展程度极不均衡。从语言文字工作管理来看，学校没有专职人员，一般都是兼职，甚至并未明确指定兼职人员。

（九）语言能力是高校语言文化建设的重要价值指向，主要由师生的国家通用语言文字能力、外语能力、民族语言文字能力、方言能力等构成。语言能力建设方面的问题主要表现为：学生的国家通用语言文字应用能力呈滑坡趋势；大多数学生的外语应用能力事倍功半；外语小语种教育规划缺失导致一些语种人才储备空白，已经影响到我国的地缘政治利益、国际贸易利益和司法实践等。

（十）语言和谐建设既是语言文化建设的内容，也是语言文化建设的重要目标，旨在实现语言生活中主体性与多样性的统一，使各种语言文字在不同的领域各就其位，发挥好各自的作用。这种基于构建和谐的社会语言生活的高校人文教育，目前还未能在我国高等教育的目标中得以明确体现。

（十一）语言安全建设包含五个层面：一是对国家濒危语言资源的抢救与保护；二是确保国家通用语言文字的主体地位；三是防止语言文字社会应用的普遍失范；四是防止公民个体语言素质的普遍弱化；五是跨境语言涉及的国家安全问题和地缘政治相关联的语言文字问题。语言安全建设尚未提到我国高等教育的议事日程上来。

（十二）语言传播涉及两个层面：一是语言在同一文化系统内部的传播；二是语言在不同文化系统间的传播，事关文化开放式发展、争取国际话语权、提升国家软实力等重大问题。学校作为语言文字工作的源头和主阵地，对内的文化传承和对外的文化传播是其重大使命。语言传播建设的使命意识、自觉意识还需进一步强化。

三　切实加强高校语言文化建设

（一）树立“大语言”观，夯实高校语言资源建设、高校语言标准建设、高校语言学科建设的基础。

语言文化视野中，语言已不再是语种、言语层面的简单、纯粹的“小语言”，而是融入社会经济建设、文化范畴中的“大语言”。语言不再是单纯的科研资源，而是一种宝贵的社会经济资源，需要下大力气保护、开发，并善加利用，需要加强学科建设以培育、推进规范标准的建设。

高校在语言标准建设中的作为有两个方面：一是为国家语言标准建设提供人才和智力支持；二是积极宣传贯彻国家语言文字规范标准。根据高校人群特点，创新工作方式，强化国家通用语言文字规范意识的培养，提高高校语言文字规范化水平，提升师生语言文字应用能力，创建语言文字规范化示范高校。

加强应用语言学学科建设。注重培养、扶持学科带头人和领军人物，支持其开展学术、业务研究与创新。提升学科地位和学术影响力。促进语言学研究方法和研究手段的现代化。鼓励跨学科、跨领域开展研究，鼓励协同创新。在此基础上，应着眼地缘政治、国际战略和国际交往的需要，布局小语种人才的培养，做好小语种人才的储备；应用语言学学科建设应立足国家语言文化建设的需求，支持发展“语言管理”“语言战略”“语言规划”“语言政策”等学科。

（二）科学规划，积极推进高校语言环境建设、高校语言技术建设。

包含用语用字在内的学校语言环境，要按照规范标准、文明得体、富于个性魅力的要求，进行统一的规划建设，使语言文字规范化工作进入教室、宿舍、食堂、宣传品、网站、校园文化活动等物理和虚拟空间，使语言文字规范化工作贯穿到教育、教学的全方位、全过程，做到“润物细无声”。对于出现在社会和校园中的新的语言现象如网络语言、新词语、新语体等，要从语言自身发展规律出发，加以正确引导。在校园环境方面，鼓励规划建设语言文化主题校园。

语言技术是语言资源向经济、文化领域的功能拓展，是语言产业的基础。有条件的高校要组织力量研发语言技术，开展语言技术的知识产权保护研究、语言产业扶持政策研究、语言产业发展规划研究、语言产业的经济贡献度研究和语言产业的统计指标体系的研究，从各方面研究促进本市和我国语言产业的发展。积极申办语言产业科技园，促进语言技术成果及时转化为生产力。

（三）创新履责，以高校语言制度建设、高校语言机构建设、高校语言队伍建设统领整体工作。

促进高校语言文化建设长效机制的形成。高校语言制度建设，一是要在贯彻落实国家语言文字法律法规和方针政策方面，发挥示范作用；二是要建立、健全与完善语言文字规范化管理制度，如《学校公文规范化制度》《校园标识系统规范化制度》《学校网站语言规范化制度》《课堂、课件语言规范化制度》《学校会议语言规范化制度》等。

高校语言机构建设和语言队伍建设要从学校实际出发，建立专门机构，安排专职人员，或者指定相关的机构和人员负责学校语言文字工作，同时注意发挥相关学生社团的作用。要加强与上级语言文字工作机构的工作联系并接受其业务指导。有条件的高校要建设语言能力测评机构、语言学术研究机构、语言技术研发机构以及相应的人才队伍，为国家和本市语言事业的繁荣及语言产业的发展做出积极的贡献。

（四）提高认识，努力提升高校语言能力，构建和谐的校园语言生活，促进实现国家语言和文化安全，加强中华语言与文化的有效传播。

要纠正"重外语轻国语"的偏向，重视学生国家通用语言文字应用能力的培养，营造重视语文素养的氛围，为国家通用语言文字教育创造良好环境。推进大学语文教学改革，确立大学语文课程应有的地位，并组织在校大学生积极参加普通话水平测试、汉字应用水平测试、汉语综合能力测试等国家级语言文字水平能力测试。民族院校要注重发展国家通用语言文字和民族语言文字的双语教育。高校还要着力改革外语教育模式，不断提高外语教育质量。重视研究并做好语言教育规划，从国家政治、经济、军事、外交战略利益出发，并考虑重大国际活动和灾害救援对语言服务的需求，充分布局各语种人才的培养。总之，高校要着眼于培养多语多言人才，这是高校语言能力建设的方向。

高校和谐语言生活建设，要遵循语言发展规律，正确认识和处理好正式场合与非正式场合的语用关系、汉族师生与少数民族师生的语用关系、各方言地区师生的语用关系、中国学生与国际学生的语用关系、物理空间与虚拟空间的语用关系等，总之是要体现校园语言生活的多样性、丰富性、鲜活性，体现校园语言生活主体性与多样性的统一。高校人文教育要使学生树立起跨文化的理解与宽容以及文化生态多样性的理念，认识到文化生态多样性是建立在语言生态多样性基础之上的。

在促进实现国家语言和文化安全方面，高校要发挥学科和人才优势，积极作为，从法制、标准、技术等层面，为国家濒危语言资源的抢救与保护，为确保国家通用语言文字使用的主体地位，为防止语言文字社会应用的严重失范，为提高国民语言能力和国家语言实力，为争取包括虚拟空间在内的国际话语权，为维护国家的地缘政治利益和安全，做出高校语言文字工作应有的贡献。

高校语言传播建设要实现语言文字工作"校内规范应用、国内示范辐射、国际有效传播"的目标。工作重点在于发挥学科和人才优势，做好宣传推介，一方面“引进来”，吸引更多国际学生来京进行汉语学习；一方面“走出去”，加强对外语言交流，开发优质的国际汉语课程教材。培养优秀的翻译人才，致力于翻译出版国学精华文献、文学作品和学术著作，对外传播汉语文化，促进中国文化的开放式发展，为提升国家文化软实力做出较大的贡献。

四 努力创建语言文字规范化示范校

开展语言文字规范化示范校创建活动，是国家语言文字工作的重要举措。本市中小学已广泛深入地开展了创建活动。市教委、市语委决定今明两年在本市普通高校、成人高校中开展语言文字规范化示范校创建活动，认定12所示范校。对申报创建示范校的高校，市语委办将通过调研指导，提炼工作经验，提出整改意见，做出是否予以认定的决定。对认定的示范校，授予语言文字规范化示范校标牌，给予鼓励引导性经费支持，列入市语委、市人事局“北京市语言文字工作先进单位”表彰名单。

北京市教育委员会

北京市语言文字工作委员会

2015年6月4日

北京市语言类非物质文化遗产名录

（资料的整理，综合《北京语言文化资源调查问卷》的结果和《北京市非物质文化遗产普查项目汇编》的相关内容）

区	序号	语言类非物质文化遗产名称
东城区	1	民间传说、民间故事
	2	灯谜
	3	篆刻书法（李早成）、篆刻书法（宿悦）
	4	老北京叫卖吆喝（卢志东、臧鸿、马松林、张振元、张桂兰）
	5	牛骨数来宝（孟新）、牛骨数来宝（姚金田）
	6	京东大鼓
	7	太平歌词
	8	花棍舞词
	9	北京童谣
	10	京东弦子书
	11	什不闲·莲花落
	12	北京拉洋片儿
	13	梁厚民快板艺术
	14	胡同的由来
	15	崇文地名文化
西城区	16	西城风俗传说
	17	皇城传说
	18	西城地名传说
	19	西城胡同传说
	20	西城民间故事
	21	西城民间歌谣
	22	西城民间童谣
	23	西城民间谚语

（续表）

	24	宣武民间谚语
	25	宣武民间歌谣
	26	宣武民间传说
	27	宣南老地名的由来
	28	篆刻技艺（赵程久）
	29	印章制纽（韩宝玉）
	30	削金篆刻（艾玉源）
	31	萃文阁牛角水印印章雕刻
	32	岔曲
	33	北京评书
	34	快板书
	35	联珠快书
	36	单弦
	37	北京琴书
	38	太平歌词
	39	京东大鼓
	40	梅花大鼓
	41	含灯大鼓
	42	京韵大鼓
	43	八角鼓
	44	什不闲·莲花落
	45	天桥拉洋片
	46	天桥双簧
	47	弦子双簧
	48	老北京叫卖吆喝
	49	琉璃厂书肆文化
	50	老天桥艺人行话
	51	法源寺丁香诗会
	52	地书
朝阳区	53	满语
	54	民间故事、民间传说
	55	朝阳民谣

（续表）

	56	朝阳民歌
	57	朝阳区内地名由来
	58	高碑店科举匾额
	59	书法碑刻艺术（陈光明）
	60	屏风刻字（董善昶）
	61	楹联习俗
	62	龙凤书法（刘万正）
	63	微书（李尧）
	64	蒙文书法
	65	京味吆喝（武荣璋）
	66	快板
	67	八角鼓
	68	奉调大鼓
	69	单弦牌子曲
	70	拉洋片
海淀区	71	民间传说、民间故事
	72	北京满族民间故事
	73	海淀民歌
	74	纳兰性德诗
	75	北京土语
	76	民间俗语
	77	铜印章錾刻（李宁）
	78	金石篆刻（温维世）
	79	京剧戏名篆刻（邓振海）
	80	竹刻书法（邓振海）
	81	颖拓艺术（宋致中）
	82	莲花落
丰台区	83	民间传说、民间故事
	84	丰台各地地名的来历
	85	丰台民间歌谣
	86	丰台民间谚语
	87	丰台歇后语
	88	大灰厂家族称谓

（续表）

石景山区	89	民间传说、民间故事
	90	石景山民间歌谣
	91	石景山地区童谣
	92	石景山民间谚语
	93	石景山地名诗词
	94	石景山地区老楹联
	95	剑书(白书杰)
	96	西山刻石传拓技艺(姜希伦)
	87	石景山太平歌
	98	奉调大鼓
	99	北京马派河南坠子
	100	落子腔
	101	石景山民间小唱、民间喜歌
	102	石阙书法
大兴区	103	大兴方言土语
	104	大兴民间传说
	105	大兴村名传说
	106	大兴近代人物故事
	107	大兴民间歌谣
	108	大兴民间谚语
	109	大兴谜语
	110	大兴歇后语
	111	大兴寓言
	112	诗赋弦
	113	蹦蹦戏
	115	朱庄单琴大鼓
	116	再城营五音大鼓
	117	小黑垡诗迷弦
	118	家人之间习惯称谓
房山区	119	民间传说、民间故事
	120	房山有关地名的由来
	121	房山民间谚语
	122	雕石、刻字技能(吴克平)

（续表）

	123	山梆子戏
	124	哈哈腔
	125	太平鼓唱曲
	126	高跷唱曲
门头沟区	127	门头沟斋堂方言
	128	民间传说、民间故事
	129	门头沟民间歌谣
	130	柏峪燕歌戏
	131	苇子水秧歌戏
	132	山梆子戏
	133	蹦蹦戏
	134	门头沟有关地名的由来
昌平区	135	昌平方言
	136	昌平民间神话
	137	昌平民间传说
	138	昌平民间故事
	139	昌平民间歌谣、儿歌童谣、罐歌夯歌
	140	昌平民间谚语
	141	谜语
	142	歇后语
	143	山梆子戏
	144	王冯氏篆刻
	145	昌平有关地名的由来
怀柔区	146	民间传说、民间故事
	147	怀柔有关地名的由来
	148	怀柔民间歌谣
	149	对联习俗
	150	谜语
	151	十不闲
	152	大鼓书
顺义区	153	民间传说、民间故事
	154	顺义民歌
	155	夯歌（劳动号子）

（续表）

	156	十目弦
	157	什不闲
	158	诗赋弦
	159	李佣快板书
	160	彭慧芳快板
通州区	161	民间传说、民间故事
	162	通州村名传说
	163	通州民谣歌谣
	164	通州民间谚语
	165	通州方言土语
	166	通州运河船工号子
	167	通州民歌、夯歌
	168	酒令
	169	郭村蹦蹦戏
	170	柴家务村莲花落
	171	单琴大鼓
平谷区	172	平谷方言
	173	民间传说、民间故事
	174	平谷风俗传说
	175	平谷风物传说
	176	平谷人物传说
	177	平谷村落域名传说
	178	平谷民间歌谣、儿歌童谣、夯歌
	179	谚语
	180	谜语
	181	十不闲
	182	大鼓书
	183	西河大鼓
	184	平谷调
	185	丫髻山碑刻文化
延庆区	186	民间传说、民间故事
	187	民歌民谣、儿歌童谣
	188	民间谚语

（续表）

	189	谜语
	190	歇后语
	191	延庆土话，延庆方言特色及其成因
	192	延庆古诗词
	193	山梆子戏
	194	快板
	195	京东大鼓
	196	西河大鼓
	197	四音大鼓
	198	拉洋片
	199	乡村叫卖吆喝
密云区	200	满族方言
	201	满族姓氏来历
	202	满族称谓
	203	密云民间故事传说
	204	密云民间歌谣
	205	密云民间谚语
	206	白龙潭碑林文化
	207	拉洋片
	208	密云蔡家洼村五音大鼓

（贺宏志，北京市语委办；戈兆一，北京物资学院）

北京高等院校外语语种和语言学相关学科设置

一　外语语种

教育部公布的普通高等学校本科专业目录（2012 年），从中可以看出我国高校目前能够培养的外语语种人才，大约 60 个语种：

英语、俄语、德语、法语、西班牙语、阿拉伯语、日语、波斯语、朝鲜语、菲律宾语、梵语巴利语、印度尼西亚语、印地语、柬埔寨语、老挝语、缅甸语、马来语、蒙古语、僧伽罗语、泰语、乌尔都语、希伯来语、越南语、豪萨语、斯瓦希里语、阿尔巴尼亚语、保加利亚语、波兰语、捷克语、斯洛伐克语、罗马尼亚语、葡萄牙语、瑞典语、塞尔维亚语、土耳其语、希腊语、匈牙利语、意大利语、泰米尔语、普什图语、世界语、孟加拉语、尼泊尔语、克罗地亚语、荷兰语、芬兰语、乌克兰语、挪威语、丹麦语、冰岛语、爱尔兰语、拉脱维亚语、立陶宛语、斯洛文尼亚语、爱沙尼亚语、马耳他语、哈萨克语、乌兹别克语、祖鲁语、拉丁语。

1. 北京大学：英语、俄语、德语、法语、阿拉伯语、西班牙语、葡萄牙语、日语、蒙古语、朝鲜语、越南语、泰语、缅甸语、印尼语、菲律宾语、印地语、梵语巴利语、乌尔都语、波斯语、希伯来语等 20 个语种专业。除招生语种外，还拥有拉丁语、马来语、孟加拉语、中古波斯语（巴列维语）、阿卡德语、苏美尔语、赫梯语、阿拉米语等现代和古代语言的教学资源并开设过课程；学院有教师从事古冰岛语、古叙利亚语、圣经希伯来语、吐火罗语、格鲁吉亚语等语言的研究。

2. 北京外国语大学：英语、俄语、德语、法语、阿拉伯语、日语、西班牙语、葡萄牙语、波兰语、塞尔维亚语、丹麦语、捷克语、斯洛伐克语、斯洛文尼亚语、克罗地亚语、冰岛语、罗马尼亚语、匈牙利语、爱沙尼亚语、保加利亚语、荷兰语、立陶宛语、阿尔巴尼亚语、希腊语、拉脱维亚语、意大利语、芬兰语、挪威语、瑞典语、马耳他语、越南语、老挝语、柬埔寨语、缅甸语、泰语、马来语、印尼语、僧伽罗语、韩语、土耳其语、斯瓦希里语、豪萨语、印地语、乌尔都语、希伯来语、波斯语、菲律宾语。

3. 北京语言大学：英语、俄语、德语、法语、阿拉伯语、日语、韩语、西班牙语、葡萄牙语、意大利语；3 个复语专业：英语＋西班牙语、英语＋土耳其语、日语＋英语；4 个双学位双专业培养项目：小语种＋英语、外语＋金融、外语＋国际汉语教育、外语＋国际贸易；4 个翻译方向：本地化翻译、英汉翻译、多语（中、英、法）翻译、法汉翻译。

4. 对外经济贸易大学：英语、俄语、德语、法语、阿拉伯语、日语、西班牙语、葡萄牙语、波斯语、朝鲜（韩）语、希腊语、意大利语、越南语。

5. 北京第二外国语学院：英语、俄语、德语、法语、阿拉伯语、日语、西班牙语、葡萄牙语、波兰语、捷克语、斯洛伐克语、匈牙利语、拉脱维亚语、韩（朝鲜）语、意大利语。

二　学科设置（学术学位）

1. 北京大学

博士研究生专业：语言学及应用语言学、汉语言文字学、英语语言文学、俄语语言文学、法语语言文学、德语语言文学、日语语言文学、印度语言文学、西班牙语语言文学、阿拉伯语语言文学、亚非语言文学（古代西亚语言文化、朝鲜韩国语翻译研究、蒙古语言文化、比较语言学、跨境语言研究、东南亚区域语言研究、韩语语言学与韩国语教育学）、外国语言学及应用语言学、新闻学、传播学

硕士研究生专业：语言学及应用语言学、汉语言文字学、英语语言文学、俄语语言文学、法语语言文学、德语语言文学、日语语言文学、印度语言文学、西班牙语语言文学、阿拉伯语语言文学、亚非语言文学（蒙古语言文化、朝鲜语言文化、泰国语言文化、波斯-伊朗语言文化、缅甸语言文化、越南语言文化、希伯来语言文化）、外国语言学及应用语言学、新闻学、传播学

2. 清华大学

博士研究生专业：语言学及应用语言学（计算语言学），汉语言文字学，中国少数民族语言文献；语言、心理与认知，应用语言学与语言教育，语言学理论与应

用，翻译学与跨文化研究，日语语言文学；新闻传播学

硕士研究生专业：语言学及应用语言学，汉语言文字学；英语语言文学，日语语言文学，外国语言学及应用语言学；新闻学，传播学，国际新闻传播

3. 中国人民大学

博士研究生专业：语言学及应用语言学、汉语言文字学、英语语言文学、日语语言文学、德语语言文学、新闻学、传播学

硕士研究生专业：语言学及应用语言学、汉语言文字学、英语语言文学、日语语言文学、德语语言文学、法语语言文学、俄语语言文学、新闻学、传播学

4. 北京师范大学

博士研究生专业：语言学及应用语言学、汉语言文字学、英语语言文学、俄语语言文学、日语语言文学、外国语言学及应用语言学

硕士研究生专业：语言学及应用语言学、汉语言文字学、英语语言文学、俄语语言文学、日语语言文学、外国语言学及应用语言学、传播学

5. 北京外国语大学

博士研究生专业：英语语言文学、俄语语言文学、法语语言文学、德语语言文学、日本语言文学、阿拉伯语语言文学、欧洲语言文学（罗马尼亚语语言文学）、亚非语言文学（韩语语言文学）、外国语言学及应用语言学、翻译学、语言政策与规划学、汉语国际教育、国际传播

硕士研究生专业：语言学及应用语言学、汉语言文字学、英语语言文学、俄语语言文学、法语语言文学、德语语言文学、日语语言文学、西班牙语语言文学、阿拉伯语语言文学、欧洲语言文学（意大利语语言文学、阿尔巴尼亚语语言文学、瑞典语语言文学、葡萄牙语语言文学）、亚非语言文学（马来语语言文学、朝鲜语语言文学、老挝语翻译理论与实践、泰语翻译理论与实践）、外国语言学及应用语言学、翻译学、新闻学、传播学

6. 北京语言大学

博士研究生专业：语言学及应用语言学、汉语言文字学、中国少数民族语言文学（阿尔泰语系诸语言研究）、英语语言文学、欧洲语言文学（法语语言文学）、

亚非语言文学(日语语言文学 对比语言学与韩语词汇研究)、外国语言学及应用语言学、汉语国际教育、语言智能与技术、翻译学、语言政策与语言规划

硕士研究生专业:语言学及应用语言学、汉语言文字学、中国少数民族语言文学、英语语言文学、法语语言文学、德语语言文学、日语语言文学、西班牙语语言文学、阿拉伯语语言文学、欧洲语言文学(意大利语语言文学)、亚非语言文学(韩语语言文学)、外国语言学及应用语言学、语言智能与技术、翻译学、语言政策与语言规划、语言病理学

7. 对外经济贸易大学

博士研究生专业:商务外语研究(英语、德语、阿拉伯语)

硕士研究生专业:外国语言学及应用语言学、英语语言文学、俄语语言文学、法语语言文学、德语语言文学、日语语言文学、西班牙语语言文学、阿拉伯语语言文学、欧洲语言文学(意大利语语言文学)、亚非语言文学(韩语语言文学)

8. 中国传媒大学

博士研究生专业:语言学及应用语言学、新闻学、传播学、广播电视学、编辑出版学、国际新闻学、舆论学、播音主持艺术学

硕士研究生专业:语言学及应用语言学、汉语言文字学、英语语言文学、日语语言文学、欧洲语言文学、外国语言学及应用语言学、新闻学、传播学、广播电视学、编辑出版学、国际新闻学、舆论学、传媒教育、语言传播、播音主持艺术学

9. 中央民族大学

博士研究生专业:语言学及应用语言学、汉语言文字学、中国少数民族语言文学(藏学、蒙古语言文学、维吾尔语言文学、哈萨克语言文学、朝鲜语言文学)、汉语国际教育

硕士研究生专业:语言学及应用语言学、汉语言文字学、中国少数民族语言文学(藏学、蒙古语言文学、维吾尔语言文学、哈萨克语言文学、朝鲜语言文学)、新闻学、传播学

10. 首都师范大学

博士研究生专业:语言学及应用语言学、汉语言文字学、中国少数民族语言文

学、英语语言文学、俄语语言文学、法语语言文学、德语语言文学、日语语言文学、印度语言文学、西班牙语语言文学、阿拉伯语语言文学、外国语言学及应用语言学

硕士研究生专业:语言学及应用语言学、汉语言文字学、中国少数民族语言文学、英语语言文学、俄语语言文学、法语语言文学、德语语言文学、日语语言文学、印度语言文学、西班牙语语言文学、阿拉伯语语言文学、外国语言学及应用语言学、新闻学、传播学

11. 中国社会科学院研究生院

博士研究生专业:语言学及应用语言学、汉语言文字学、中国少数民族语言文学、英语语言文学、俄语语言文学、法语语言文学、媒体语言学、新闻学

硕士研究生专业:语言学及应用语言学、汉语言文字学、中国少数民族语言文学、英语语言文学、俄语语言文学、法语语言文学、德语语言文学、日语语言文学、计算语言学、语言文字测试学、媒体语言学、新闻学、传播学

12. 北京第二外国语学院

硕士研究生专业:语言学及应用语言学、英语语言文学、俄语语言文学、法语语言文学、德语语言文学、日语语言文学、西班牙语语言文学、阿拉伯语语言文学、亚非语言文学(韩语语言文学)、外国语言学及应用语言学

13. 外交学院

硕士研究生专业:英语语言文学、法语语言文学、日语语言文学、外国语言学及应用语言学

14. 国际关系学院

硕士研究生专业:英语语言文学、法语语言文学、日语语言文学

除上述院校外,北京理工大学、北京科技大学、北京交通大学、北京邮电大学、中国农业大学、北京林业大学、中央财经大学、中国政法大学、华北电力大学、中国地质大学、中国矿业大学、中国石油大学、中国青年政治学院、中国科学院大学、北京工业大学、首都经济贸易大学、北京工商大学、北方工业大学、北京印刷学院等院校也开设有外国语言文学、中国语言文学、新闻传播学的一级或二级学科中的有关专业。

三　学科设置（专业学位）

专业学位	学位授予单位
汉语国际教育硕士	北京大学、北京师范大学、北京外国语大学、对外经贸大学、北京语言大学、清华大学、北京理工大学、中国人民大学、中国传媒大学、中央民族大学、中国石油大学、首都师范大学、北京第二外国语学院
翻译硕士	北京大学、中国人民大学、北京师范大学、北京交通大学、北京科技大学、北京航空航天大学、北京理工大学、北京林业大学、北京外国语大学、对外经贸大学、北京语言大学、中国传媒大学、北京邮电大学、中国政法大学、国际关系学院、华北电力大学、外交学院、中国地质大学、中国矿业大学、中国石油大学、首都师范大学、北京第二外国语学院、北京工商大学、首都经济贸易大学、中国科学院研究生院、中国科学院大学
新闻与传播硕士	北京大学、北京师范大学、清华大学、中国传媒大学、中国人民大学、中央民族大学、北京体育大学、北京工商大学、北京印刷学院、首都体育学院
出版硕士	北京大学、中国传媒大学、北京印刷学院

（王　巍，北京印刷学院）

《北京晚报》(北京论语版)高频字词表

(2011—2014)

1. 高频字表(前350字)

序号	字种	字次	字频	累积字次	累积覆盖率
1	的	215064	0.039143853	215064	0.039143853
2	一	82220	0.014964883	297284	0.054108736
3	是	77832	0.014166222	375116	0.068274958
4	了	61557	0.011204005	436673	0.079478963
5	不	60791	0.011064585	497464	0.090543548
6	人	55218	0.010050242	552682	0.10059379
7	在	53863	0.009803618	606545	0.110397408
8	有	53263	0.009694412	659808	0.120091821
9	这	39558	0.007199962	699366	0.127291782
10	大	37541	0.006832847	736907	0.134124629
11	个	36089	0.006568568	772996	0.140693197
12	我	35367	0.006437157	808363	0.147130354
13	年	35076	0.006384192	843439	0.153514545
14	中	33024	0.006010707	876463	0.159525252
15	学	32359	0.00588967	908822	0.165414921
16	上	32132	0.005848353	940954	0.171263275
17	为	29977	0.005456121	970931	0.176719396
18	到	29766	0.005417717	1000697	0.182137113
19	生	29402	0.005351465	1030099	0.187488579
20	来	28148	0.005123225	1058247	0.192611803
21	时	27879	0.005074264	1086126	0.197686067
22	国	27669	0.005036042	1113795	0.202722109
23	就	27532	0.005011106	1141327	0.207733215

(续表)

24	们	26374	0.004800338	1167701	0.212533554
25	他	25182	0.004583382	1192883	0.217116936
26	家	24653	0.004487099	1217536	0.221604035
27	也	23058	0.004196792	1240594	0.225800827
28	多	23031	0.004191878	1263625	0.229992705
29	和	22983	0.004183142	1286608	0.234175847
30	出	22057	0.0040146	1308665	0.238190447
31	地	21834	0.003974012	1330499	0.242164459
32	要	21832	0.003973648	1352331	0.246138106
33	子	21732	0.003955447	1374063	0.250093553
34	会	21151	0.003849699	1395214	0.253943252
35	能	20874	0.003799282	1416088	0.257742534
36	说	20080	0.003654766	1436168	0.2613973
37	以	19770	0.003598343	1455938	0.264995643
38	都	19687	0.003583236	1475625	0.268578879
39	自	19463	0.003542466	1495088	0.272121344
40	后	18738	0.003410508	1513826	0.275531852
41	过	18058	0.003286741	1531884	0.278818593
42	对	17846	0.003248155	1549730	0.282066748
43	成	17722	0.003225586	1567452	0.285292334
44	得	16787	0.003055406	1584239	0.28834774
45	里	16427	0.002989882	1600666	0.291337622
46	还	16372	0.002979872	1617038	0.294317494
47	小	16302	0.002967131	1633340	0.297284625
48	可	16237	0.0029553	1649577	0.300239926
49	作	16017	0.002915258	1665594	0.303155184
50	于	14912	0.002714137	1680506	0.305869321
51	发	14696	0.002674823	1695202	0.308544144
52	下	14692	0.002674095	1709894	0.311218238
53	现	14569	0.002651707	1724463	0.313869946
54	老	14521	0.002642971	1738984	0.316512917
55	着	14512	0.002641333	1753496	0.319154249

（续表）

56	天	14232	0.00259037	1767728	0.321744619
57	没	13949	0.002538861	1781677	0.32428348
58	行	13935	0.002536313	1795612	0.326819793
59	经	13882	0.002526666	1809494	0.329346459
60	而	13794	0.002510649	1823288	0.331857109
61	当	13683	0.002490446	1836971	0.334347555
62	之	13329	0.002426015	1850300	0.33677357
63	北	13262	0.00241382	1863562	0.33918739
64	好	13234	0.002408724	1876796	0.341596113
65	方	13229	0.002407814	1890025	0.344003927
66	用	13204	0.002403263	1903229	0.34640719
67	事	13012	0.002368317	1916241	0.348775508
68	高	12977	0.002361947	1929218	0.351137455
69	公	12963	0.002359399	1942181	0.353496854
70	工	12764	0.002323179	1954945	0.355820033
71	开	12530	0.002280588	1967475	0.358100621
72	如	12471	0.00226985	1979946	0.360370471
73	最	12238	0.002227441	1992184	0.362597912
74	长	12137	0.002209058	2004321	0.364806971
75	实	12030	0.002189583	2016351	0.366996554
76	但	12004	0.002184851	2028355	0.369181405
77	很	11967	0.002178117	2040322	0.371359522
78	些	11936	0.002172474	2052258	0.373531996
79	京	11893	0.002164648	2064151	0.375696644
80	前	11887	0.002163556	2076038	0.3778602
81	看	11770	0.002142261	2087808	0.380002461
82	那	11670	0.00212406	2099478	0.38212652
83	业	11441	0.002082379	2110919	0.3842089
84	么	11436	0.002081469	2122355	0.386290369
85	心	11364	0.002068365	2133719	0.388358733
86	然	11330	0.002062176	2145049	0.39042091
87	去	11215	0.002041245	2156264	0.392462155

(续表)

88	同	11006	0.002003205	2167270	0.394465359
89	从	10976	0.001997745	2178246	0.396463104
90	面	10857	0.001976085	2189103	0.398439189
91	动	10772	0.001960614	2199875	0.400399804
92	道	10626	0.001934041	2210501	0.402333845
93	种	10570	0.001923848	2221071	0.404257693
94	起	10546	0.00191948	2231617	0.406177173
95	者	10487	0.001908742	2242104	0.408085915
96	分	10314	0.001877254	2252418	0.409963168
97	己	10145	0.001846494	2262563	0.411809662
98	法	10129	0.001843582	2272692	0.413653244
99	理	10121	0.001842126	2282813	0.41549537
100	所	10060	0.001831023	2292873	0.417326393
101	其	9941	0.001809364	2302814	0.419135757
102	本	9858	0.001794257	2312672	0.420930014
103	因	9717	0.001768594	2322389	0.422698608
104	车	9685	0.001762769	2332074	0.424461377
105	部	9648	0.001756035	2341722	0.426217412
106	名	9597	0.001746752	2351319	0.427964164
107	文	9556	0.00173929	2360875	0.429703454
108	进	9516	0.00173201	2370391	0.431435464
109	市	9475	0.001724547	2379866	0.433160011
110	外	9411	0.001712898	2389277	0.43487291
111	日	9333	0.001698702	2398610	0.436571611
112	样	9330	0.001698156	2407940	0.438269767
113	定	9317	0.00169579	2417257	0.439965556
114	间	9272	0.001687599	2426529	0.441653155
115	体	9247	0.001683049	2435776	0.443336204
116	只	9238	0.001681411	2445014	0.445017615
117	机	9213	0.00167686	2454227	0.446694475
118	被	9208	0.00167595	2463435	0.448370426
119	全	9189	0.001672492	2472624	0.450042918

（续表）

120	校	9073	0.001651379	2481697	0.451694297
121	新	9064	0.001649741	2490761	0.453344038
122	民	8848	0.001610427	2499609	0.454954465
123	教	8791	0.001600052	2508400	0.456554517
124	想	8760	0.00159441	2517160	0.458148927
125	点	8697	0.001582943	2525857	0.45973187
126	儿	8608	0.001566744	2534465	0.461298614
127	与	8580	0.001561648	2543045	0.462860262
128	员	8563	0.001558554	2551608	0.464418816
129	月	8538	0.001554004	2560146	0.465972819
130	主	8535	0.001553458	2568681	0.467526277
131	场	8513	0.001549453	2577194	0.46907573
132	等	8449	0.001537805	2585643	0.470613535
133	力	8381	0.001525428	2594024	0.472138963
134	让	8367	0.00152288	2602391	0.473661842
135	情	8360	0.001521606	2610751	0.475183448
136	比	8345	0.001518876	2619096	0.476702324
137	位	8314	0.001513233	2627410	0.478215557
138	门	8294	0.001509593	2635704	0.47972515
139	意	8287	0.001508319	2643991	0.481233469
140	重	8127	0.001479197	2652118	0.482712666
141	无	7910	0.001439701	2660028	0.484152367
142	更	7863	0.001431147	2667891	0.485583514
143	已	7849	0.001428598	2675740	0.487012112
144	少	7823	0.001423866	2683563	0.488435979
145	次	7802	0.001420044	2691365	0.489856023
146	两	7782	0.001416404	2699147	0.491272426
147	物	7776	0.001415312	2706923	0.492687738
148	关	7769	0.001414038	2714692	0.494101776
149	手	7707	0.001402753	2722399	0.495504529
150	给	7705	0.001402389	2730104	0.496906918
151	几	7662	0.001394563	2737766	0.49830148

（续表）

152	师	7604	0.001384006	2745370	0.499685486
153	明	7601	0.00138346	2752971	0.501068946
154	三	7593	0.001382004	2760564	0.50245095
155	正	7531	0.001370719	2768095	0.503821669
156	此	7510	0.001366897	2775605	0.505188566
157	通	7477	0.001360891	2783082	0.506549457
158	活	7339	0.001335773	2790421	0.50788523
159	果	7336	0.001335227	2797757	0.509220457
160	每	7316	0.001331587	2805073	0.510552044
161	做	7301	0.001328857	2812374	0.511880901
162	美	7174	0.001305742	2819548	0.513186643
163	你	7170	0.001305014	2826718	0.514491656
164	水	7160	0.001303193	2833878	0.51579485
165	孩	7154	0.001302101	2841032	0.517096951
166	相	7147	0.001300827	2848179	0.518397778
167	知	7141	0.001299735	2855320	0.519697514
168	常	7087	0.001289907	2862407	0.52098742
169	把	7085	0.001289543	2869492	0.522276963
170	代	7081	0.001288815	2876573	0.523565777
171	院	7070	0.001286812	2883643	0.52485259
172	化	7069	0.00128663	2890712	0.52613922
173	问	7024	0.00127844	2897736	0.52741766
174	入	6905	0.001256781	2904641	0.528674441
175	加	6800	0.00123767	2911441	0.529912111
176	女	6786	0.001235122	2918227	0.531147232
177	题	6771	0.001232391	2924998	0.532379624
178	电	6717	0.001222563	2931715	0.533602187
179	回	6700	0.001219469	2938415	0.534821655
180	考	6603	0.001201814	2945018	0.536023469
181	十	6582	0.001197991	2951600	0.537221461
182	平	6500	0.001183067	2958100	0.538404527
183	并	6452	0.00117433	2964552	0.539578857

（续表）

184	内	6447	0.00117342	2970999	0.540752277
185	报	6412	0.00116705	2977411	0.541919327
186	应	6383	0.001161771	2983794	0.543081099
187	数	6344	0.001154673	2990138	0.544235772
188	打	6299	0.001146483	2996437	0.545382254
189	身	6295	0.001145755	3002732	0.546528009
190	她	6274	0.001141932	3009006	0.547669941
191	至	6249	0.001137382	3015255	0.548807323
192	元	6225	0.001133014	3021480	0.549940337
193	表	6222	0.001132468	3027702	0.551072805
194	建	6196	0.001127736	3033898	0.55220054
195	政	6107	0.001111537	3040005	0.553312077
196	将	6094	0.00110917	3046099	0.554421247
197	记	6029	0.00109734	3052128	0.555518587
198	度	5950	0.001082961	3058078	0.556601548
199	今	5941	0.001081323	3064019	0.557682871
200	头	5938	0.001080777	3069957	0.558763648
201	路	5902	0.001074225	3075859	0.559837873
202	西	5902	0.001074225	3081761	0.560912097
203	特	5864	0.001067308	3087625	0.561979405
204	第	5859	0.001066398	3093484	0.563045803
205	制	5846	0.001064032	3099330	0.564109835
206	提	5836	0.001062212	3105166	0.565172047
207	品	5826	0.001060392	3110992	0.566232439
208	性	5822	0.001059664	3116814	0.567292102
209	真	5738	0.001044375	3122552	0.568336477
210	什	5736	0.001044011	3128288	0.569380488
211	城	5689	0.001035456	3133977	0.570415944
212	万	5687	0.001035092	3139664	0.571451037
213	管	5674	0.001032726	3145338	0.572483763
214	区	5656	0.00102945	3150994	0.573513213
215	别	5651	0.00102854	3156645	0.574541753

（续表）

216	话	5620	0.001022898	3162265	0.57556465
217	目	5618	0.001022534	3167883	0.576587184
218	世	5605	0.001020167	3173488	0.577607351
219	安	5591	0.001017619	3179079	0.578624971
220	收	5562	0.001012341	3184641	0.579637312
221	感	5505	0.001001966	3190146	0.580639278
222	书	5499	0.001000874	3195645	0.581640153
223	影	5476	0.000996688	3201121	0.582636841
224	保	5461	0.000993958	3206582	0.583630799
225	又	5358	0.000975211	3211940	0.58460601
226	张	5358	0.000975211	3217298	0.585581221
227	合	5330	0.000970115	3222628	0.586551335
228	二	5287	0.000962288	3227915	0.587513623
229	金	5278	0.00096065	3233193	0.588474274
230	产	5260	0.000957374	3238453	0.589431648
231	受	5253	0.0009561	3243706	0.590387747
232	解	5245	0.000954644	3248951	0.591342391
233	育	5222	0.000950458	3254173	0.592292849
234	放	5219	0.000949912	3259392	0.59324276
235	再	5195	0.000945543	3264587	0.594188303
236	钱	5179	0.000942631	3269766	0.595130935
237	费	5149	0.000937171	3274915	0.596068105
238	任	5149	0.000937171	3280064	0.597005276
239	量	5113	0.000930618	3285177	0.597935895
240	期	5099	0.00092807	3290276	0.598863965
241	先	5079	0.00092443	3295355	0.599788395
242	才	5070	0.000922792	3300425	0.600711187
243	山	5048	0.000918788	3305473	0.601629975
244	各	5020	0.000913691	3310493	0.602543666
245	口	5016	0.000912963	3315509	0.60345663
246	接	4994	0.000908959	3320503	0.604365589
247	花	4960	0.000902771	3325463	0.60526836

（续表）

248	由	4927	0.000896765	3330390	0.606165124
249	难	4913	0.000894216	3335303	0.60705934
250	程	4884	0.000888938	3340187	0.607948279
251	认	4879	0.000888028	3345066	0.608836307
252	直	4864	0.000885298	3349930	0.609721604
253	或	4860	0.00088457	3354790	0.610606174
254	房	4827	0.000878563	3359617	0.611484738
255	传	4825	0.000878199	3364442	0.612362937
256	信	4823	0.000877835	3369265	0.613240773
257	利	4813	0.000876015	3374078	0.614116788
258	专	4810	0.000875469	3378888	0.614992257
259	交	4808	0.000875105	3383696	0.615867363
260	处	4803	0.000874195	3388499	0.616741558
261	王	4790	0.000871829	3393289	0.617613387
262	候	4780	0.000870009	3398069	0.618483396
263	走	4768	0.000867825	3402837	0.619351221
264	气	4759	0.000866187	3407596	0.620217408
265	演	4732	0.000861273	3412328	0.62107868
266	见	4709	0.000857086	3417037	0.621935766
267	东	4706	0.00085654	3421743	0.622792307
268	件	4672	0.000850352	3426415	0.623642659
269	社	4671	0.00085017	3431086	0.624492828
270	队	4649	0.000846166	3435735	0.625338994
271	原	4649	0.000846166	3440384	0.62618516
272	运	4635	0.000843618	3445019	0.627028777
273	非	4531	0.000824688	3449550	0.627853466
274	导	4528	0.000824142	3454078	0.628677608
275	务	4496	0.000818318	3458574	0.629495926
276	总	4469	0.000813404	3463043	0.63030933
277	带	4442	0.00080849	3467485	0.63111782
278	资	4436	0.000807397	3471921	0.631925217
279	始	4427	0.000805759	3476348	0.632730976

(续表)

280	清	4426	0.000805577	3480774	0.633536554
281	近	4411	0.000802847	3485185	0.634339401
282	计	4398	0.000800481	3489583	0.635139882
283	价	4396	0.000800117	3493979	0.635939999
284	该	4395	0.000799935	3498374	0.636739934
285	结	4358	0.000793201	3502732	0.637533135
286	向	4318	0.00078592	3507050	0.638319055
287	设	4309	0.000784282	3511359	0.639103337
288	节	4279	0.000778822	3515638	0.639882159
289	科	4278	0.00077864	3519916	0.640660799
290	立	4261	0.000775546	3524177	0.641436345
291	变	4258	0.000775	3528435	0.642211344
292	式	4258	0.000775	3532693	0.642986344
293	觉	4250	0.000773544	3536943	0.643759888
294	球	4250	0.000773544	3541193	0.644533431
295	网	4239	0.000771541	3545432	0.645304973
296	办	4237	0.000771177	3549669	0.64607615
297	展	4200	0.000764443	3553869	0.646840593
298	选	4197	0.000763897	3558066	0.64760449
299	术	4186	0.000761895	3562252	0.648366385
300	台	4163	0.000757709	3566415	0.649124094
301	单	4117	0.000749336	3570532	0.64987343
302	亲	4115	0.000748972	3574647	0.650622402
303	越	4110	0.000748062	3578757	0.651370464
304	系	4085	0.000743512	3582842	0.652113976
305	南	4072	0.000741146	3586914	0.652855122
306	太	4068	0.000740418	3590982	0.65359554
307	基	4062	0.000739326	3595044	0.654334865
308	众	4058	0.000738598	3599102	0.655073463
309	完	4054	0.00073787	3603156	0.655811333
310	据	4049	0.00073696	3607205	0.656548292
311	剧	4033	0.000734047	3611238	0.657282339

（续表）

312	历	4023	0.000732227	3615261	0.658014567
313	及	4014	0.000730589	3619275	0.658745156
314	友	4001	0.000728223	3623276	0.659473379
315	观	3997	0.000727495	3627273	0.660200874
316	吃	3960	0.000720761	3631233	0.660921634
317	反	3957	0.000720215	3635190	0.661641849
318	白	3949	0.000718758	3639139	0.662360607
319	使	3947	0.000718394	3643086	0.663079002
320	海	3936	0.000716392	3647022	0.663795394
321	马	3884	0.000706928	3650906	0.664502322
322	像	3876	0.000705472	3654782	0.665207794
323	干	3868	0.000704016	3658650	0.665911809
324	何	3836	0.000698191	3662486	0.666610001
325	需	3816	0.000694551	3666302	0.667304552
326	爱	3764	0.000685087	3670066	0.667989639
327	司	3760	0.000684359	3673826	0.668673997
328	界	3752	0.000682902	3677578	0.6693569
329	视	3751	0.00068272	3681329	0.67003962
330	它	3744	0.000681446	3685073	0.670721066
331	岁	3742	0.000681082	3688815	0.671402149
332	四	3741	0.0006809	3692556	0.672083049
333	仕	3734	0.000679626	3696290	0.672762675
334	养	3715	0.000676168	3700005	0.673438843
335	改	3714	0.000675986	3703719	0.67411483
336	周	3708	0.000674894	3707427	0.674789724
337	论	3705	0.000674348	3711132	0.675464072
338	习	3690	0.000671618	3714822	0.676135689
339	达	3656	0.000665429	3718478	0.676801119
340	调	3644	0.000663245	3722122	0.677464364
341	医	3634	0.000661425	3725756	0.678125789
342	百	3628	0.000660333	3729384	0.678786123
343	条	3610	0.000657057	3732994	0.67944318

(续表)

344	风	3602	0.000655601	3736596	0.680098781
345	片	3602	0.000655601	3740198	0.680754382
346	字	3600	0.000655237	3743798	0.681409618
347	统	3592	0.000653781	3747390	0.682063399
348	格	3586	0.000652689	3750976	0.682716088
349	乐	3568	0.000649413	3754544	0.683365501
350	研	3561	0.000648139	3758105	0.684013639

2. 高频词表(前300词)

序号	词种	词长	词性	词次	词频	累积词次	累积词频
1	的	1	/u	212010	0.060052872	212010	0.060052872
2	是	1	/v	61922	0.01753971	273932	0.077592583
3	在	1	/p	44899	0.012717862	318831	0.090310445
4	了	1	/u	40105	0.011359938	358936	0.101670382
5	一	1	/m	38076	0.010785214	397012	0.112455596
6	不	1	/d	37620	0.01065605	434632	0.123111646
7	有	1	/v	28914	0.008190032	463546	0.131301678
8	我	1	/r	24534	0.006949376	488080	0.138251054
9	人	1	/n	22682	0.006424788	510762	0.144675842
10	就	1	/d	22494	0.006371536	533256	0.151047377
11	也	1	/d	21835	0.006184871	555091	0.157232248
12	和	1	/cc	21134	0.005986309	576225	0.163218558
13	都	1	/d	18560	0.005257211	594785	0.168475769
14	这	1	/r	18329	0.005191779	613114	0.173667548
15	他	1	/r	16463	0.004663225	629577	0.178330773
16	了	1	/y	15792	0.004473161	645369	0.182803935
17	到	1	/v	15485	0.004386202	660854	0.187190137
18	个	1	/q	14144	0.004006357	674998	0.191196494
19	上	1	/f	13796	0.003907785	688794	0.195104279
20	说	1	/v	13689	0.003877476	702483	0.198981755
21	还	1	/d	11576	0.003278959	714059	0.202260714
22	能	1	/v	11467	0.003248084	725526	0.205508798

（续表）

23	着	1	/u	11434	0.003238737	736960	0.208747535
24	中	1	/f	11328	0.003208712	748288	0.211956246
25	会	1	/v	11117	0.003148945	759405	0.215105191
26	要	1	/v	10995	0.003114388	770400	0.218219579
27	一个	2	/mq	10846	0.003072183	781246	0.221291761
28	大	1	/a	10744	0.003043291	791990	0.224335052
29	对	1	/p	10604	0.003003635	802594	0.227338687
30	自己	2	/r	9891	0.002801674	812485	0.230140361
31	我们	2	/r	9328	0.002642202	821813	0.232782563
32	但	1	/c	8678	0.002458086	830491	0.235240649
33	被	1	/p	8637	0.002446473	839128	0.237687122
34	很	1	/d	8489	0.002404551	847617	0.240091673
35	从	1	/p	8308	0.002353282	855925	0.242444954
36	让	1	/v	8176	0.002315892	864101	0.244760846
37	北京	2	/ns	8108	0.002296631	872209	0.247057477
38	而	1	/cc	7864	0.002227517	880073	0.249284994
39	后	1	/f	7610	0.00215557	887683	0.251440564
40	中国	2	/ns	7567	0.00214339	895250	0.253583953
41	最	1	/d	7438	0.00210685	902688	0.255690803
42	地	1	/u	7206	0.002041135	909894	0.257731938
43	好	1	/a	7186	0.00203547	917080	0.259767408
44	里	1	/f	7182	0.002034337	924262	0.261801745
45	来	1	/v	6996	0.001981651	931258	0.263783396
46	出	1	/v	6843	0.001938313	938101	0.265721709
47	他们	2	/r	6817	0.001930949	944918	0.267652658
48	小	1	/a	6674	0.001890443	951592	0.269543101
49	把	1	/p	6571	0.001861268	958163	0.271404369
50	时	1	/g	6531	0.001849938	964694	0.273254307
51	更	1	/d	6461	0.00183011	971155	0.275084417
52	去	1	/v	6430	0.001821329	977585	0.276905746
53	得	1	/u	6262	0.001773742	983847	0.278679488
54	你	1	/r	6252	0.00177091	990099	0.280450398

（续表）

55	可以	2	/v	6134	0.001737486	996233	0.282187884
56	孩子	2	/n	5955	0.001686783	1002188	0.283874667
57	等	1	/u	5936	0.001681401	1008124	0.285556068
58	她	1	/r	5845	0.001655625	1013969	0.287211693
59	两	1	/m	5810	0.001645711	1019779	0.288857404
60	过	1	/u	5804	0.001644011	1025583	0.290501415
61	为	1	/p	5779	0.00163693	1031362	0.292138345
62	们	1	/k	5749	0.001628432	1037111	0.293766778
63	多	1	/m	5744	0.001627016	1042855	0.295393794
64	多	1	/a	5743	0.001626733	1048598	0.297020527
65	这个	2	/r	5694	0.001612853	1054292	0.29863338
66	看	1	/v	5635	0.001596141	1059927	0.300229521
67	几	1	/m	5481	0.00155252	1065408	0.301782042
68	做	1	/v	5426	0.001536941	1070834	0.303318983
69	给	1	/p	5299	0.001500968	1076133	0.30481995
70	又	1	/d	5247	0.001486238	1081380	0.306306189
71	学生	2	/n	5217	0.001477741	1086597	0.30778393
72	次	1	/qv	5154	0.001459896	1091751	0.309243826
73	之	1	/u	4845	0.00137237	1096596	0.310616196
74	那	1	/r	4822	0.001365855	1101418	0.311982051
75	没有	2	/v	4756	0.00134716	1106174	0.313329211
76	与	1	/p	4745	0.001344045	1110919	0.314673256
77	万	1	/m	4680	0.001325633	1115599	0.315998889
78	已经	2	/d	4658	0.001319401	1120257	0.31731829
79	想	1	/v	4503	0.001275497	1124760	0.318593787
80	只	1	/d	4354	0.001233292	1129114	0.319827079
81	现在	2	/t	4315	0.001222245	1133429	0.321049323
82	天	1	/qt	4303	0.001218846	1137732	0.322268169
83	元	1	/q	4301	0.001218279	1142033	0.323486449
84	并	1	/cc	4282	0.001212898	1146315	0.324699346
85	问题	2	/n	4233	0.001199018	1150548	0.325898364
86	以	1	/p	4233	0.001199018	1154781	0.327097382

（续表）

87	为	1	/v	4185	0.001185422	1158966	0.328282804
88	三	1	/m	4152	0.001176074	1163118	0.329458878
89	这些	2	/r	4095	0.001159929	1167213	0.330618807
90	前	1	/f	4072	0.001153414	1171285	0.331772221
91	位	1	/q	4056	0.001148882	1175341	0.332921103
92	这样	2	/r	3939	0.001115741	1179280	0.334036844
93	才	1	/d	3921	0.001110642	1183201	0.335147487
94	什么	2	/r	3905	0.00110611	1187106	0.336253597
95	再	1	/d	3840	0.001087699	1190946	0.337341296
96	上	1	/v	3783	0.001071553	1194729	0.338412849
97	年	1	/qt	3752	0.001062772	1198481	0.339475622
98	如果	2	/c	3732	0.001057107	1202213	0.340532729
99	工作	2	/vn	3729	0.001056258	1205942	0.341588986
100	时候	2	/n	3666	0.001038412	1209608	0.342627399
101	种	1	/q	3664	0.001037846	1213272	0.343665245
102	大学	2	/n	3655	0.001035297	1216927	0.344700541
103	学校	2	/n	3594	0.001018018	1220521	0.34571856
104	钱	1	/n	3564	0.00100952	1224085	0.34672808
105	开始	2	/v	3556	0.001007254	1227641	0.347735335
106	于	1	/p	3497	0.000990542	1231138	0.348725877
107	一些	2	/mq	3480	0.000985727	1234618	0.349711604
108	下	1	/f	3411	0.000966182	1238029	0.350677786
109	走	1	/v	3372	0.000955136	1241401	0.351632922
110	却	1	/d	3352	0.00094947	1244753	0.352582392
111	新	1	/a	3338	0.000945505	1248091	0.353527897
112	生活	2	/vn	3316	0.000939273	1251407	0.354467171
113	没	1	/d	3305	0.000936157	1254712	0.355403328
114	成	1	/v	3237	0.000916896	1257949	0.356320224
115	用	1	/p	3232	0.00091548	1261181	0.357235704
116	没有	2	/d	3224	0.000913214	1264405	0.358148918
117	名	1	/q	3187	0.000902733	1267592	0.359051651
118	高	1	/a	3180	0.000900751	1270772	0.359952402

（续表）

119	岁	1	/qt	3136	0.000888287	1273908	0.360840689
120	老	1	/a	3112	0.000881489	1277020	0.361722178
121	老师	2	/n	3069	0.000869309	1280089	0.362591488
122	第一	2	/m	3060	0.00086676	1283149	0.363458248
123	吃	1	/v	3050	0.000863927	1286199	0.364322175
124	很多	2	/m	3020	0.00085543	1289219	0.365177605
125	美国	2	/ns	3006	0.000851464	1292225	0.366029069
126	时间	2	/n	2979	0.000843816	1295204	0.366872886
127	将	1	/d	2941	0.000833053	1298145	0.367705938
128	但是	2	/c	2881	0.000816057	1301026	0.368521996
129	起	1	/v	2877	0.000814924	1303903	0.36933692
130	它	1	/r	2855	0.000808693	1306758	0.370145613
131	社会	2	/n	2812	0.000796513	1309570	0.370942126
132	与	1	/cc	2796	0.000791981	1312366	0.371734106
133	知道	2	/v	2790	0.000790281	1315156	0.372524388
134	其	1	/r	2746	0.000777818	1317902	0.373302206
135	国家	2	/n	2721	0.000770737	1320623	0.374072942
136	家	1	/q	2709	0.000767338	1323332	0.37484028
137	这种	2	/r	2700	0.000764788	1326032	0.375605068
138	成为	2	/v	2685	0.000760539	1328717	0.376365607
139	进行	2	/v	2677	0.000758273	1331394	0.377123881
140	太	1	/d	2655	0.000752042	1334049	0.377875922
141	可	1	/v	2643	0.000748643	1336692	0.378624565
142	教育	2	/vn	2582	0.000731364	1339274	0.379355929
143	打	1	/v	2581	0.000731081	1341855	0.38008701
144	需要	2	/v	2567	0.000727115	1344422	0.380814126
145	所	1	/u	2549	0.000722017	1346971	0.381536142
146	买	1	/v	2514	0.000712103	1349485	0.382248245
147	用	1	/v	2498	0.000707571	1351983	0.382955816
148	向	1	/p	2491	0.000705588	1354474	0.383661404
149	车	1	/n	2476	0.000701339	1356950	0.384362743
150	或	1	/c	2469	0.000699356	1359419	0.385062099

（续表）

151	比	1	/p	2460	0.000696807	1361879	0.385758906
152	当时	2	/t	2427	0.00068746	1364306	0.386446366
153	家	1	/n	2427	0.00068746	1366733	0.387133826
154	每	1	/r	2370	0.000671314	1369103	0.38780514
155	已	1	/d	2369	0.000671031	1371472	0.388476171
156	因为	2	/c	2348	0.000665083	1373820	0.389141253
157	为了	2	/p	2344	0.000663949	1376164	0.389805203
158	发现	2	/v	2322	0.000657718	1378486	0.390462921
159	觉得	2	/v	2285	0.000647237	1380771	0.391110158
160	公司	2	/n	2279	0.000645538	1383050	0.391755696
161	事	1	/n	2270	0.000642989	1385320	0.392398685
162	因为	2	/p	2245	0.000635907	1387565	0.393034592
163	应该	2	/v	2226	0.000630525	1389791	0.393665117
164	对于	2	/p	2216	0.000627693	1392007	0.39429281
165	呢	1	/y	2215	0.00062741	1394222	0.39492022
166	记者	2	/n	2214	0.000627126	1396436	0.395547346
167	由	1	/p	2196	0.000622028	1398632	0.396169374
168	可能	2	/v	2184	0.000618629	1400816	0.396788003
169	进	1	/v	2179	0.000617212	1402995	0.397405215
170	带	1	/v	2177	0.000616646	1405172	0.398021861
171	二	1	/m	2148	0.000608432	1407320	0.398630293
172	政府	2	/n	2145	0.000607582	1409465	0.399237874
173	拿	1	/v	2129	0.00060305	1411594	0.399840924
174	学	1	/v	2129	0.00060305	1413723	0.400443974
175	认为	2	/v	2124	0.000601633	1415847	0.401045607
176	其实	2	/d	2114	0.000598801	1417961	0.401644408
177	条	1	/q	2112	0.000598234	1420073	0.402242642
178	内	1	/f	2108	0.000597101	1422181	0.402839744
179	世界	2	/n	2102	0.000595402	1424283	0.403435146
180	写	1	/v	2101	0.000595119	1426384	0.404030264
181	将	1	/p	2094	0.000593136	1428478	0.4046234
182	人们	2	/n	2079	0.000588887	1430557	0.405212287

(续表)

183	文化	2	/n	2077	0.00058832	1432634	0.405800607
184	之后	2	/f	2059	0.000583222	1434693	0.406383829
185	看到	2	/v	2047	0.000579823	1436740	0.406963652
186	大家	2	/r	2042	0.000578407	1438782	0.407542058
187	当	1	/p	2036	0.000576707	1440818	0.408118765
188	就是	2	/v	2035	0.000576424	1442853	0.408695189
189	开	1	/v	2026	0.000573874	1444879	0.409269064
190	这里	2	/r	2004	0.000567643	1446883	0.409836706
191	地方	2	/n	1992	0.000564244	1448875	0.41040095
192	所以	2	/c	1973	0.000558862	1450848	0.410959812
193	通过	2	/p	1970	0.000558012	1452818	0.411517824
194	无	1	/v	1959	0.000554896	1454777	0.412072721
195	下	1	/v	1947	0.000551497	1456724	0.412624218
196	找	1	/v	1939	0.000549231	1458663	0.413173449
197	起来	2	/v	1907	0.000540167	1460570	0.413713616
198	还有	2	/v	1906	0.000539884	1462476	0.4142535
199	话	1	/n	1897	0.000537335	1464373	0.414790835
200	没	1	/v	1896	0.000537051	1466269	0.415327886
201	虽然	2	/c	1894	0.000536485	1468163	0.415864371
202	吗	1	/y	1870	0.000529687	1470033	0.416394057
203	月	1	/n	1870	0.000529687	1471903	0.416923744
204	一直	2	/d	1860	0.000526854	1473763	0.417450598
205	住	1	/v	1842	0.000521756	1475605	0.417972354
206	像	1	/v	1840	0.000521189	1477445	0.418493543
207	怎么	2	/r	1796	0.000508726	1479241	0.419002269
208	历史	2	/n	1781	0.000504477	1481022	0.419506746
209	水	1	/n	1781	0.000504477	1482803	0.420011223
210	非常	2	/d	1779	0.00050391	1484582	0.420515133
211	此	1	/r	1769	0.000501078	1486351	0.421016211
212	曾	1	/d	1768	0.000500795	1488119	0.421517006
213	市场	2	/n	1768	0.000500795	1489887	0.4220178
214	今年	2	/t	1760	0.000498529	1491647	0.422516329

（续表）

215	学习	2	/v	1753	0.000496546	1493400	0.423012875
216	出现	2	/v	1750	0.000495696	1495150	0.423508571
217	重要	2	/a	1749	0.000495413	1496899	0.424003984
218	至	1	/p	1722	0.000487765	1498621	0.424491749
219	四	1	/m	1719	0.000486915	1500340	0.424978664
220	谁	1	/r	1713	0.000485216	1502053	0.425463879
221	情况	2	/n	1710	0.000484366	1503763	0.425948245
222	先生	2	/n	1710	0.000484366	1505473	0.426432611
223	件	1	/q	1700	0.000481533	1507173	0.426914145
224	出来	2	/v	1695	0.000480117	1508868	0.427394262
225	外	1	/f	1690	0.000478701	1510558	0.427872962
226	能够	2	/v	1671	0.000473319	1512229	0.428346281
227	而且	2	/c	1649	0.000467087	1513878	0.428813369
228	不同	2	/a	1647	0.000466521	1515525	0.42927989
229	一样	2	/u	1640	0.000464538	1517165	0.429744428
230	城市	2	/n	1614	0.000457173	1518779	0.430201601
231	点	1	/qt	1609	0.000455757	1520388	0.430657358
232	电影	2	/n	1586	0.000449242	1521974	0.4311066
233	跟	1	/p	1586	0.000449242	1523560	0.431555843
234	事情	2	/n	1578	0.000446976	1525138	0.432002819
235	喜欢	2	/v	1574	0.000445843	1526712	0.432448662
236	者	1	/k	1574	0.000445843	1528286	0.432894505
237	其他	2	/r	1573	0.00044556	1529859	0.433340065
238	媒体	2	/n	1571	0.000444993	1531430	0.433785059
239	特别	2	/d	1565	0.000443294	1532995	0.434228353
240	家长	2	/n	1542	0.000436779	1534537	0.434665132
241	张	1	/q	1534	0.000434513	1536071	0.435099645
242	门	1	/n	1530	0.00043338	1537601	0.435533025
243	听	1	/v	1521	0.000430831	1539122	0.435963856
244	所有	2	/b	1510	0.000427715	1540632	0.43639157
245	其中	2	/r	1509	0.000427432	1542141	0.436819002
246	活动	2	/vn	1491	0.000422333	1543632	0.437241335

(续表)

247	那些	2	/r	1481	0.000419501	1545113	0.437660836
248	最后	2	/f	1480	0.000419217	1546593	0.438080053
249	一年	2	/m	1472	0.000416951	1548065	0.438497004
250	来	1	/f	1470	0.000416385	1549535	0.438913389
251	这么	2	/r	1469	0.000416101	1551004	0.43932949
252	多少	2	/r	1465	0.000414968	1552469	0.439744459
253	长	1	/a	1458	0.000412986	1553927	0.440157444
254	给	1	/v	1456	0.000412419	1555383	0.440569864
255	目前	2	/t	1456	0.000412419	1556839	0.440982283
256	除了	2	/p	1447	0.00040987	1558286	0.441392153
257	如今	2	/t	1442	0.000408454	1559728	0.441800606
258	部门	2	/n	1437	0.000407037	1561165	0.442207643
259	或者	2	/c	1433	0.000405904	1562598	0.442613548
260	各种	2	/r	1428	0.000404488	1564026	0.443018036
261	少	1	/a	1420	0.000402222	1565446	0.443420258
262	十	1	/m	1420	0.000402222	1566866	0.44382248
263	书	1	/n	1419	0.000401939	1568285	0.444224418
264	人民	2	/n	1417	0.000401372	1569702	0.444625791
265	每天	2	/r	1412	0.000399956	1571114	0.445025746
266	全国	2	/n	1399	0.000396274	1572513	0.44542202
267	专业	2	/n	1398	0.00039599	1573911	0.44581801
268	报道	2	/v	1396	0.000395424	1575307	0.446213434
269	场	1	/qv	1396	0.000395424	1576703	0.446608858
270	叫	1	/v	1392	0.000394291	1578095	0.447003149
271	老人	2	/n	1390	0.000393724	1579485	0.447396873
272	真	1	/d	1386	0.000392591	1580871	0.447789465
273	东西	2	/n	1378	0.000390325	1582249	0.44817979
274	如	1	/v	1376	0.000389759	1583625	0.448569549
275	希望	2	/v	1376	0.000389759	1585001	0.448959307
276	同学	2	/n	1370	0.000388059	1586371	0.449347367
277	吧	1	/y	1365	0.000386643	1587736	0.449734009
278	路	1	/n	1365	0.000386643	1589101	0.450120652

（续表）

279	发生	2	/v	1362	0.000385793	1590463	0.450506446
280	来说	2	/u	1356	0.000384094	1591819	0.450890539
281	干	1	/v	1352	0.000382961	1593171	0.4512735
282	不少	2	/m	1351	0.000382677	1594522	0.451656177
283	朋友	2	/n	1351	0.000382677	1595873	0.452038855
284	坐	1	/v	1351	0.000382677	1597224	0.452421532
285	手	1	/n	1346	0.000381261	1598570	0.452802793
286	问	1	/v	1342	0.000380128	1599912	0.453182921
287	父母	2	/n	1336	0.000378429	1601248	0.45356135
288	儿	1	/g	1335	0.000378145	1602583	0.453939495
289	放	1	/v	1333	0.000377579	1603916	0.454317074
290	家庭	2	/n	1331	0.000377012	1605247	0.454694086
291	当然	2	/d	1328	0.000376163	1606575	0.455070249
292	还是	2	/c	1322	0.000374463	1607897	0.455444712
293	比如	2	/v	1320	0.000373896	1609217	0.455818608
294	参加	2	/v	1314	0.000372197	1610531	0.456190805
295	正	1	/d	1314	0.000372197	1611845	0.456563002
296	见	1	/v	1312	0.00037163	1613157	0.456934632
297	后来	2	/t	1310	0.000371064	1614467	0.457305696
298	副	1	/b	1308	0.000370497	1615775	0.457676194
299	卖	1	/v	1306	0.000369931	1617081	0.458046125
300	便	1	/d	1301	0.000368515	1618382	0.458414639

（王立军，北京师范大学文学院；李秋逸，教育部语言文字应用研究所）

北京市语言文字工作大事记

（2008—2015）

2008 年

3 月 20 日，首都精神文明办、市 2008 环境建设办、市教委、市语委、市外办等五部门联合发出《关于奥运会前清理不规范警示用语的通知》。

3 月 24 日，市语委专家委员会成立。

4 月 13 日，市语委办召开普通话水平测试员培训会，教育部语信司司长李宇明教授做《中国语言规划的若干问题》专题报告。

4 月 30 日，市语委召开 2008 年工作会议。副市长、市语委主任赵凤桐出席会议并发表题为《构建和谐语言生活，提升首都文化软实力，为奥运会的举办营造良好的语言文化环境》的讲话。

5 月 19 日，教育部副部长、国家语委主任赵沁平率领国家语委领导及专家一行 14 人，在市语委副主任罗洁陪同下，对北京市部分奥运场馆语言文字环境进行检查，并与奥组委有关负责同志进行了座谈，交换了意见。

5 月—10 月，市语委举办了北京市教育系统中华经典诵读活动。10 月 25 日在市教委举行了决赛。

6 月 12 日，市语委办召开高校语言文字工作会。教育部语用司司长王登峰教授做《中华文明的传承与高校使命》专题报告。

7 月 6 日，市语委办组织专家编印了《北京市民迎奥运语言文字知识百题》并在北京四中举行向市民代表赠书仪式。

7 月，市语委在《作文导报》（后改为《语文导报》）开辟“语言文字工作专刊”，作为北京市语委机关报，向全国公开发行。

9 月 14 日—20 日，市语委组织了第 11 届全国推广普通话宣传周活动。

9 月—12 月，市语委开展语言文字规范化示范创建评估检查工作，认定 31

所中小学、幼儿园为第四批北京市语言文字规范化示范校，认定25个单位为第五批北京市语言文字规范化达标单位。

11月10日—11日，全国语言文字标准化工作会议在京召开。北京市语委办主任贺宏志做题为《认真贯彻落实〈国家通用语言文字法〉，依法推进语言文字标准化规范化建设》的大会发言。

11月13日—14日，教育部语用司调研组会同市语委办在我市进行了“网络语言、外语词、字母词”使用情况调研活动。调研组在首都师范大学召开了专家座谈会。语用司司长王登峰到会听取专家意见。

2009年

1月，教育部在10省市开展外文使用情况调研，市语委办主持北京地区的调研工作。调查工作为期4天，圆满完成了任务。

2月16日，市语委增补市高级人民法院、市人民检察院、市政府办公厅为成员单位。

2月18日—19日，市语委办召开2009年工作会议。

3月11日，市语委办召开市语委委员单位联络员会。

3月—8月，市语委办组织专家编写《北京市民迎国庆语言文字知识读本》。

4月9日，市语委2009年工作会议在市政府召开。副市长、市语委主任黄卫，教育部语用司司长王登峰出席会议并讲话。

5月19日，北京市语言文字测试中心成立揭牌仪式暨2009年度测试工作会议在首都师范大学学术报告厅举行。

5月，市教委、市语委开展高等学校汉语文教学情况及学生语文应用能力专题调研。

5月下旬，应西藏自治区语委邀请，市语委办选派两位专家赴拉萨援助西藏自治区普通话水平测试员资格考核培训工作。

7月16日，市语委办完成首届全国大中小学生规范汉字书写大赛北京赛区作品评审工作。市语委办获评全国最佳组织单位，17个单位获评北京市优秀组织单位。

9月1日，市政府副秘书长鲁勇在市政府会议室主持召开我市第十二届全国推广普通话宣传周及集中宣传日活动协调会。

9月13日—19日，市语委在全国推广普通话宣传周期间，与《北京日报》社联合组织开展"可口可乐·原叶杯"北京市民迎国庆语言文字知识竞赛。

9月19日，市语委举办第十二届全国推广普通话宣传周集中宣传日活动。教育部语用司副司长张世平视察了东城区分会场和石景山区分会场。

10月28日—11月7日，市语言文字测试中心在首都师范大学举办第九期北京市级普通话水平测试员资格考核培训班。

10月，市语委组织专业人员参加全市各区县全面实施素质教育情况督导评估工作，标志着语言文字工作纳入教育综合督导工作体系。

11月24日，改版后的"北京语言文字网"参加国家语委举办的全国语言文字工作网站评比活动，获得第三名。年初，市语委办对"北京语言文字网"进行升级改版，研发了"语言文字法律法规、规范标准知识和语言文化常识在线测试系统"，该系统为全国语言文字工作领域首创。

12月6日，市语言文字测试中心首次举办汉字应用水平测试。

12月11日—14日，"雅言华章，和谐中华——新中国语言文字工作60年成就展"在北京国家会议中心举行。展览由国家语委主办、北京市语委协办、北京科技教育促进会承办。

12月12日，"雅言传承文明，经典浸润人生"经典诵读活动在"新中国语言文字工作60年成就展"现场举行。诵读活动由市语委主办、北京科技教育促进会承办。

本年度，市语委完成2009年语言文字工作规范化达标单位检查评估，认定18个单位为第六批北京市语言文字规范化达标单位；完成第五批市级语言文字规范化示范校检查评估，认定27所学校、幼儿园为北京市语言文字规范化示范校。

2010年

1月，市语委办主任、市人大代表贺宏志在市十三届人大三次会议上联合其他10名代表提出《关于发展我市语言产业的议案》，在西城代表团及小组讨论中做发言，并接受了媒体采访。

3月3日—4日，市语委办召开2010年工作会暨市语言文字测试工作会。

3月18日，2010年度北京市语言文字工作会议在市政府召开。副市长、市语委主任黄卫，教育部语用司司长王登峰出席并讲话。

4月—6月，市教委、市语委连续发文，要求属地高校积极组建语言文字测试机构并实施计算机辅助测试，动员学生参加普通话水平测试和汉字应用水平测试。

7月16日—18日，全国普通话培训测试现状调研第八调研组在京调研。调研组在反馈意见中对北京市语言文字培训测试工作的发展给予了充分肯定和高度评价，同时也提出了中肯的意见和建议。

8月10日，市语委举行第二届全国大中小学生规范汉字书写大赛作品评审会。

8月21日—29日，市语言文字测试中心举办第十期（高校第一期）北京市级普通话水平测试员资格考核培训班。培训班的普通话水平测试是我市首次正式实施集体规模的计算机辅助测试。

9月18日，第13届全国推广普通话宣传周在昌平区闭幕。国家语委、北京市语委、昌平区政府主要领导同志出席闭幕式。昌平区师生代表宣读"中华诵·经典诵读行动"倡议书。与会领导向昌平区师生代表赠送《中华经典诗文诵读读本》。

9月28日，北京语言产业研究中心成立仪式在首都师范大学举行。该中心系国内首家语言产业研究机构，由北京市语委批复成立，成为市语委首个研究基地。

9月，《北京市中小学师生语言文化知识读本》发放给全市140所国家级、市级语言文字规范化示范校。读本由市语委办组织编写，被指定为"北京市语言文字规范化示范校语言文化知识竞赛"的参赛读物。

10月28日，市语委办主任、市人大代表贺宏志应邀出席北京市精神文明建设规划座谈会，就语言文字工作与精神文明建设的关系、将语言文化建设的有关内容纳入精神文明建设规划等问题，提出了意见和建议。

12月9日，国家语委"十二五"科研工作研讨会在京召开。市语委办主任贺宏志以"实施一体两翼战略，促进语言文字工作科学发展"为题做大会交流发言。

12月12日，北京市语言文字规范化示范校语言文化知识竞赛半决赛在北京语言大学隆重举行。

12月17日，市首场汉语口语水平测试在北京联合大学举行。来自韩国、秘鲁、俄罗斯等12个国家和地区的32名留学生参加测试。

12 月 26 日，汉字应用水平测试在北京师范大学、北京语言大学、首都师范大学、北京联合大学师范学院、北京青年政治学院、石景山区、房山区、平谷区等 8 个考点举行。

12 月，市语委办主任贺宏志应邀做客中国教育在线，接受主持人访谈，畅叙职业汉语能力测试的意义和宣传发展语言产业。

12 月，市语言文字测试中心组编、市语委办审订的《普通话水平测试应试指南》由首都师范大学出版社出版发行。

2011 年

1 月 9 日，北京市语言文字规范化示范校语言文化知识竞赛总决赛在首都经济贸易大学举行。教育部副部长、国家语委主任李卫红出席并致辞。中国教育电视台对活动实况进行了录制，并定于 2 月 19 日、3 月 5 日在三频道播出。活动的举办是对我市语言文字规范化示范校创建工作成果的一次展示和检阅。

1 月 15 日，应天津市语言文字培训测试中心 2010 年度工作总结会暨“十二五”工作规划研讨会邀请，市语委办及市语言文字测试中心主任贺宏志做题为“发展语言产业，繁荣语言文化”的专题报告。

1 月 16 日—21 日，市十三届人大四次会议召开。市人大代表、市语委办主任贺宏志提交了题为《加强语言文化建设，促进语言产业发展》的代表建议。

1 月 25 日—26 日，市语委办召开 2011 年工作会议。

3 月 30 日，市语言文字测试中心召开 2011 年工作会议。

3 月，国家语委测试中心通报表彰全国普通话培训测试工作先进集体和先进个人，北京师范大学、平谷区、延庆县语言文字测试分中心获评“全国普通话培训测试工作先进集体”，市语委办杜琪方、房山区语委办马亚森获评“全国普通话培训测试工作先进个人”，周海兵、范燕生、毛文祥、汪大昌获评“全国优秀普通话水平测试员”。

3 月，市语言文字测试中心组编、市语委办审订的《北京市语言文字培训测试研究文集》由首都师范大学出版社出版发行。

5 月 11 日，市语委办召开 2011 年度语言文字工作会议。教育部副部长、国家语委主任李卫红，北京市副市长、市语委主任洪峰出席会议并讲话。

5 月 21 日，语言经济及语言服务学术讨论会在北京语言大学举行。市语委办主任贺宏志应邀与会并做题为“关于语言产业内涵及其边界的初步思考”的发言。

5月21日，市首次计算机辅助普通话水平测试在北京青年政治学院顺利举行。

5月27日，中国语言资源有声数据库建设北京启动仪式和北京语言文化建设研究中心成立揭牌仪式在北京语言大学举行。教育部副部长、国家语委主任李卫红，北京市副市长、市语委主任洪峰出席仪式，为中心成立揭牌并讲话。与会专家围绕“北京语言文化建设”主题进行了研讨。

6月12日—24日，市语委评估检查工作组分两组集中开展了首批市级语言文字规范化示范街道、示范乡镇的创建评估检查工作。此次评估检查，市语委认定21个街道、乡镇为首批北京市语言文字规范化示范街道、示范乡镇，认定31个单位为第七批北京市语言文字规范化达标单位。

6月，市语委办日前向市语言文字测试中心、各区县语委办、各高等学校印发了《关于免费对高校学生进行普通话水平测试的通知》。经市政府领导批准，自2011年7月1日起，对本市高校在校学生实行免费普通话水平测试。测试工作经费由市财政安排专项。

7月15日，市语委举行研讨会，就《北京市实施〈国家中长期语言文字事业改革和发展规划纲要〉的意见》（讨论稿）征求市政府办公厅、市文化局、市外办、首都精神文明建设办等部分委员单位的意见和建议。本次会议是继区县语委办研讨会、专家研讨会之后的第三轮征求意见。

9月17日，第14届全国推广普通话宣传周闭幕式在西藏自治区拉萨市隆重举行。市语委副主任曹秀云、市语委办主任贺宏志应邀作为国家语委观察组成员参加拉萨市一类城市语言文字工作评估，分别指导政府机关评估组、新闻媒体评估组检查工作，并应邀出席本届推普周闭幕式活动。

9月，教育部语用司主办、中华书局承办的“中华诵·经典诵读行动”之2011全国中小学生作文大赛经过省级奖、国家奖两轮评审，北京市各组分别获得省级一等奖10名、二等奖20名、三等奖30名；省级一、二等奖作品参加全国评选，其中13篇作品荣获全国各等次奖项，东城区黑芝麻胡同小学、北京第一实验小学、延庆三中、东城区崇文小学、昌平五中等5所学校荣获优秀组织奖。

11月10日—11日，教育部语信司在上海外国语大学召开国家语委“十二五”科研工作座谈会。北京市语委副主任曹秀云做题为《拓宽视野，融入全局，创新发展首都语言文字科研工作》的典型交流发言。

12月5日，市民政局召开政区名称评审工作会议。市语委办针对初选名称在用字、拼音和规范书写方面提出了建议，并希望在制作路名牌时严格执行国家颁布的语言文字相关规范标准。

12月11日，汉字应用水平测试试点在京津沪三地同时开考。市语言文字测试中心在五校三区共设12个考点，5575人报名参加测试，考点数、考生数增量明显。

12月15日—16日，市语言文字测试中心举办普通话水平测试管理人员信息管理系统培训会。这次培训的举办为即将全面铺开的机测工作奠定了坚实的基础。

12月24日，作为全国试点省市之一，市语委在市教育考试院正式启动汉语能力测试试点工作。

12月，《汉字应用水平测试应试指南》由市语言文字测试中心组编，市语委办审订，由首都师范大学出版社出版发行。免费向我市参加汉字应用水平测试的考生发放。

2012年

1月6日，市人大代表、市语委办主任贺宏志应北京人民广播电台邀请，与主持人玉昆老师共话北京如何发展语言产业，新闻频道直播。

1月9日—10日，2012年市语委办工作会暨语言文字测试工作会召开。

1月12日—17日，市十三届人大五次会议召开。市人大代表张维佳教授、贺宏志博士提交题为《建立中华国际语言文化博物馆》的代表建议。

2月19日，市语委示范校语言文化智力竞赛决赛暨颁奖仪式在崇文小学隆重举行。副市长、市语委主任洪峰，教育部语信司司长李宇明，语用司副司长张世平，北京市教委主任姜沛民等领导出席活动并为选手颁奖。

3月9日，2012年度北京市语言文字工作会议在市政府召开，副市长、市语委主任洪峰，教育部语信司司长李宇明出席会议并讲话。会议增补市外办、市侨办、北京卫戍区政治部、市城市管理综合行政执法局、北京华文学院为市语委委员单位。

3月，作为市语委研究基地——北京语言产业研究中心的首项成果，我国第一部语言产业研究专著《语言产业导论》(贺宏志主编,陈鹏副主编)由首都师范大学出版社出版发行。

5 月 17 日,市语委主持建设的"中国语言资源有声数据库北京库、北京语言文化资源信息库"项目举行开题论证会。会议印发了《"中国语言资源有声数据库北京库、北京语言文化资源信息库"建设工作方案》,对建设宗旨、工作目标、工作步骤、组织保障等做出了规定。

5 月,市语委办组织大中小学生参加"中华诵·2011 全球华人学生暨全国学生规范汉字书写大赛"成绩揭晓。北京市语委办获评最佳组织单位。

5 月 23 日—6 月 21 日,市语委评估检查工作组集中开展了第二批市级语言文字规范化示范街道、示范乡镇和第六批语言文字规范化示范校的创建评估检查工作。6 月 21 日,副市长、市语委主任洪峰出席平谷区语言文字规范化示范创建工作汇报会并讲话。教育部语用司姚喜双司长指导了昌平区、平谷区的评估检查工作,张世平副司长指导了通州区、顺义区的评估检查工作。北京电视台采访报道了石景山区、昌平区和平谷区的示范创建、评估检查工作。

7 月 18 日,市语委发文公布了 2012 年度语言文字规范化示范创建单位名单。第二批北京市语言文字规范化示范街道、乡镇 29 个,第八批北京市语言文字规范化达标单位 16 个,第六批北京市语言文字规范化示范校 30 所。

8 月 18 日—26 日,第十一期北京市普通话水平测试员资格考核培训班举办。

9 月 15 日,第 15 届全国推广普通话宣传周开幕式在北京中华世纪坛隆重举行。开幕式由教育部、国家语委、北京市政府主办,北京市教委、市语委承办。开幕式还进行了全国推普工作 15 年巡礼展和北京市语言文字工作成果展。

9 月 25 日—26 日,全国语言文字标准化工作会议在贵阳召开。市语委办主任贺宏志以《依法推进语言文字标准化建设,科学引领社会语言生活》为题向国家语委和各省市与会代表介绍了北京市开展语言文字标准化工作的情况。

10 月 26 日,市语委办党支部响应市教委机关党委号召,积极开展"三进两促"活动,与市级语言文字规范化示范校和规范汉字书写教育特色校密云县东邵渠镇中心小学党支部结成"1+1共建"。本次走访,市语委办向学校赠送了一批语言文字工具书和语言文化宣传品,并协调设立"致公助学基金",用于奖励优秀教师和学生。

11 月 27 日—28 日,"寻找正宗老北京 保护地道北京话"发音人遴选面试在西城区语委办举行，招募“中国语言资源有声数据库北京库”北京城区发音人。市语委副主任曹秀云、市语委办主任贺宏志出席活动并接受记者采访，93名“老北京”参加了发音人面试。活动得到市民群众和广大媒体的热烈响应。11月22日，平谷区完成了发音人的遴选工作。

11月，《北京市语言文字工作研究论丛》由首都师范大学出版社出版发行。

12月1日，市语委主办、北京语言产业研究中心承办的第一届中国语言产业论坛（北京）成功召开。教育部副部长、国家语委主任李卫红，北京市副市长、市语委主任洪峰出席论坛开幕式并讲话。

12月1日，汉字应用水平测试在京津沪三地同期开考。我市共设16个考点，8823人报名参加测试，比上年增长3300多人。

本年度，年内全面实现了计算机辅助普通话水平测试。

2013年

1月23日—24日，市语委办召开2013年工作会议。

1月30日，北京语言文化建设促进会在京正式成立。该组织是市语委领导下的社会团体。教育部语用司司长姚喜双，老领导胡昭广、陶西平，北京市教委主任姜沛民出席会议并为促进会成立揭牌。胡昭广当选促进会会长。陶西平、段炳仁、徐锡安、王伟、欧阳中石先生受聘促进会顾问。

3月1日，市语委再次召开《国家中长期语言文字事业改革和发展规划纲要(2012—2020)》实施意见论证会。与会领导和专家姚喜双、张世平、周建设、袁钟瑞、陈鹏、杨学军等提出了宝贵的意见和建议。

3月14日，新疆民语委党组成员、副主任张树山及新疆民语委副研究员、教育部语用所所长助理兼测试处处长王晖带队的一行7人来京考察交流普通话水平计算机辅助测试工作。

3月16日—4月1日，应国家语委测试中心和香港岭南大学之邀，市语委办选派国家级普通话水平测试员赴香港执行普通话水平测试任务，这是我市首次参与国家语委和香港地区的普通话培训测试合作项目。

3月25日—29日，国家语委《语言文字事业规划纲要》专题培训班在杭州举办。市语委办主任贺宏志以《贯彻落实规划纲要，加强首都语言文化建设，助力实现中国梦》为题，向全体学员交流了北京市语委贯彻落实规划纲要实施意见的理念、思路、内涵和具体任务。

4月8日，语言文字工作系统“中国梦”主题教育活动座谈会在京召开。市语委办主任贺宏志应邀与会并以“努力打造中国特色社会主义先进文化之都”为题做会议发言。

5月3日，贺宏志博士应邀做客北京电视台财经频道“数说北京”节目，与主持人和评论员互动共叙“说”出来的经济及我市发展语言产业之道。节目于5月12日播出。

5月8日，市语委、市人力资源和社会保障局发文表彰2010—2012年度语言文字工作先进集体和先进个人。授予120个单位“北京市语言文字工作先进集体”荣誉称号，200名同志获“北京市语言文字工作先进个人”荣誉称号。

5月上旬，应西藏自治区语委邀请，市语委办再次委派首都师范大学国家级普通话水平测试员两位教师赴拉萨援助西藏自治区普通话水平测试员资格考核培训工作。

5月30日，市语委办党支部赴密云东邵渠镇中心小学参加“翰墨飘香，美丽少年”第一届书法节，并开展1+1支部共建活动，为该校捐赠一批语言文化读物。

5月21日，《北京市实施〈国家中长期语言文字事业改革与发展规划纲要(2012—2020)〉的意见》发布。

6月6日，市语委批复首都师范大学，同意该校联合北京地区有关高等学校和科研机构成立北京语言智能协同研究院，作为市语委的科研基地。10月20日，在首都师范大学举行了北京语言智能协同研究院授牌仪式暨建设规划研讨会。

6月18日，新疆普通话水平测试考察组一行7人来京考察交流普通话计算机辅助测试工作。市语言文字测试中心接待了考察组一行。

6月19日—21日，市语委办举办第一期语言文字规划纲要及规范标准培训会。7月上旬，市语委办组织举办了第二期语言文字规划纲要及规范标准培训会。

6月，市语委研究项目成果《北京高校语言文化建设研究》(贺宏志、周建设主编)由首都师范大学出版社出版发行。

6月，《数据》杂志以《语言产业，在春天写意》为题发表市语委办主任贺宏志的专访文章。文章围绕“语言，也是一种产业”“语言产业，带来红利无限”“北京，国家语言产业的梦工厂”等话题，生动展示了关于研究推进语言产业的理论思考与现实努力。

7 月 5 日，市语委办党支部、密云县东邵渠镇中心小学党支部"1+1"共建，并联合致公党西城区委第 15 支部在该校举行"致公鸿屹助教助学"启动仪式。"致公鸿屹助教助学"为期三年。

7 月 23 日，国家语委"十二五"科研规划 2013 年度重大科研项目选题会在教育部召开。贺宏志博士应邀出席会议并就立项开展行业领域语言服务标准研究和语言产业经济贡献度研究提出了建议。

8 月 6 日，教育部语用所"党的群众路线教育实践活动领导小组"邀请北京市语委办主任贺宏志做题为《党的群众路线与语言文化建设》的辅导报告。

9 月 12 日，应北京语言大学党委宣传部邀请，市语委办主任贺宏志向有关专业师生做题为《语言话题十谈》学术报告，作为北京语言大学推普周系列学术报告的第一场。

9 月 27 日，市语委召开中小学语言文字工作纳入素质教育督导工作征求意见座谈会。

11 月 30 日，汉字应用水平测试在京津沪三地同期开考。我市共设 18 个考点。测试报名人数为 9195 人，比 2009 年首考的 2259 人增长了 3 倍。

11 月 30 日，市语委主办、北京语言文化建设研究中心、中国语言政策与标准研究所承办的"首届语言文化建设学术论坛"在北京语言大学举行。

11 月，我国第一套《语言产业研究丛书》由语文出版社出版发行。本丛书总顾问李宇明，总主编贺宏志，副总主编陈鹏。目前已出版《语言产业引论》和《欧洲语言产业规模之研究报告》，语言产业学术团队的研究成果《语言服务概论》《语言产业经济贡献度分析》《语言会展业研究》《语言康复业研究》等成果将陆续推出并加入该丛书。《语言产业引论》是《语言产业导论》的修订版。《欧洲语言产业规模之研究报告》原作者为 Andriane Rinsche 和 Nadia Portera-Zanotti，译者为曾贞、王巍等。

11 月下旬—12 月上旬，市语委办组织安排了对第三批北京市语言文字规范化示范街道乡镇和第七批北京市语言文字规范化示范校创建活动的调研工作。

12 月 3 日，市教委、市经信委、市民委、市公安局、市民政局、市文化局、市工商行政管理局、市质量技术监督局、市广电局、市新闻出版局、市语委等部门转发教育部等十二部门关于贯彻实施《通用规范汉字表》文件的通知，要求各区县相关单位采取针对性措施，推动《通用规范汉字表》在本领域的贯彻实施。

12月26日，市语委办党支部赴密云与东邵渠镇中心小学党支部进行1+1支部共建交流活动，向师生送去新年的祝福和问候，并赠送一批语言文化读物。

12月31日，市语委印发《关于公布第三批语言文字规范化示范街镇的通知》，认定50个街道、乡镇为北京市语言文字规范化示范街道、示范乡镇。通过连续3年的创建工作，认定了100个北京市语言文字规范化示范街道、示范乡镇，占全市街道、乡镇的30%，实现了既定的工作目标。

12月31日，市教委、市语委印发《关于认定北京市第七批语言文字规范化示范校的通知》，认定北京景山学校等40所学校为北京市语言文字规范化示范校。

2014年

1月，市语委办审订的《新编普通话水平测试应试指南》由首都师范大学出版社出版发行。

2月13日，为全面掌握并科学保护和开发利用我市语言文化资源，市语委、市文化局、市文物局、市地方志办公室联合印发《关于开展北京语言文化资源普查工作的通知》，部署开展北京语言文化资源普查工作，对北京地域特征明显的各类语言文化资源进行系统采集整理。

3月5日，市语委办2014年工作会议在首都师范大学国际文化中心召开。

3月30日，市语委主办的第二届"中国汉字听写大会"北京选拔赛暨《北京市实施〈中华人民共和国国家通用语言文字法〉若干规定》十周年纪念活动在北京市第十五中学隆重举行。教育部语用司副司长彭兴颀、北京市教委委员李奕、西城区政府副区长陈宁等领导出席决赛及颁奖仪式。

4月17日，市语委办在北京师范大学召开《北京语言生活状况年度报告》编委会成立暨选题论证会。

4月23日—24日，市语委办分别召开北京语言文化资源普查工作丰台区、昌平区研讨会，启动北京语言文化资源普查工作。

4月29日，市语委研究基地——北京华文学院语言文化传播研究中心揭牌仪式举行。作为北京华文学院客座研究员，贺宏志博士为学院教师做题为"语言话题漫谈"的学术报告。

5月12日，北京语言产业研究中心承担的国家语委重大委托项目"语言产业经济贡献度研究”(陈鹏教授主持)和重点委托项目“行业语言服务的理论研究与标准制订”(贺宏志博士主持)开题报告会在首都师范大学举行。

7月15日—23日,市语言文字测试中心举办第十二期北京市普通话水平测试员资格考核培训班。至此,我市已培养普通话水平测试员1000人,其中有国家级测试员200余人。

7月29日,中国语言资源有声数据库北京库调查工作验收会在北京语言大学举行。经评审,中国语言资源有声数据库北京库顺利通过验收。北京库是继江苏库之后全国第二个全面完成建设工作的省级语言资源有声数据库。

8月4日,在总结前期丰台区、昌平区试点工作经验的基础上,市语委办召开北京语言文化资源普查工作推进会,部署全市范围的普查工作。

10月28日,教育部语用司召开《〈国家通用语言文字法〉实施办法》筹备立法北京地区调研会。来自市、区两级工商行政管理部门、市政市容管理部门、城市管理综合行政执法部门、公园管理部门及部分区县语委办、街道办事处的同志交流了语言文字社会应用依法监管工作,并就《〈国家通用语言文字法〉实施办法》的立法提出了意见和建议。

10月31日,“语言战略与国家安全高层论坛”在北京外国语大学举行。贺宏志博士应邀出席论坛,结合北京市的工作探索,做了“语言文化建设的理论与实践”专题发言。

11月4日,2014年度共建活动在东邵渠镇中心小学举行。鸿屹丰彩公司总经理赖昌泉、致公党西城区委主委贺宏志向学校捐赠了助学金,市语委办向学校赠送了词典、字帖等语言文化图书。

11月13日—22日,北京市语委援助西藏自治区语委干部培训班在京举行,来自西藏7个地市和5所高校的30名语言文字工作领导干部、教师和工作人员参加了培训。教育部语用司副司长彭兴颀、北京市教委委员李奕出席开班式并致辞。培训期间,组织学员实地考察了天津市语言文字培训测试中心、北京师范大学语言文字测试分中心。组织学员赴内蒙古自治区呼和浩特市专题考察“民族教育和双语教学”开展情况。

11月26日—27日,市语委召开2014年度语言文字工作干部培训会。

12月9日,市语委办主任贺宏志联系丰台区教委、海淀区教委、大兴区教委有关负责同志,对德茂中学和亦庄实验小学进行了调研。根据市委教育工委、市教委、市教育督导室《关于建立教育机关领导干部联系中小学校制度的意见》及实施方案，市语委办负责联系大兴区、东城区6所中小学。

12月11日，北京市语委办、北京市语言文字测试中心在京举办十二省市语言文字培训测试工作学术研讨会，并以此纪念北京市语言文字测试中心成立五周年。教育部语用所所长、国家语委测试中心主任张世平，北京市教委委员李奕等领导出席会议并致辞。市语委办及市语言文字测试中心主任贺宏志以《完善服务与管理职能，推动测试工作全面发展》为题做工作交流报告。

12月13日，市2014年汉字应用水平测试在9个区县、9所高校共29个考点进行，16 147人报名参测。2009年开展测试试点工作以来，累计测试达45 500余人。

12月16日—18日，市语委办示范校创建检查调研组赴延庆、昌平、大兴、丰台、通州、朝阳检查调研第八批语言文字规范化示范校创建工作，并开展学生减负工作落实情况和语言素养提升专题调研。12月26日，市教委、市语委印发文件，批准认定30所学校为北京市语言文字规范化示范校。

12月20日，市语委主办的小学成语文化知识才艺竞赛活动决赛在朝阳师范附属小学隆重举行。

12月30日—31日，浙江省区域推进语言文字规范化试点工作现场会在绍兴诸暨店口镇召开。北京市语委办主任贺宏志应邀做《语言文字工作与社区语言文化建设》专题讲座。

2015年

1月5日—6日，市语委办召开2015年工作会议。

3月17日—20日，市语委与市卫生计生委联合主办两期医疗机构语言服务规范培训班。培训旨在提高医疗行业从业者的语言服务规范意识，加强医疗机构语言文化建设，提高医疗服务水平，构建和谐医患关系。来自市卫生计生委、中医局、医管局、三级医院、二级医院及区县卫生计生委（卫生局）共300余人参加培训学习。《医疗行业语言服务规范》是贺宏志博士主持的国家语委重点项目"行业语言服务的理论研究与规范制订"的成果之一。此项培训是成果转化的有效形式，也是语言文字工作深入行业、服务社会的新开拓。

3月24日，北京市中小学生辩论俱乐部启动仪式在北师大附属实验中学隆重举行。市委常委、教育工委书记苟仲文，市委副秘书长郭广生等领导出席。市教委委员李奕主持启动仪式。苟仲文同志为朝阳区教委、通州区教委、西城区教委分别颁授小学生、初中生和高中生辩论俱乐部标牌。市语委办主任贺宏志介绍了全市中小学生辩论俱乐部的筹备情况和工作安排。北师大附属实验中学代表队与北京十四中代表队围绕“高中生更需要经典阅读还是时尚阅读”开展了辩论表演赛。

4 月 23 日，在第 20 个“世界读书日”到来之际，中国教育报、北京市语委、商务印书馆共同主办的“中国教育报 2014 年度推动读书十大人物揭晓仪式暨北京市阅读能力研究发展中心成立大会”在商务印书馆举行。北京市语委办主任贺宏志宣读北京市语委关于成立“北京市阅读能力研究发展中心”的批复文件。北京市教委委员李奕和中国出版传媒股份有限公司副总经理樊希安共同为“北京市阅读能力研究发展中心”揭牌，并向市民代表赠送“北京市民语言文化阅读书系”首发图书——《奇妙的成语世界：成语文化读本》(袁钟瑞、杨学军主编)。北京市阅读能力研究发展中心的成立，是北京市语委深入推进全民阅读、建设书香社会的重要举措。

4 月 30 日，市语委重大项目——“北京语言文化数字博物馆建设”项目开题会在北京语言大学举行。

5 月 14 日—15 日，2015 中国汉字听写大会全国巡回赛北京市冠军赛在北京航空航天大学举行。

6 月 4 日，市教委、市语委印发《关于加强高等学校语言文化建设的意见》，指导各高校明确高校语言文化建设的内涵和意义、认识高校语言文化建设的现状与存在的问题、切实加强高校语言文化建设。

6 月 4 日，京津冀语言文字工作协同发展座谈会暨国家语言文字事业“十三五”规划征求意见座谈会在河北省张家口市举行。京津冀语委负责同志在会上签订了《京津冀语言文字事业协同发展战略协议书》。

6 月 26 日，为开展群众路线和“三严三实”主题教育实践活动，市语委办党支部联合致公党西城区委第 15 支部与密云县东邵渠中心小学继续开展“1+1”支部共建活动。四年来，此项共建活动累计为该校师生赠送总价值近 4 万元的语言文化工具书和课外读本，并为该校设立致公鸿屹助教助学金 3.6 万元。

7 月，贺宏志博士主持的“北京市民语言文化阅读书系”之《奇妙的成语世界——成语文化读本》(袁钟瑞、杨学军主编，商务印书馆出版)荣登 2015 年第四期“中版好书榜”。

8月，作为北京语言文化资源普查的阶段性成果，市语委办整理了《北京市语言类非物质文化遗产名录》。

9月29日，教育部语信司召开推进"一带一路"建设语言战略研究行动专家研讨会。贺宏志博士应邀出席，就发展我国语言会展业、举办语言产业国际博览会服务"一带一路"建设发表了意见。

10月10日，市语委办主任贺宏志在朝阳区语委办主任韩斌陪同下，考察了朝阳区东风公园，与公园管理方共同探讨了建设语言文化主题公园的可行性。

10月26日，市语委重大研发项目"面向基础教育和社会公众的规范汉字听说读写辅助训练系统(第一期)"验收鉴定会举行。

11月17日—19日，市语委办检查调研组深入基层学校，先后对平谷、顺义、密云、怀柔、房山、门头沟创建北京市语言文字规范化示范校工作进行了检查调研。

11月24日—27日，市语委与市公园管理中心联合主办的公园旅游业语言服务规范培训会分两期举行，来自市公园管理中心机关、各市属公园及区县园林绿化单位、市绿地公园协会会员单位的300余人参加。《公园旅游语言服务规范》是贺宏志博士主持的国家语委重点项目"行业语言服务的理论研究与规范制订"的成果之一，此项培训是语言文字工作深入行业、服务社会的新开拓，提高了公园旅游行业从业者的语言服务规范意识，对加强公园语言文化建设、提高公园服务水平具有指导意义。

12月12日，京津冀中小学生诵读演讲辩论赛在芳草地国际学校双花园校区举行。为纪念《中华人民共和国国家通用语言文字法》颁布15周年，落实京津冀语言文字事业协同发展战略协议，北京市语委发起举办了京津冀中小学生诵读演讲辩论赛。此次活动针对不同学段学生的特点，分别设计了小学生诵读、初中生演讲和高中生辩论的环节。

12月26日，市语委主办、北京语言文化建设促进会承办的北京市中小学生系列辩论赛决赛在北京电视台演播厅成功举行，市教委委员李奕出席并为冠亚军团队、最佳辩手颁奖。历时半年的北京市中小学生系列辩论赛成功落下帷幕。决赛实况定于2016年1月9日晚在北京电视台科教频道播出。

12月30日，市高级人民法院召开"北京法院优秀裁判文书百佳奖表彰会"，对百篇优秀裁判文书进行表彰。北京市人大代表、市语委办主任贺宏志应邀担任评委，出席表彰会并对获奖文书从语言文字应用规范化角度进行了点评。

12 月 31 日，市教委、市语委印发《关于认定北京市第九批语言文字规范化示范校的通知》。认定北京市第六十五中学等 61 所学校为第九批北京市语言文字规范化示范校。至此，北京市语言文字规范化示范校达 300 所，占全市各级各类学校数约 10％。

本年度，全年共 67 159 人次参加普通话水平测试。截至 2015 年年底，本市累计达 65 万人次参加了普通话水平测试。

（贺宏志，北京市语委办；戈兆一，北京物资学院）

图书在版编目(CIP)数据

北京语言生活状况报告.2016/王立军主编.—北京：商务印书馆,2016
ISBN 978-7-100-12615-1

Ⅰ.①北… Ⅱ.①王… Ⅲ.①社会语言学—研究报告—北京—2016 Ⅳ.①H1

中国版本图书馆 CIP 数据核字(2016)第 236284 号

北京语言生活状况报告(2016)
王立军 主编

商 务 印 书 馆 出 版
(北京王府井大街 36 号 邮政编码 100710)
商 务 印 书 馆 发 行
北 京 冠 中 印 刷 厂 印 刷
ISBN 978-7-100-12615-1

2016 年 10 月第 1 版　　开本 787×1092 1/16
2016 年 10 月北京第 1 次印刷　　印张 18
定价：59.00 元